产业专利导航丛书

智能制造产业
专利导航

主　编◎李红实

知识产权出版社
全国百佳图书出版单位
——北京——

图书在版编目（CIP）数据

智能制造产业专利导航 / 李红实主编 . —北京：知识产权出版社，2024.9.
ISBN 978-7-5130-9445-0

Ⅰ . F426.4

中国国家版本馆 CIP 数据核字第 2024LY1728 号

内容提要

本书以天津市智能制造产业为视角，主要对智能制造产业的细分领域工业机器人、3D
打印、高端数控机床展开分析，分析由浅入深，以产业现状、政策环境和市场竞争分析等入
手，梳理产业创新发展面临的问题、分析产业专利布局的宏观态势；以专利导航分析为基
础，编制指引产业创新资源优化配置的具体路径，结合产业创新的政策资源和市场竞争状况
分析，研究形成专利导航视角下的产业创新发展的产业规划发展建议，为天津市智能制造产
业发展注入新动能，为天津市智能制造产业发展提供专利布局建议和转移转化的参考。

本书可供高校、科研院所的研究人员，知识产权管理人员及行业协会人员，相关服务
机构分析人员等阅读使用。

责任编辑：曹婧文　　　　　　　　　　责任印制：孙婷婷

智能制造产业专利导航
ZHINENG ZHIZAO CHANYE ZHUANLI DAOHANG
李红实　主编

出版发行：知识产权出版社 有限责任公司		网　　址：http://www.ipph.cn	
电　　话：010-82004826		http://www.laichushu.com	
社　　址：北京市海淀区气象路 50 号院		邮　　编：100081	
责编电话：010-82000860 转 8763		责编邮箱：laichushu@cnipr.com	
发行电话：010-82000860 转 8101		发行传真：010-82000893	
印　　刷：北京中献拓方科技发展有限公司		经　　销：新华书店、各大网上书店及相关专业书店	
开　　本：720mm×1000mm　1/16		印　　张：16.75	
版　　次：2024 年 9 月第 1 版		印　　次：2024 年 9 月第 1 次印刷	
字　　数：320 千字		定　　价：88.00 元	

ISBN 978-7-5130-9445-0

——编 委 会——

目　录

CONTENTS

第 1 章　研究概况...**001**

1.1　研究背景 / 001

1.2　研究对象 / 002

1.3　检索范围 / 004

第 2 章　智能制造产业基本情况分析...............................**012**

2.1　工业机器人产业现状 / 012

2.2　3D 打印产业现状 / 037

2.3　高端数控机床产业现状 / 047

第 3 章　智能制造产业专利分析.......................................**055**

3.1　工业机器人产业专利分析 / 055

3.2　3D 打印产业专利分析 / 093

3.3　高端数控机床产业专利分析 / 137

第 4 章　重点技术领域分析...**177**

4.1　减速器技术领域 / 177

4.2　数控技术领域 / 184

4.3　3D 打印设备技术领域 / 192

4.4　小结 / 201

第 5 章　重点关注创新主体分析.......................................**202**

5.1　西门子 / 202

5.2　格力 / 207

5.3　华中科技大学 / 212

5.4　天津大学 / 221

5.5　河北工业大学 / 228

5.6　小结 / 233

第 6 章　专利布局建议..**235**

6.1　产业结构优化路径 / 235

6.2　企业培育及引进路径 / 236

6.3　创新人才培养及引进路径 / 239

6.4　技术创新及引进路径 / 244

6.5　专利布局及专利运营路径 / 245

附录　申请人或专利权人名称缩略表..**255**

第1章　研究概况

1.1　研究背景

专利导航旨在通过专利分析给产业发展指明发展道路。准确地讲，专利导航是通过专利信息的综合分析明确产业方向、调整产业布局、优化产业结构、赢得产业优势的过程。

专利制度下，技术创新的投入方向取决于技术的市场回报，市场回报取决于社会需求，因此，实施专利导航能够较好地克服研发投入的盲目性和技术路线选择的风险；能够实现全球范围内技术信息的互通，可以避免重复研发，有效克服技术创新资源的浪费；能够实现技术供需双方的对接，加速技术成果的转移转化，促进产业发展。

智能制造装备是具有感知、决策、执行功能的各类制造装备的统称，是先进制造技术、信息技术和智能技术在装备产品上的集成和融合，其发展程度直接关乎我国制造业质量水平，是我国由制造大国向制造强国转变的关键基础与重要引擎。智能制造装备产业作为专利密集型产业，开展专利导航可以发挥专利信息资源对产业运行决策的引导力，突出产业发展科学规划新优势；可以发挥专利制度对产业创新资源的配置力，形成产业创新体系新优势；可以发挥专利保护对产业竞争市场的控制力，培育产业发展新优势；可以发挥专利集成运用对产业运行效益的支撑力，实现产业价值增长新优势；可以发挥专利资源在产业发展格局中的影响力，打造产业地位新优势。进而激发企业或科研院所进行技术创新，使其把握关键环节，集中优势资源开展专利活动，形成竞争优势突出的产业集群、创新集群和专利集群。

在国家政策推动、制造业技术转型升级等背景下，中国智能制造产业发展迅速，逐渐成为制造业的主要驱动力之一。智能制造装备行业作为实现产品制造智能化、绿色化的关键载体，其产业链涵盖工业机器人、3D 打印以及将上述环节有机结合的自动化系统集成及生产线集成等。近年来，由于国家政策支持以及数字化的不断推行，中国智能制造业产值规模一直保持增长趋势。

2021 年 4 月 14 日，工业和信息化部（以下简称"工信部"）会同有关部门起草了《"十四五"智能制造发展规划（征求意见稿）》，面向社会公开征求意见。从设计、材料、生产制造、装备、供应、管理、标准以及相关软件、硬件等方面，提出了重点任务和明确的目标。提出了"六大行动"，即智能制造技术攻关行动、智能制造示范工厂领航行动、行业数字化网络改造行动、智能制造装备创新发展行动、工业软件突破提升行动、智能制造标准引领行动。提出了"两大目标"，即到 2025 年，规模以上制造业企业基本普及数字化，重点行业骨干企业初步实现智能转型；到 2035 年，规模以上制造业企业全面普及数字化，骨干企业基本实现智能转型。这份征求意见稿充分体现出了政府未来将加大发挥统筹规划、引导力度，进而实现智能制造高质量发展的决心。

2021 年 9 月 27 日天津市第十七届人民代表大会常务委员会第二十九次会议通过《天津市促进智能制造发展条例》，鼓励和支持企业加强智能制造领域知识产权创造和储备，强化知识产权保护机制建设，提高知识产权全链条保护能力。

为深入贯彻党的二十大精神，大力实施制造业高质量发展行动，打造全国先进制造研发基地，2023 年 4 月 11 日《天津市推动制造业高质量发展若干政策措施》由天津市政府印发出台，吸引重大项目落地天津，并对 12 条重点产业链提供专属政策支持，积极推动产业高质量发展，提高产业能级，提升制造业创新能力，促进制造业转型升级。

本书以天津市智能制造产业为视角，主要对智能制造产业的细分产业工业机器人、3D 打印、高端数控机床展开分析，分析由浅入深，从产业现状、政策环境和市场竞争分析等入手，梳理产业创新发展面临的问题、分析产业专利布局的宏观态势；以专利导航分析为基础，编制指引产业创新资源优化配置的具体路径，结合产业创新的政策资源和市场竞争状况分析，研究形成专利导航视角下的产业创新发展的产业规划发展建议，为天津市智能制造产业发展注入新动能，为产业发展提供专利布局建议和转移转化的参考。

1.2 研究对象

根据国家统计局发布的《战略性新兴产业分类（2018）》，智能制造装备产业主要包括机器人与增材设备制造、重大成套设备制造、智能测控装备制造、其他智能设备制造和智能关键基础零部件制造。由于智能制造产业范围较广，为聚焦分析，本项目确定工业机器人、3D 打印、高端数控机床为研究对象。

工业机器人的 International Organization for Standardization（ISO）定义为"在工业自动化中使用，可对三个或三个以上轴进行编程的固定式或移动式，自动控制的、可重复编程、多用途的操作机"，是一种面向工业领域的多关节机械手或多自由度的机器装置，在工业生产加工过程中通过自动控制来代替人类执行某些单调、频繁和重复的长时间作业。《机器人与机器人装备词汇》（GB/T 12643—2013）关于工业机器人的定义是：靠自身动力和控制能力来实现各种自动执行功能的一种机器，它既可以接受人类指挥，也可以按照预先编排的程序运行，现代的工业机器人还可以根据人工智能技术制定的原则纲领自主决策行动。从构成上看，工业机器人由主体、驱动系统和控制系统三个基本部分组成。

3D 打印也叫增材制造，以数字模型为基础，是一种利用数字模型和特殊材料逐层堆积的制造技术，与传统的减材制造工艺相比，具有高效、灵活、节能和环保等优势，能够实现复杂结构、个性化定制和功能集成等目标。从工作原理来看，3D 打印是以计算机三维设计模型为蓝本，通过软件将其离散分解成若干层平面切片，由数控成型系统利用激光束、热熔喷嘴等方式将材料进行逐层堆积黏结，叠加成型，制造出实体产品。独特的制造工艺，使得制造一个形状复杂物品并不比一个简单物品消耗更多的时间、成本或技能。原材料主要包括金属增材制造材料、无机非金属增材制造材料、有机高分子增材制造材料以及生物增材制造材料等几类。

高端数控机床（High-end CNC Machine Tools）是指在数控技术领域具有先进性能和高精度的机床设备，能够实现高精度、高复杂性、高效高动态加工的数控机床。它们采用计算机数控系统来控制机床的运动和加工过程，能够实现复杂的加工操作和高精度的加工要求。"数控机床"是数字控制机床的简称，是一种装有程序控制系统的自动化机床。数控机床的系统具有处理控制编码或其他程序的能力，通过数控装置发出的控制信号，控制机床的运作，按照设计图纸要求的形状和尺寸，自动地将零件加工，能较好地解决复杂、精密度较高、多品种的零件加工问题。与普通机床相比，数控机床具备高度柔性、加工精度高、加工质量稳定以及高生产率等优势，广泛应用于重型机械制造、航空航天制造、汽车制造等工业。

1.3　检索范围

1.3.1　产业技术分解

为了更全面了解研究对象的产业概况，本研究采用了文献研究法、调研访谈、专利分析法等多种手段，并基于天津市的重点发展方向，对研究对象进行技术分解和边界界定。确定的技术分解表划分为 3 个技术一级、12 个技术二级、58 个技术三级、39 个技术四级（表 1.1）。

表 1.1　技术分支分解表

产业	一级	二级	三级	四级
智能制造	工业机器人	机器本体	基座	
			关节	手腕关节
				关节一体化
			机械臂	单臂
				双臂、多臂
			末端执行器	执行器一体化
				手爪
				真空吸附
			减速器	RV 减速器
				谐波减速器
		控制系统	控制硬件	控制器
				传感器
				供电装置
				安全系统
				伺服驱动器
			控制软件	定位方法
				离线编程
				自主监控
				通信接口
				伺服驱动软件
			控制方式	点位控制
				连续轨迹控制
				力矩控制
				拖动示教
				智能算法

产业	一级	二级	三级	四级
智能制造	工业机器人	驱动机构	气压驱动	
			液压驱动	
			电机驱动	交流伺服电机
				直流伺服电机
				步进电机
		系统集成	焊接机器人	
			喷涂机器人	
			搬运机器人	
			爬壁机器人	
			检修机器人	
			康复医疗机器人	
			加工机器人	
	3D 打印	3D 打印材料	金属材料	铝合金
				钛合金
				镁合金
				镍基合金
				钴基合金
				液态金属
				不锈钢
			非金属材料	高性能陶瓷
				硅砂
				非金属矿
			复合材料	
			高分子材料	光敏树脂材料
				其他高分子材料
			生物材料	
		3D 打印设备	软件 / 系统	
			扫描设备	
			控制电路	
			激光器	
			打印喷头	
			振镜系统	

续表

产业	一级	二级	三级	四级
智能制造	3D打印	3D打印技术	熔融沉积成型（FDM）	
			光固化成型（SLA）	
			数字光处理（DLP）	
			三维打印黏结成型（3DP）	
			选择性激光烧结/熔化成型3D打印（SLS/SLM）	
			直接金属激光烧结（DMLS）	
			激光熔覆成型3D打印（LMD）	
			电子束熔化成型3D打印（EBM）	
			3D生物打印	
		3D打印应用及服务	云服务平台	
			航空航天	
			汽车	
			铸造模具	
			生物医疗	
			教育培训	
			建筑打印	
	高端数控机床	机械本体	床身	
			导轨	
			刀库	
			刀架	
			转台	
		伺服系统	主轴伺服	
			供给伺服	
			伺服控制	
		数控技术	智能化	
			插补	
			补偿	
		柔性复合加工技术	多主轴、多塔式刀架结构	
			加工中心	

1.3.2 专利检索及结果

1.3.2.1 数据库名称和简介

使用的专利工具为：中国知识产权大数据与智慧服务系统（DI Inspiro）、智慧芽全球专利数据库（PatSnap）等。

DI Inspiro 是由知识产权出版社有限责任公司开发创设的国内第一个知识产权大数据应用服务系统。目前，DI Inspiro 已经整合了国内外专利、商标、版权、判例、标准、科技期刊、地理标志、植物新品种和集成电路布图设计九大类数据资源，实现了数据的检索、分析、关联、预警、产业导航和用户自建库等多种功能，旨在为全球科技创新和知识产权保护提供更优质、更高效的知识产权信息服务。

PatSnap 是一款全球专利检索数据库，整合了从 1790 年至今全球 116 个国家（地区 / 组织）超过 1.4 亿条专利数据、1.37 亿条文献数据、97 个国家（地区 / 组织）的公司财务数据。提供公开、实质审查、授权、撤回、驳回、期限届满、未缴年费等法律状态数据，还包括专利许可、诉讼、质押、海关备案等法律事件数据。支持中文、英文、日文、法文、德文 5 种检索语言；提供智能检索、高级检索、命令检索、批量检索、分类号检索、语义检索、扩展检索、法律检索、图像检索、文献检索 10 大检索方式，其中图像检索覆盖 53 个国家（地区 / 组织）的外观设计数据。

1.3.2.2 检索范围

围绕智能制造产业，检索范围为全球，涵盖世界绝大多数国家（地区 / 组织）的专利数据，包含美国、日本、韩国、德国、法国、中国，以及欧洲专利局（EPO）、世界知识产权组织（WIPO）等。

1.3.2.3 检索数据

所有数据的检索截止日期为 2023 年 6 月 30 日，共检索到工业机器人全球专利 348 451 件，3D 打印全球专利 90 813 件，高端数控机床专利 385 864 件。表 1.2 为智能制造产业一级技术分支和二级技术分支的全球专利检索结果。

表1.2　全球专利检索结果　　　　　　　　　　　　　　单位：件

一级技术分支		二级技术分支	
名称	申请量	名称	申请量
工业机器人	348 451	机器本体	169 023
		控制系统	93 884
		驱动机构	72 699
		系统集成	40 534
3D打印	90 813	3D打印材料	26 423
		3D打印设备	50 912
		3D打印技术	12 738
		3D打印应用及服务	14 442
高端数控机床	385 864	机械本体	137 927
		伺服系统	33 951
		数控技术	86 433
		柔性复合加工技术	39 154

1.3.3　专利文献的去噪

　　智能制造的细分产业工业机器人、3D打印、高端数控机床总体涵盖面比较广，专利文献量特别大，因此本研究检索时采用了如下方案：在三级分支上采用分总模式，各技术分支独立检索然后再合并，在四级分支上，各技术分支灵活采用总分模式或分总模式，各技术分支根据检索总文献量再进行细分。但由于涉及的相关分类号较多，关键词虽然相对准确但遗漏文献的可能性较大。鉴于以上情况，采取的检索思路是：先用分类号限定出总的范围，再用关键词进行限定，得到相对准确的范围。

　　任何一个检索式都不可避免地会带来噪声，专利文献的检索过程主要是利用分类号和关键词，因此检索结果中的噪声主要来源于以下两个方面：

　　（1）分类号带来的噪声，主要包括：分类号不准导致的噪声；专利文献本身内容丰富导致其具有多个副分类号，而多个副分类号中必然会有一些并不体现该专利文献所记载的技术方案发明点所在，这样就会形成噪声文献。

　　（2）关键词带来的噪声，主要包括：①关键词本身使用范围很广带来的噪声，如"机器人"可以是指任何类型的机器人，而具体限定为工业机器人又会漏掉表述为"焊接机器人"的工业机器人；②利用关键词表述但是和技术主体并不相关，如"一种包装盒的生产线"，其中会提到"利用码垛机器人进行搬运"，这样虽然出现了检索的关键词，但是确实和检索的主体关系不大，形成另一类噪声。

由于分类号和关键词的特殊性，导致查全得到的专利文献中必定会含有一定数量超出分析边界的噪声文献，因此本研究确定了以下去噪策略：

（1）利用分类号去噪，去除大部分不相关分类号，例如 A 部分类号，几乎和本领域不相关，可以明确去除，进而保证很多特种机器人相关专利文献被去除；

（2）利用关键词去噪，例如，在整个检索过程中都可以采用"服务""排爆"等与机器人相关的关键词进行去噪；

1.3.4　检索结果的评估

对检索结果的评估贯穿在整个检索过程中，在查全与去噪过程中需要分阶段对所获得的数据文献集合进行查全率与查准率的评估，保证查全率与查准率均在 80% 以上，以确保检索结果的客观性。

1.3.4.1　查全率

查全率是指检出的相关文献量与检索系统中相关文献总量的比率，是衡量信息检索系统检出相关文献能力的尺度。

专利文献集合的查全率定义如下：设 S 为待验证的待评估查全专利文献集合，P 为查全样本专利文献集合（P 集合中的每一篇文献都必须要与分析的主题相关，即"有效文献"），则查全率 r 可以定义为：$r=\text{num}(P \cap S)/\text{num}(P)$。其中，$P \cap S$ 表示 P 与 S 的交集，num（ ）表示集合中元素的数量。

评估方法：本研究各技术主题根据各自检索的实际情况，分别采取分类号、关键词等方式进行查全评估，如 3D 打印选择了重点企业的重要发明人团队、行业中的著名申请人构建样本集；工业机器人则采用申请人和主要机器人类型结合的验证方式。

1.3.4.2　查准率

专利文献集合的查全率定义如下：设 S 为待评估专利文献集合中的抽样样本，S' 为 S 中与分析主题相关的专利文献，则待验证的集合的查准率 P 可定义为：$P=\text{num}(S')/\text{num}(S)$。其中，num（ ）表示集合中元素的数量。

评估方法：各技术主题根据各自实际情况，采用各技术分支抽样人工阅读的方式进行查准评估。

最终，本研究的查全率与查准率都已经做到各自技术主题的最优平衡。

1.3.5　检索后的数据处理

专利检索分解后，依据研究内容分解后的技术内容对采集的数据进行加工整理，本研究内容的数据处理包括数据规范化和数据统计分析。数据规范化是加工过程的第一阶段，是后续工作开展的基础，直接影响数据分析的结论。首先对专利信息按照特定的格式进行数据整理和规范化处理，保证统一、稳定地输出规范，形成直观和便于统计数据集。然后根据分析目标，仔细选取每个分析维度所涉及的字段，以达到深度分析的目的和保证分析结论的准确性。

1.3.6　相关数据约定及术语解释

1.3.6.1　数据完整性

本研究的检索截止日期为 2023 年 6 月 30 日。由于发明专利申请自申请日（有优先权的自优先权日）起 18 个月公布，实用新型专利申请在授权后公布（其公布的滞后程度取决于审查周期的长短），而 PCT 专利申请可能自申请日起 30 个月甚至更长时间才进入国家阶段，其对应的国家公布时间就更晚。因此，检索结果中包含的 2021 年之后的专利申请量比真实的申请量要少，具体体现为分析图表可能出现各数据在 2021 年之后突然下滑的现象。

1.3.6.2　申请人合并

即对申请人字段进行清洗处理。专利申请人字段往往出现不一致情况，如申请人字段"A（集团）公司""B（集团）公司""C（集团）公司"，需将这些申请人公司名称统一；另外对前后使用不同名称而实际属于同一家企业的申请人需统一为现用名；对于部分企业的全资子公司的申请需全部合并到母公司申请。

1.3.6.3　对专利"件"和"项"数的约定

本研究涉及全球专利数据和中文专利数据。在全球专利数据中，将同一项发明创造在多个国家申请而产生的一组内容相同或基本相同的系列专利申请，称为同族专利，将这样的一组同族专利视为同一"项"专利申请。在中文专利数据库中，针对同一申请号的申请文本和授权文本等视为同一"件"专利。

1.3.6.4　同族专利约定

在全球专利数据分析时，存在一件专利在不同国家申请的情况，这些发明内容相同或相关的申请被称为专利族。优先权完全相同的一组专利被称为狭义同族，具有部分相同优先权的一组专利被称为广义同族。本研究的同族专利指的是狭义同族，即一件专利如进行海外布局则为一组狭义同族。

1.3.6.5　有关法律状态的说明

有效专利：到检索截止日为止，专利权处于有效状态的专利申请。

失效专利：到检索截止日为止，已经丧失专利的专利或者自始至终未获得授权的专利申请，包括被驳回、视为撤回或撤回、被无效、未缴纳年费、放弃专利权、专利权届满等无效专利。

审中专利：该专利申请可能还未进入实质审查程序或者处于实质审查程序中。

1.3.6.6　其他约定

《专利合作条约》（PCT）规定，专利申请人可以通过 PCT 途径递交国际专利申请，向多个国家申请专利，由世界知识产权组织（WIPO）进行国际公开，经过国际检索、国际初步审查等国际阶段后，专利申请人可以办理进入指定国家的手续，最后由该指定国的专利局对该专利申请进行审查，符合该国专利法规定的，授予专利权。

中国申请指在中国受理的全部相关专利申请，即包含国外申请人以及本国申请人向中国国家知识产权局提交的专利申请。

国内申请指专利申请人地址为在中国大陆的申请主体，向中国国家知识产权局提交的相关专利申请。

在华申请指国外申请人在中国国家知识产权局的相关专利申请。

被引证次数：某件专利申请被其他专利申请所引用的次数。通常 1 件专利被引用次数越高，说明该件专利技术被认可度越高，这样的专利通常具有更高的价值。

第 2 章　智能制造产业基本情况分析

2.1　工业机器人产业现状

2.1.1　全球工业机器人产业现状

2.1.1.1　工业机器人产业发展历程

1.机器人发展历程

全球机器人发展历经三个时代，分别称之为机器人 1.0、机器人 2.0、机器人 3.0。发展历程如图 2.1 所示。

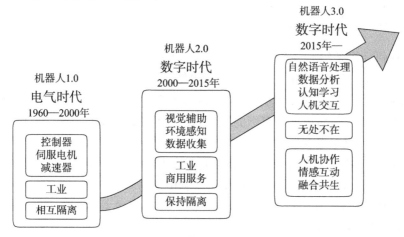

图 2.1　全球机器人发展历程

机器人 1.0（1960—2000 年）：此阶段是指机器人对外界环境没有感知，只能单纯复现人类的示教动作，在制造业领域替代工人进行机械性的重复体力劳动。

机器人 2.0（2000—2015 年）：此阶段是指通过传感器和数字技术的应用构建起机器人的感觉能力，并模拟部分人类功能，不但促进了机器人在工业领域的成熟应用，也逐步开始向商业领域拓展应用。

机器人 3.0（2015 年至今）：此阶段伴随着感知、计算、控制等技术的迭代升级和图像识别、自然语音处理、深度认知学习等新型数字技术在机器人领域的深入应用，机器人领域的服务化趋势日益明显，逐渐渗透到社会生产生活的每一个角落。在机器人 2.0 的基础上，机器人 3.0 实现从感知到认知、推理、决策的智能化进阶。

未来，机器人将进入 4.0 时代，把云端大脑分布在从云到端的各个地方，充分利用边缘计算去提供更高性价比的服务，把要完成任务的记忆场景的知识和常识很好地组合起来，实现规模化部署。机器人除了具有感知能力可实现智能协作，还具有理解和决策的能力，达到自主的服务。在某些不确定的情况下，它需要叫远程的人进行增强，或者做一些决策辅助，但是它在 90%，甚至 95% 的情况下可以自主完成任务。❶

2. 工业机器人发展历程

工业机器人作为机器人中重要的一个分支，是面向工业领域的多关节机械手或多自由度的机器装置。它从 20 世纪 50 年代发展至今已经历经 3 个阶段，发展历程如图 2.2 所示。

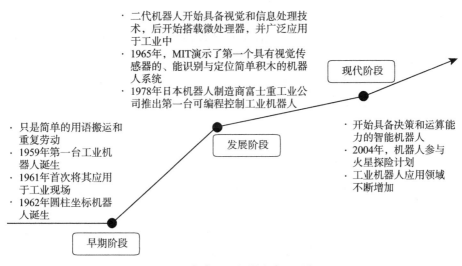

图 2.2　全球工业机器人发展历程

---

❶ 参见：达闼科技联合英特尔、新松机器人、科沃斯商用机器人共同发布的《机器人 4.0 白皮书——云-边-端融合的机器人系统和架构》。

早期阶段，美国麻省理工学院（MIT）研究员乔治·德沃尔等人研制出了第一个数字控制系统，为后来的工业机器人控制系统奠定了基础。1961年，美国联合汽车公司（GM）在其底特律工厂首次使用了一台由安装在悬臂上的电动手臂组成的"无骨架"机械手，此阶段工业机器人只是简单用于搬运和重复劳动。

发展阶段：20世纪70年代，日本开始大力发展工业机器人技术，并成为全球最大的工业机器人生产和使用国家。1978年，日本机器人制造商富士重工业公司推出了第一款可编程控制的工业机器人，引领了全球工业机器人技术的发展方向。20世纪80年代，随着计算机和传感器技术的不断进步，工业机器人开始实现自主控制和自适应功能。

现代阶段：21世纪以来，工业机器人技术得到了进一步的发展和完善。随着智能化、网络化和大数据技术的不断应用，工业机器人已经从单纯的生产设备转变为智能制造系统中不可或缺的一部分。❶

总结来看，工业机器人是在美国首创，日本实现产业化，而后中国极力追赶，逐步成为最有潜力发展的市场。

2.1.1.2　工业机器人产业规模及行业格局

1. 市场规模

根据国际机器人联合会（IFR）公布的数据，从全球市场规模来看（图2.3），2013—2018年全球工业机器人市场规模一直处于稳步上升趋势，2018年达到165亿美元，但是在2020年全球工业机器人市场规模有所下降，下降到139亿美元。2021年再度迎来高峰，增至175亿美元。总体来看，全球市场规模将会进入稳步增长的时期，预计2022年，工业机器人市场规模进一步扩大，将达到195亿美元。

2. 市场区域结构

根据IFR公布的数据，从全球市场区域分布看（图2.4），2021年工业机器人密度最大的是韩国，为932台/万人，中国为276台/万人。新加坡、德国和日本工业机器人密度均排在中国之前。从区域密度分布看，全球平均工业机器人密度为126台/万人；亚洲地区的平均工业机器人密度增长到了118台/万人，2014—2019年的复合增长率为18%；欧洲地区的平均工业机器人密度为114台/万人，2014—2019年的复合增长率为6%。表明近年来亚洲地区工业机器人产量增幅较大。

---

❶　参见：https://www.renrendoc.com/paper/134479730.html。

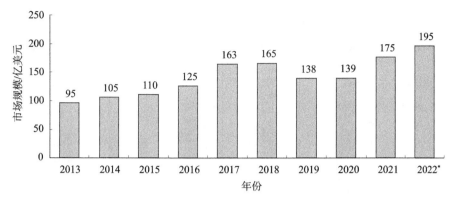

图 2.3　2013—2022 年全球工业机器人市场规模

资料来源：https：//baijiahao.baidu.com/s?id=1790022690293746408&wfr=spider&for=pc。

* 代表该年为预测数据。

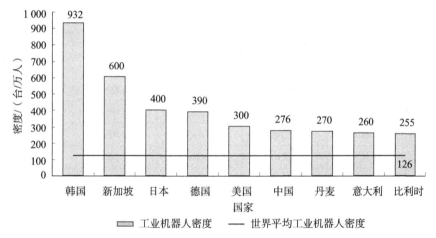

图 2.4　2021 年全球主要国家工业机器人密度

资料来源：前瞻产业研究院《中国工业机器人行业市场前瞻与投资战略规划分析报告》。

3. 市场产业结构

根据华经产业研究院公布的数据，从全球市场产业结构看（图 2.5），工业机器人在汽车、电子、金属制品、塑料及化工产品等行业已经得到了广泛的应用，尤其在汽车和电气/电子领域应用比例较高，预计 2022 年行业规模将达到 3 545 百万美元和 3 472 百万美元。

根据华经产业研究院公布的数据，各类别工业机器人市场对比情况见表 2.1，多关节机器人市场份额占比最大，除 2020 年外，市场规模整体呈现为上涨趋势。

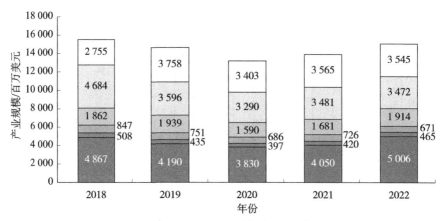

图 2.5 2018—2022 年全球工业机器人应用领域产业规模 ❶

表 2.1 2018—2022 年各类工业机器人全球市场结构　单位：百万美元

工业机器人类别	2018 年市场	2019 年市场	2020 年市场	2021 年市场
多关节机器人	27 030	29 196	23 698	27 342
直角坐标型机器人	6 454	6 995	5 699	6 601
SCARA	5 707	6 220	5 093	5 929
圆柱坐标机器人	2 208	2 435	2 018	2 376
其他机器人	1 530	1 669	1 368	1 594

4. 重点企业

全球工业机器人市场的优势企业较多，并且呈现出在不同的产业链环节，不同国家的龙头企业不同的局面。在核心零部件方面，针对伺服电机，日系企业包括安川电机、三菱、三洋、欧姆龙、松下等公司，主要是小型功率和中型功率产品；欧美系品牌包括西门子、博世力士乐、施耐德等公司在大型伺服具有优势地位；国产品牌主要包括汇川、台达、埃斯顿等公司，主要为中小型伺服。针对减速器，日本公司纳博特斯克在 RV 减速器领域处于垄断地位，日本公司哈默纳科则在谐波减速器领域处于垄断地位；针对机器人本体，ABB、库卡、安川和发那科四大家族占据主导地位，国产品牌也涌现出一些后起之秀，如新松、新时达、埃夫特、广州数控、华中数控等。全球工业机器人重要企业信息见表 2.2。

---

❶ 参见：https://baijiahao.baidu.com/s?id=1754414657136318502&wfr=spider&for=pc。

表 2.2　全球工业机器人重要企业信息 ❶

企业	所属国家	业务布局
ABB	瑞士	ABB 是全球电气产品、机器人及运动控制、工业自动化和电网领域的技术领导企业。ABB 致力于研发、生产机器人已有 30 多年的历史并且拥有全球 160 000 多套机器人的安装经验。作为工业机器人的先行者以及世界领先的机器人制造厂商，在瑞典、挪威和中国等地设有机器人研发、制造和销售基地。ABB 于 1974 年发明了世界上第一台工业机器人，并拥有当今最多种类、最全面的机器人产品、技术和服务，及最大的机器人装机量。ABB 的领先不光体现在其所占有的市场份额和规模，还包括其在行业中敏锐的前瞻眼光
发那科	日本	日本发那科公司（FANUC）是当今世界上数控系统科研、设计制造、销售实力最强大的企业之一。FANUC 机器人广泛应用于汽车、电子、食品、制药等行业。FANUC 在 1962 年开始工业机器人的相关业务，当时推出了世界上第一款商业化工业机器人 UNIMATE。FANUC 机器人采用领先的控制和驱动技术，拥有高精度、高速度、高重复性和高可靠性等优良特性，在各类工业应用中都可以发挥出色的表现，可适用于各种应用场景，如装配、加工、物流、喷涂、包装等领域，可以灵活满足客户需求
库卡	德国	库卡是由焊接设备起家的全球领先机器人及自动化生产设备和解决方案的供应商之一。1898 年库卡建立于德国巴伐利亚州的奥格斯堡，是世界领先的工业机器人制造商之一，与其他三大家族不同，得益于德国汽车工业的发展，库卡由焊接设备起家，因此缺乏运动控制的积累。目前，库卡有三大业务板块：机器人、系统集成和瑞仕格（主要涉及医疗和仓储领域自动化的集成）。1973 年公司研发了名为 FAMULUS 的第一台工业机器人。库卡专注于向工业生产过程提供先进的自动化解决方案。主要客户来自汽车制造领域，但在其他工业领域的运用也越来越广泛
安川电机	日本	安川电机是日本最大的工业机器人公司。拥有焊接、装配、喷涂、搬运等各种各样的自动化机器人。安川电机是日本第一个做伺服电机的公司，其产品以稳定快速著称，性价比高，是全球销售量最大，使用行业最多的伺服品牌。安川电机以伺服电机起家，因此它可以把电机的惯量做到最大化，所以安川电机的机器人最大的特点就是负载大，稳定性高，在满负载满速度运行的过程中不会报警，甚至能够过载运行。因此安川电机在重负载的机器人应用领域，比如汽车行业，市场是相对较广阔的

❶　参见：前瞻产业研究院《中国工业机器人行业市场前瞻与投资战略规划分析报告》。

续表

企业	所属国家	业务布局
新松	中国	具有自主知识产权的工业机器人、协作机器人、移动机器人、特种机器人、医疗服务机器人五大系列百余种产品
埃斯顿	中国	上中下游全产业链布局。以金属成形机床数控系统起家,逐渐拓展至电液伺服和交流伺服系统,是国内最早自主研发交流伺服系统的公司

2.1.1.3　工业机器人优势国家(地区/组织)行业政策

1. 日本

在先进制造、"工业4.0"等概念席卷全球,引发全球智能制造热潮时,身处亚洲的日本政府也高度重视高端制造业的发展,尤其是加强了对制造业信息化、信息物理融合系统、大数据、3D打印机、工业机器人等项目的资助和研究,积极出台措施,大力发展制造业,尤其面临人口老龄化加重,日本政府希望通过开发、推广机器人技术,有效缓解劳动力短缺的问题,将人类从过度劳动中解放出来。并有效提高制造业、医疗服务与护理业以及农业、建筑业、基础设施维护等行业的生产效率。

日本政府在工业机器人支持政策方面,更多地重视人才创新的发展和产业劳动力的补充。自1971年颁布《机电法》以来,相继出台《21世纪机器人挑战计划》《新兴产业促进战略》《机器人白皮书》《机器人新战略》等一系列战略措施,针对机器人产业的不同发展阶段制定了相应的扶持政策,在机器人技术的研发创新、企业融资及海外市场的拓展方面都给予了大量的支持。日本针对本国劳动力资源不足的问题,更加重视机器人技术人才的培育,日本《综合创新战略》以及《日本制造白皮书2019》的出台均将对人工智能人才的培育作为发展重点,其中,前者细化了发展目标,在2025年之前形成一定规模的IT、理工类人才。在政策的支持下,许多与机器人相关的人才赢得了社会的普遍认可,从而为日本机器人技术的研发提供了良好的社会氛围。❶

进一步地,《机器人新战略》详细介绍了日本实施五年行动计划和六大重要举措以及要达成的三大战略目标。

主要内容如下。

---

❶ 参见:http://www.ahinfo.org.cn/content/detail/6475b560d6b209064d8b4572.html。

（1）对机器人未来发展的判断。

自主化，指机器人从被操纵作业向自主学习、自主作业方向发展。信息化，指机器人从被单向控制向自己存储、自己应用数据方向发展，像计算机、手机一样替代其他设备成为信息终端。网络化，指机器人从独立个体向互联网、协同合作方向发展。机器人革命：一是随着传感器、人工智能等技术进步，汽车、家电、手机、住宅等以往并未定义成机器人的物体也将机器人化；二是从工厂到日常生活，机器人将得到广泛应用；三是通过强化制造与服务领域机器人的国际竞争力，解决社会问题，产生新附加值，使人民生活更加便利、社会更加富有。日本机器人的发展方向：一是易用性，在通用平台下，能够满足多种需求的模块化机器人将被大规模应用。以前机器人应用的主要领域是汽车、电子制造产业等，未来机器人将更多地应用于食品、化妆品、医药等产业，以及更广泛的制造领域、服务领域和中小企业。为此，未来要研发体积更小、应用更广泛、性价比较高的机器人。二是在机器人现有应用领域，要发展能够满足柔性制造的频繁切换工作部件简便的机器人。三是机器人供应商、系统集成商和用户之间的关系要重新调整。四是研制世界领先的自主化、信息化和网络化的机器人。五是机器人概念将发生变化。以往机器人要具备传感器、智能控制系统、驱动系统三个要素，未来机器人可能仅有基于人工智能技术的智能控制系统。

（2）三大战略目标。

一是使日本成为世界机器人创新基地。二是日本的机器人应用广度居世界第一。三是使日本迈向领先世界的机器人新时代。从 2015 年到 2020 年的 6 年间，要最大限度应用各种政策，扩大机器人研发投资，推进 1 000 亿日元规模的机器人扶持项目。

（3）六大重要举措。

一是一体化推进创新环境建设，成立"机器人革命促进会"，负责产学政合作以及用户与厂商的对接、相关信息的采集与发布；起草"日美自然灾害应对机器人共同开发"的国际合作方案和国际标准化战略；制定管理制度改革提案和数据安全规则。同时建设各种前沿机器人技术的实验环境，为未来形成创新基地创造条件。与日本科技创新推进小组合作制定科技创新整体战略。二是加强人才队伍建设。通过系统集成商牵头运作实际项目和运用职业培训、职业资格制度来培育机器人系统集成、软件等技术人才；加大培养机器人生产线设计和应用人才；立足于中长期视角，制定大学和研究机构相关人才的培育；通过初、中等教育以及科技馆等社会设施，广泛普及机器人知识，让人们学会在日常生活中如何与机器人相处，理解机器人的工作原理，形成与机器人共同工作和生活的机器人文化。三是关注下一代技术和标准,包括:推进人工智能、模式识别、机构、驱动、控制、操作系统和中间件等方面的下一代技术研发,同时还要关注没有被现有机器人技术体系所纳入的领域中的创新。争取国际标准,并以此为依据来推进技术的实用化。四是制定机器人应用领域的战略规划。制定制造业、服务业、医疗护理、基础设施、自然灾害应对、工程建设和农业等机器人应用领域的发展重点和目标,并逐项落实。此外,还有很多潜在的机器人应用领域,如娱乐和宇航领域等,未来也要制定相关行动计划。五是推进机器人的应用,包括:以系统集成为主,推进机器人的安装应用。鼓励各类企业参与,除了现有机器人厂商,中小企业、高科技企业和信息技术企业都可参与机器人产业之中。机器人被广泛应用到社会的管理制度改革,"机器人革命促进会"与日本制度改革推进小组合作制定人类与机器人协同工作所需的新规则。六是确定数据驱动型社会的竞争策略。未来机器人将成为获取数据的关键设备,实现日本机器人随处可见,搭建从现实社会获取数据的平台,使日本获取大数据时代的全球化竞争优势。

(4)五年发展计划。

一是完成八项重点任务:成立机器人革命促进会、发展面向下一代的技术、实施全球标准化战略、机器人现场测试环境建设、加强人才储备、推进制度改革、加大扶持力度和考虑举办机器人奥运会。

二是制定了制造业、服务业、医疗护理业、基础设施、自然灾害应对、工程建设、农业、林业、渔业和食品工业等应用领域的发展重点和预期目标。

2. 韩国

韩国将机器人列为国家战略性新兴产业,并通过立法鼓励企业增加研发投入,提升自主创新能力。比如,韩国政府设立了机器人研发资金,为机器人企业提供财政支持,促进科技成果转移转化。此外,韩国还对机器人技术标准进行了明确规定,制定了一系列机器人测试和评估标准,以提高韩国机器人的技术水平和质量。

同时,韩国机器人立法注重提高机器人产业的市场化水平。韩国政府通过立法推动机器人产业与制造业、服务业等相关产业的深度融合,助力机器人从研发实验室走向市场。为了鼓励企业加大机器人应用力度,韩国建立了机器人产业生态系统,通过立法规定机器人在教育、医疗、制造、农业等领域的应用,推动机器人成为生产力的重要组成部分。此外,韩国还规定了机器人在公共服务领域的使用和管理办法,保障了机器人在社会服务中的规范应用。

韩国政府除对工业机器人研究给予一定的税收优惠和研发投资外，也着力解决人才短缺的问题，大力发展面向企业的定制型技能人才，为工业机器人产业发展营造良好的政策环境。同时高度重视机器换人可能带来的失业问题，并通过相关政策来应对。《机器人基本法案》探讨了机器人伦理和责任问题，随后出台了新税收政策，对投资工业自动化设备的企业提供最多只能获得 2% 的优惠。《劳动力发展和培训法》提出加强员工技能培训和转岗，计划 2022 年新增 5 万名智能工厂工人岗位，并从 2023 年开始，每年对 2 200 名来自中小型企业的工人进行培训，以适应智能化升级对工作任务转变的需求。❶

3. 美国

美国作为世界第一大经济体，在智能制造业等领域占据世界领先地位，政府一直以来也高度重视创新驱动对经济发展的引领作用，近年来不断出台相关政策和计划，开创领先于世界的新产业，力争成为全球创新的领导者。

2011 年，美国提出《先进制造伙伴计划》，美国政府不断通过支持创新研发基础设施、建立国家制造创新网络、政企合作、制定技术标准等多种方式为制造业注入强大的驱动力。例如，2012—2014 年，美国政府相继出台了《制造业促进法案》、国防部《制造技术（ManTech）战略规划》《振兴美国制造与创新法案》等政策，重点支持模块化、智能化、增材制造、绿色可持续制造等高端制造装备发展。此外，美国国家标准与技术研究院积极部署"智能制造系统模型方法论""智能制造系统设计与分析"等重大科研项目工程。

在此基础上，美国政府为进一步促进工业机器人的发展，出台《国家机器人计划》。该计划的主要目标是加速美国工业机器人的开发和使用，核心目标是建立美国在下一代机器人技术及应用方面的领先技术。通过研发下一代机器人技术，提高机器人从零部件到系统的功能性和实用性，从而能更好地辅助人类生产并形成人机互动的工作体系。这一计划的主要支持机构包括美国国家科学基金会（NSF），美国国家航空航天局（NASA），美国国立卫生研究院（NIH）和美国农业部（USDA）。政府每年的预算为 4 000 万美元，同时鼓励学术界、工业界加强合作，撬动社会资源，在经过五年四轮的资助后，国家机器人计划预设目标基本完成。

2012 年，美国政府发布了阐述如何激活美国制造业的创新力并维持美国在全球先进制造业领导地位的《先进制造业国家战略计划》。2018 年特朗普政府再次发布《美国先进制造业领导战略》，提出通过发展和推广新的制造技

---

❶ 参见：http://www.tinygarden.cn/144130.html。

术等来确保美国国家安全和经济繁荣。在技术方面，明确了捕获智能制造系统的未来、开发世界领先的材料和加工技术、保持在电子设计和制造方面的领先地位等多个战略目标和任务，还将智能和数字制造系统、人工智能、高性能材料、关键材料、半导体设计工具和制造、新材料、器件和架构作为重点的技术发展方向。作为先进制造业的重要组成，工业机器人得到了美国政府、企业各层面的高度重视，创新机制得到不断完善，相关技术产业呈现出良好发展势头。

2.1.2 中国工业机器人产业现状

2.1.2.1 中国工业机器人产业基本情况

1. 市场规模

中国工业机器人市场持续蓬勃发展，根据 IFR 公布的数据，2020 年我国工业机器人销售额达 442.5 亿元人民币，2021 年销售额达到 445.7 亿元人民币，同比增长 5.5%（图 2.6）。中国市场约占全球市场份额的 1/3，是全球第一大工业机器人应用市场。

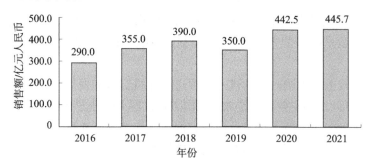

图 2.6　2016—2021 年中国工业机器人销售额

资料来源：https://baijiahao.baidu.com/s?id=1737401954863308983&wfr=spider&for=pc。

2. 产销量

在政策利好下，我国工业机器人行业加速发展。根据国家统计局数据显示（图 2.7），2016—2022 年我国工业机器人产量由 7.24 万台增长至 44.31 万台，尤其 2020—2021 年连续两年产量维持较高增长水平，2021 年全年工业机器人产量达 36.60 万台，较 2020 年增长 54.37%。从销量看，我国工业机器人销量由 8.50 万台增长至 30.30 万台，也在稳步增长。

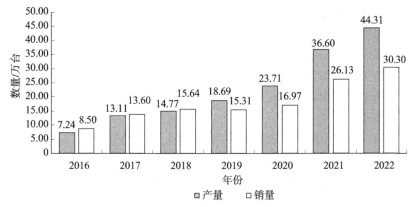

图 2.7　2016—2022 年中国工业机器人产量及销量 ❶

3. 区域竞争

目前我国工业机器人企业正努力提高产品国产化率，在发展过程中呈现出区域产业集群化的特点，从区域竞争方面看（图 2.8），我国工业机器人企业主要分布在长三角经济圈，2022 年 H1 机器人（H1 为国内第一款能跑的全尺寸通用人形机器人）占比 36.62%，远超其他地区。环渤海经济圈企业数量排名第二位，占比 19.69%。此外，珠三角经济圈、成渝经济圈企业占比为 10.07%、3.82%。

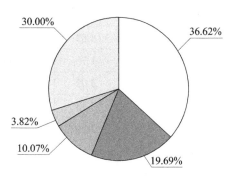

图 2.8　2022 年 H1 中国工业机器人企业区域分布占比

长三角经济圈在中国机器人产业发展中基础最为雄厚，系统集成发达，外资合资多。其偏重中高端研发创新，发那科、安川电机、ABB 三家公司的中国总部或总部级研发中心都在上海。此外，上海还培育出了沃迪、新时达这两家名列中国工业机器人领域市场规模第二、三大的机器人开发制造商。相对

---

❶ 参见：https://www.chinabaogao.com/detail/634408.html。

来说已经建立了功能相对完善、系统较为健全的机器人产业生态系统。

环渤海经济圈机器人产业发展的科研和实验能力强,产品以 AGV、焊接和装配机器人为主,高等院校多,人才优势明显。

珠三角经济圈偏重机器人产业应用,培育了一大批优秀本土机器人企业,企业的发展重点集中在基础核心技术和优质企业培育两方面。

4. 领先城市

2022 年 8 月 26 日,中国机电一体化技术应用协会发布了最新的"中国机器人城市综合实力排名 TOP10"榜单(表 2.3)。排名前 10 分别为:深圳,90.38 分;上海,90.02 分;苏州,66.97 分;南京,55.75 分;北京,53.72 分;东莞,51.45 分;杭州,51.37 分;芜湖,50.92 分;广州,50.31 分;武汉,49.62 分。

10 个领先城市中,长三角经济圈上榜的有 5 个,占据半壁江山;珠三角经济圈上榜 3 个,环渤海经济圈和成渝圈各自上榜 1 个。

表 2.3　2022 年中国机器人城市综合实力排名 TOP10

排名	城市	总分	上市公司	数量与产值	产业园指数	恰佩克奖获奖次数	机器人上下游市场规模	政策扶持	人才培养
1	深圳	90.38	15.00	20.00	10.00	5.38	20.00	10.00	10.00
2	上海	90.02	12.70	19.73	6.67	10.00	18.50	8.00	14.00
3	苏州	66.97	5.37	16.86	6.67	4.83	15.24	7.00	11.00
4	南京	55.75	9.65	8.62	3.33	1.75	12.50	7.00	13.00
5	北京	53.72	4.37	9.87	3.33	3.01	12.14	6.00	15.00
6	东莞	51.45	4.81	12.79	3.33	2.33	11.19	8.00	9.00
7	杭州	51.37	4.56	8.51	3.33	2.59	11.38	8.00	13.00
8	芜湖	50.92	3.46	7.56	3.35	3.57	12.98	8.00	11.00
9	广州	50.31	4.51	7.43	6.67	2.93	10.77	6.00	12.00
10	武汉	49.62	4.14	6.37	10.00	1.42	10.69	5.00	12.00

注:总分是由上市公司、数量与产值等表中 7 个指标分数加和计算得出。

2.1.2.2　中国工业机器人产业链现状

目前我国工业机器人已有较完整的产业链,大致可分为上游、中游、下游三部分(图 2.9)。其中上游主要包括:基础原材料、核心零部件环节,其中,上游原材料主要包括钢材、铸铁、铝合金及少量塑料制品和各种电子元器件；上游核心零部件主要包括控制器、电机、减速器。中游主要是指工业机器人本体制造，即机器人的结构和功能设计及实现。下游主要是指系统集成，按照客户需求进行产线的设计和组装，最后运用到各种应用场景之中。

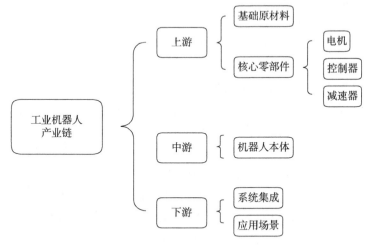

图 2.9　工业机器人产业链

根据中国银河证券研究院发布的《中国工业机器人行业研究报告》显示，我国工业机器人产业链发展的特点是：上游技术壁垒较高，但国产化趋势日益凸显。具体表现为以下几点。

（1）控制器方面：由于成本和技术壁垒相对较低，国内头部机器人本体企业主要采用自研＋并购方式布局机器人控制器，缺乏自供能力的小企业则会选择采购通用运动控制器并进行二次开发。整体来说国产控制器虽已达到了各项基本要求，在中低端领域已经占据主导地位，但在高精密行业与国外企业相比，在控制系统的研发层面仍存在差距。其中代表企业如汇川、华中数控、固高科技等迈入批量生产阶段.加速实现国产机器人应用和替代。

（2）电机方面：近年来国内技术不断提升，在核心技术上取得关键性突破，国内产品各项性能均有大幅提升，部分伺服产品速度波动率指标已经低于0.1%，国内外技术差距已经开始出现缩减趋势。但国产伺服电机体积大、输出功率小，与国际企业的水平仍有差距。尤其高精度编码器是伺服电机中的核心技术，目前仍依赖进口，是我国伺服电机产品突破的重要瓶颈。

（3）减速器方面：减速器是封闭在工业机器人刚性壳体内的齿轮传动、蜗杆传动、齿轮 - 蜗杆传动所组成的独立部件，开发难度最大。大部分高端市场基本上被行业巨头所垄断，技术壁垒相对比较高，并且巨头开始向更高价值的后端服务转型，新晋企业所面临的技术和市场挑战比较大。作为较早完成谐波减速器研发和量化生产的代表企业绿的谐波传动目前已逐步实现了对进口产品的替代，其研发的基于三次谐波减速原理的 Y 系列谐波减速器产品，扭转刚度、传动精度大幅度提升，具有自主知识产权的核心技术体系加速构建；除此之外南通振康、双环传动、大族谐波传动、来福谐波等一批优秀企业，凭借持续的研发投入、较高的精密制造能力、严格的质量管控以及不断完善的产品体系，成为引领国内减速器市场发展的先行军。

（4）机器人本体方面：国内市场外资企业占据市场份额较高，国产品牌在技术上处于弱势，但在价格和交付周期以及售后方面表现较好，以高性价比的解决方案占据一定市场份额，并有逐步扩大的态势。从产品类别看 DELTA、SCARA、协作机器人的国产水平较高，大负载六轴机器人国内品牌份额较低。

（5）系统集成方面：国内市场企业数量多且呈现集群分布，近几年为了提高发展速度，战略性新兴产业成为机器人应用的新领地，新能源汽车、锂电、光伏等产业受到青睐，机器人企业围绕新能源汽车、锂电、光伏的产品生产以及使用维护中的需求推出创新解决方案，推动了战略性新兴产业机器人安装数量的快速增长。例如，埃斯顿推出光伏行业系列化解决方案，配合埃斯顿工业自动化全系列产品线、运动控制、视觉系统等，推动光伏行业智能制造升级。

表 2.4 给出了未来有望突破"四大家族"垄断的国产工业机器人企业。

表 2.4　国产工业机器人基本情况

国内企业	股票代码	产业链布局	下游领域	竞争优势
新松	300024.SZ	本体、集成	航空航天、食品、烟草、3C、卫陶	隶属中国科学院，国产机器人龙头，产品线最全
埃斯顿	002747.SZ	零部件、本体、集成	汽车、压铸、家电、3C、酿酒、制药	自主技术和核心零部件的国产机器人主力军
埃夫特	688165.SZ	本体、集成	汽车、卫陶、五金、酿酒、3C	大规模产业化应用迈向研发制造
新时达	002527.SZ	零部件、本体、集成	汽车	自主研发核心零部件，柔性机器人生产整线
广州数控	—	零部件、本体	家电、3C、汽车	自主研发核心零部件
拓斯达	300607.SZ	本体、集成	注塑、3C、家电、汽车、医疗	自主研发 6 轴机器人

国内企业	股票代码	产业链布局	下游领域	竞争优势
绿的谐波	688017.SH	零部件	机器人	自主研发精密谐波减速器，实现替代进口
汇川	300124.SZ	零部件	机器人	核心零部件伺服系统、控制系统、工业视觉系统

2.1.2.3　中国工业机器人产业政策

机器人作为国家战略性新兴产业之一，是国家从制造大国发展成为制造强国的重要抓手，我国政府高度重视机器人产业的发展，其已成为国家政策重点支持领域。"十五"规划至"十四五"规划期间国家提出了一系列与机器人相关的发展战略与规划，旨在加快壮大高端装备产业，建立一批先进的制造业集群，包括产业园区、产业集群等，对于机器人核心技术进行重点突破。相关政策列表见表 2.5。

表 2.5　近年中国工业机器人产业相关政策

时间	发文机构	文件	相关内容
2015 年	国务院	《中国制造 2025》	围绕汽车、化工等工业机器人、特种机器人等应用需求，积极研发新产品，促进机器人标准化、模块化发展，突破机器人本体、减速器、电机、控制器等关键部件等技术瓶颈
2016 年	工信部、国家发展和改革委员会、财政部	《机器人产业发展规划（2016—2020 年）》	自主品牌工业机器人年产量达 10 万台，服务机器人年销售收入超过 300 亿元人民币
2016 年	国务院	《"十三五"国家科技创新规划》	下一代机器人技术研究，以及工业机器人实现产业化，服务机器人实现产品化，特种机器人实现批量化应用
2016 年	工信部、财政部	《智能制造发展规划（2016—2020 年）》	促进服务机器人等研发和产业化
2016 年	国务院	《"十三五"国家战略性新兴产业发展规划》	推动专业服务机器人和家用服务机器人试点示范

续表

时间	发文机构	文件	相关内容
2016 年	工信部、国家发改委、国家认证认可监督管理委员会	《关于促进机器人产业健康发展的通知》	开拓工业机器人应用市场；推进服务机器人试点示范
2017 年	科技部	《"智能机器人"重点专项 2017 年度项目专项申报指南》	围绕智能机器人基础前沿基础、新一代机器人、关键共性技术、工业机器人、服务机器人、特种机器人 6 个方向，启动 42 个项目，经费约 6 亿元人民币
2017 年	工信部	《促进新一代人工智能产业发展三年行动计划（2018—2020 年）》	到 2020 年，智能服务机器人环境感知、自然交互、自主学习、人机协作等关键技术取得突破，智能家庭服务机器人、智能公共服务机器人实现批量生产及应用
2018 年	工信部	《新一代人工智能产业创新重点任务揭榜工作方案》	到 2020 年，新一代工业机器人具备人机协调、自然交互、自主学习功能并实现批量生产及应用
2019 年	中央全面深化改革委员会	《关于促进人工智能和实体经济深度融合的指导意见》	探索人工智能创新成果应用转化路径和方法，构建智能经济
2019 年	工信部、教育部、商务部	《制造业设计能力提升专项行动计划（2001—2022 年）》	重点突破系统开发平台和伺服机构设计，以及多功能工业机器人、服务机器人、特种机器人的设计
2020 年	科技部	《"智能机器人"重点专项 2020 年度定向项目申报指南》	围绕产业链，部署创新链，围绕智能机器人基础前沿技术、新一代机器人、关键共性技术、工业机器人、服务机器人、特种机器人 6 个方向部署实施
2021 年	国务院	《中华人民共和国国民经济和社会发展第十四个五年规划和 2035 年远景目标纲要》	深入实施智能制造，推动机器人等产业创新发展；培育壮大人工智能、大数据等新兴数字产业，在智能交通、智慧物流、智慧能源等重点领域开展试点示范
2022 年	工信部	《关于开展 2022 年度智能制造标准应用试点工作的通知》	优先试点已发布、研制中的国家标准，配套应用相关行业标准、地方标准、团体标准和企业标准，形成一批推动智能制造有效实施应用的"标准群"

上述公开政策有以下核心内容。

2015 年，国务院印发《中国制造 2025》，从战略全局出发，明确提出了我国实施制造强国战略的第一个十年的行动计划，将"高档数控机床和机器人"作为大力推动的重点领域之一，提出机器人产业的发展要"围绕汽车、机械、电子、危险品制造、国防军工、化工、轻工等工业机器人应用以及医疗健康、家庭服务、教育娱乐等服务机器人应用的需求，积极研发新产品，促进机器人标准化、模块化发展，扩大市场应用。突破机器人本体，减速器、伺服电机、控制器、传感器与驱动器等关键零部件及系统集成设计制造技术等技术瓶颈。"并在重点领域技术创新路线图中明确了我国未来十年机器人产业的发展重点主要为两个方向：一是开发工业机器人本体和关键零部件系列化产品，推动工业机器人产业化及应用，满足我国制造业转型升级迫切需求，二是突破智能机器人关键技术，开发一批智能机器人，积极应对新一轮科技革命和产业变革的挑战。

2016 年，工信部、国家发展和改革委员会（以下简称"国家发改委"）、财政部联合出台《机器人产业发展规划（2016—2020 年）》，该规划中明确，到 2020 年，自主品牌工业机器人年产量达到 10 万台，六轴及以上工业机器人年产量达到 5 万台以上。服务机器人年销售收入超过 300 亿元人民币。培育 3 家以上具有国际竞争力的龙头企业，打造 5 个以上机器人配套产业集群。在工业机器人领域，聚焦智能生产、智能物流，攻克工业机器人关键技术，提升可操作性和可维护性，重点发展弧焊机器人、真空（洁净）机器人、全自主编程智能工业机器人、人机协作机器人、双臂机器人、重载 AGV 6 种标志性工业机器人产品，引导我国工业机器人向中高端发展。

2016 年，国务院出台《"十三五"国家科技创新规划》，规划中提出构筑国家先发优势，面向 2030 年再部署一批体现国家战略意图的重大科技项目，发展引领产业变革的颠覆性技术，重点开发移动互联、量子信息、人工智能等技术，推动增材制造、智能机器人的发展。

2016 年，工信部、国家发改委、国家认证认可监督管理委员会（以下简称"国家认监委"）联合发布《关于促进机器人产业健康发展的通知》，主要针对近年来各地方发展机器人产业出现的产业低水平重复建设，高端产业低端化，重招商引资、轻自主创新，重主机组装生产、轻关键零部件制造，重眼前利益、轻长远发展等问题，引导我国机器人产业协调健康发展。着力提升机器人关键零部件的使用寿命和质量稳定性。

2018 年，工信部发布《新一代人工智能产业创新重点任务揭榜工作方案》，方案中对工业机器人规定的揭榜任务是包括具有自检测、自校正、自适应、自组织能力的工业机器人研发与应用。预期目标：到 2020 年，新一代工业机器人具备人机协调、自然交互、自主学习功能并实现批量生产及应用。

2019 年，工信部联合 13 个部门发布的《制造业设计能力提升专项行动计划（2019—2022 年）》中指出，要在高档数控机床、工业机器人、汽车、电力装备、石化装备、重型机械等行业，以及节能环保、人工智能等领域实现原创设计突破。尤其重点突破系统开发平台和伺服机构设计，多功能工业机器人、服务机器人、特种机器人设计。

2020 年，科技部发布《"智能机器人"重点专项 2020 年度定向项目申报指南》，指出要攻克基于外部感知的机器人智能作业技术、新型工业机器人等关键技术，创新应用领域，推进国产工业机器人的产业化进程；突破服务机器人行为辅助技术、云端在线服务及平台技术，创新服务领域和商业模式，培育服务机器人新兴产业；攻克特殊环境服役机器人和医疗/康复机器人关键技术，深化我国特种机器人的工程化应用。该重点专项协同标准体系建设、技术验证平台与系统建设、典型应用示范，加速推进我国智能机器人技术与产业的快速发展。该重点专项按照"围绕产业链，部署创新链"的要求，从机器人基础前沿理论、共性技术、关键技术与装备、应用示范四个层次，围绕智能机器人基础前沿技术、新一代机器人、关键共性技术、工业机器人、服务机器人、特种机器人 6 个方向部署实施。专项实施周期为 5 年（2017—2021 年）。

2021 年，国务院发布的《中华人民共和国国民经济和社会发展第十四个五年规划和 2035 年远景目标纲要》中提出，要深入实施智能制造，推动机器人等产业创新发展；培育壮大人工智能、大数据等新兴数字产业，在智能交通、智慧物流、智慧能源等重点领域开展试点示范。需重点研制分散式控制系统、可编程逻辑控制器、数据采集和视频监控系统等工业控制装备，突破先进控制器、高精度伺服驱动系统、高性能减速器等智能机器人关键技术。

2022 年，工信部发布了《关于开展 2022 年度智能制造标准应用试点工作的通知》，通知要求，围绕智能制造标准在制造业各细分行业中的应用，优先试点已发布、研制中的国家标准，配套应用相关行业标准、地方标准、团体标准和企业标准，2022 年在全国范围内遴选出 50 个具有代表性的标准应用试点项目，到 2024 年遴选出 200 个以上标准应用试点项目，形成一批推动智能制造有效实施应用的"标准群"。"标准群"是指以至少 1 项国家标准为核心，配套使用若干国家、行业、地方、团体和企业标准的标准集合。一个"标准群"中的标准数量不宜少于 5 项，不宜超过 20 项。

2.1.3　天津市工业机器人产业现状

2.1.3.1　天津市工业机器人产业发展基本情况

1. 产业基础

天津市公布的《天津市机器人产业发展三年计划（2018—2020）》中指出，天津装备制造业传承了近 150 年的历史积淀，特别是中华人民共和国成立后历经半个多世纪发展，形成了具有一定规模和水平的制造业体系。2017 年天津市机器人产业年产值达 57 亿元人民币，较上一年增长 40%。天津市装备工业逐步呈现出设计信息化、装备智能化、流程自动化、管理现代化的态势，为机器人产业发展提供良好生态环境。

天津市科技局 2023 年公布的数据显示，天津市汇聚机器人相关高新技术企业近 200 家，整体产业规模近 180 亿元人民币。覆盖机器人类别相对齐全。

2. 人才储备和创新平台

根据天津市公布的《天津市机器人产业发展三年计划（2018—2020）》，天津市有机器人专家百余名，相关技术处于全国领先水平的天津大学、南开大学、河北工业大学、中国民航大学、天津职业技术师范大学、天津中德应用技术大学等高校均建有机器人研究所，在机器人领域有较为深入的研究。

天津大学机器人与自主系统研究所（电气与自动化工程学院）和机械学院分别在视觉测控、医疗机器人、并联机器人等领域有深入研究，在国内保持领先地位。攻克复合想象动作信息解析与处理等技术，开发了全球首台适用于全肢体中风康复的"纯意念控制"人工神经机器人系统；研发了具有中国完全自主知识产权的高速并联机器人关键技术，2016 年获国家科技发明二等奖；自主研发微创手术机器人系统"妙手 S"，已在湖南省实现临床试验，部分指标已超越最高水平，填补了国内领域的空白。南开大学机器人与信息自动化研究所，下设机器人微纳级操作研究室等 8 个专业研究室，现有教授、海归等高级专业研发人员 30 余人，拥有"智能机器人控制理论与方法网点开放实验室，"在机器人控制领域处国内领先地位。天津中德应用技术大学成立智能制造学院，设有机器人研究所、数控加工工艺研究所，与西安交通大学建设国家智能装备协同创新中心天津中德基地，联合固高科技着力研发工业机器人关键技术。

此外，天津市高校和企业在 2017—2020 年也承接了多个国家重点研发计划"智能机器人"重点专项；包括天津大学的"生－机智能交互与生机电一体化机器人"，南开大学的"微纳操作机器人关键技术与系统"，河北工业大学的

"基于数据驱动的工业机器人可靠性质量保障与增长技术",中国汽车工业工程有限公司的"新能源汽车全铝车身制造柔性机器人自动化生产线关键技术研究与示范应用"等。在此期间,天津市也组织了多个课题研究,包括"2017年天津市重点研发计划",天津七所精密机电技术有限公司、中国船舶重工集团公司第七〇七研究所承接的"工业机器人RV减速器研制",天津赛佰特科技有限公司、北京联合大学机器人学院承接的"工业机器人及控制器研发""2019年天津市新一代人工智能科技重大专项",天津新松机器人自动化有限公司、河北工业大学机械工程学院、南开大学人工智能学院、天津旗领机电科技有限公司、天津理工大学机械工程学院等承接的"面向智能制造领域的天津自主机器人研发与应用示范"等,为天津市工业机器人的发展积累了一定的技术储备。

而在国家京津冀一体化协同发展战略、天津市建设全国先进制造研发基地的大背景下,天津市东丽区的清华大学高端装备研究院、天津中科智能技术研究院有限公司、天津中科智能识别产业研究院、滨海新区的浙江大学滨海产业研究院等创新主体集聚天津市,已经成为天津市在高端装备领域的重要研发机构。

3. 天津市工业机器人产业园区

(1)华明高新产业园区。

依托丰富的科研院所、高校和企业资源,华明高新产业园区形成了有利于创新创业的综合发展环境。园区主要依托清华大学天津高端装备研究院(以下简称"清华高端院")、中国科学院自动化研究所天津中科智能技术研究院等国家级机器人创新团队,在特种机器人技术与自动化装备、智能服务机器人及工业智能机器人及自动化系统集成等方面成果突出。其中,清华高端院建院以来,已获得企业横向科研经费1.02亿元人民币,在津孵化出7家科技型企业,已经成为天津市在高端装备领域的最重要研发机构。

(2)泰达智能无人装备产业园。

泰达智能无人装备产业园位于天津市滨海新区,于2015年9月正式揭牌,主要围绕区内涉及无人操控技术的运动平台级企业,吸引面向具体行业应用做集成解决方案的公司,以及面向关键技术、零部件攻关与研制的研发公司入驻产业园,形成从基础研发、平台到行业高度集成的产业链条,研发制造出具有自主思维和学习能力的机器人产品。

目前入驻的重点企业包括一飞智控(天津)科技有限公司、辰星(天津)自动化设备有限公司、天津深之蓝海洋设备科技有限公司、中科国技(天津)智能系统工程有限责任公司、川崎机器人(天津)有限公司、天津宝涞工业机器人应用技术研究有限公司等20余家机器人企业。在泰达智能无人装备产业园内，非机器人相关企业中占比最多的是化学原料和化学制品制造业以及印刷业、饮料制造业、水供应业等行业，应用工业机器人的主流行业如汽车制造业、通用设备制造业等占比低。

（3）武清机器人产业基地。

天津机器人产业园坐落于天津市武清区，园区坚持以机器人产业为主导产业，全面推进产业集聚、产业链整合以及产业之间联动共融发展。园区依托科技产业化中心，规划面积 24 万米^2，力争将机器人产业园打造成国内知名的集研发生产为一体的机器人产业基地。目前，园区已经引进鼎奇（天津）主轴科技有限公司、纳恩博（天津）科技有限公司、天津天瑞博科技有限公司等多个国家 863 机器人科技成果转换项目。该园区内的工业机器人企业主要面向汽车制造应用中的系统集成开发，而面向其他行业应用中的机器人集成开发的能力不足。

4. 天津市工业机器人相关重点企业

天津市汇聚机器人相关高新技术企业近 200 家，其中滨海新区工业机器人企业最多，其中代表天津福臻工业装备有限公司、天津美腾科技股份有限公司、天津七所高科技有限公司等科技领军企业辐射带动作用明显，辰星（天津）自动化设备有限公司、清研同创机器人（天津）有限公司等一批科技型企业快速成长，天津新松机器人自动化有限公司、天津朗誉科技发展有限公司、天津卡雷尔机器人技术有限公司等企业分别荣获恰佩克"年度卓越品牌奖""年度创新品牌奖""年度新锐品牌奖"（表 2.6）。

表 2.6　天津市工业机器人相关重点企业（部分）

企业名称	产业链	核心产品	所在区
沃德传动（天津）股份有限公司	减速器	工业减速机	北辰区
天津福臻工业装备有限公司	系统集成	机器人系统	津南区
天津新松机器人自动化有限公司	机器人本体	焊接、协作机器人	空港经济区
辰星（天津）自动化设备有限公司	控制系统	控制器、真空发生器	滨海新区
清研同创机器人（天津）有限公司	智能机器人	喷涂机器人	东丽区
清研华宇智能机器人（天津）有限责任公司	智能机器人	智能机器人	东丽区
国人机器人（天津）有限公司	减速器	谐波减速器	宝坻区
天津旗领机电科技有限公司	减速器	RV 减速器	北辰区
中能（天津）智能传动设备有限公司	减速器	重载 RV 减速器	宝坻区

天津新松机器人自动化有限公司成立于 2019 年，成立之后发展迅速，产品线齐全，包括负载 4 ～ 500 千克的 30 余种产品，面向点焊、弧焊、搬运、喷涂、装配、研磨等多个领域。未来天津新松机器人自动化有限公司将开展工业机器人研发创新、中试、生产制造及产业应用；成立工业机器人研究院、智能制造技术研究院，并建设工业机器人产业基地，为天津市工业机器人关键技术的研发突破提供新动能。

辰星（天津）自动化设备有限公司成立于 2013 年，位于滨海新区，是国内先进的并联机器人制造商，创始团队来自并联机器人研发知名高校——天津大学，旗下产品阿童木机器人拥有全系列并联机器人（钻石、金刚、闪电）核心自主知识产权；阿童木机器人在整机性能、现场使用经验方面具有无法比拟的优势，目前已率先实现对英国和俄罗斯的出口。

天津旗领机电科技有限公司成立于 2018 年，主营业务是 RV 减速器，已经成功研发出国内首台超大型精密摆线减速机 QL-3500E，该产品与国外同类产品相比，具有精度更高，外形尺寸更小，承载扭矩更高和传动效率更大等优点，同时驱动连接方式更加灵活，自身速比可实现 70 ～ 340 的宽范围变化，可以满足超大型重载机械人关节、工程机械承载轴和能源转动驱动等应用领域的场景需求。

2.1.3.2 天津市工业机器人产业政策

天津市已经出台了多项工业机器人产业的推动政策，相关政策的核心内容见表 2.7。

表 2.7 天津市工业机器人产业政策

发布时间	发文单位	文件名称	相关核心内容
2018 年 5 月	天津市人民政府	《天津市关于加快推进智能科技产业发展的若干政策》	设立专项基金、成立产业基金，全面促进机器人产业的发展
2020 年 8 月	天津市人民政府	《天津市关于进一步支持发展智能制造的政策措施》	支持机器人产业发展，提供资金支持
2020 年 11 月	天津市人民政府	《天津市科技创新三年行动计划（2020—2022 年)》	着力提升自主创新能力，打造天津版"国之重器"，加强"卡脖子"关键核心技术攻关。重点支持智能机器人、增材制造等

发布时间	发文单位	文件名称	相关核心内容
2021 年 9 月	天津市人民政府	《天津市促进智能制造发展条例》	工业母机、机器人等智能制造装备发展
2022 年 8 月	天津市工业和信息化局	《天津市智能制造发展"十四五"规划》	关键岗位工业机器人替代、生产过程智能优化控制
2023 年 4 月	天津市人民政府	《天津市推动制造业高质量发展若干政策措施》	支持高端装备发展，鼓励企业研发生产机器人

2018 年 5 月，天津市发布《天津市关于加快推进智能科技产业发展的若干政策》，提出：①设立专项资金。设立总规模 100 亿元人民币的智能制造财政专项资金，以智能制造产业链、创新链的重大需求和关键环节为导向，重点支持传统产业实施智能化改造，支持工业互联网发展，加快智能机器人、智能软硬件等新兴产业培育，促进军民融合发展。支持企业智能化升级。鼓励实施"机器换人"工程，对首次购买使用工业机器人等智能装备的企业给予奖励，奖励标准为购买价格的 15%，年度奖励不超过 1 000 万元人民币。②加快培育新兴产业。支持企业智能制造新模式应用，对承担国家级或市级智能制造新模式应用项目的企业，给予不超过 1 000 万元人民币资金补助。支持机器人产业发展壮大，对本市自主品牌机器人骨干企业销售机器人给予事后奖补，鼓励机器人制造企业以优惠 30% 的价格销售给本市企业，由财政对销售优惠额度给予事后奖补，最高不超过 30%。③设立新一代人工智能科技产业基金，重点投向智能机器人、智能软硬件、智能传感器、虚拟现实与增强现实、智能汽车等智能科技新兴产业。

2020 年 8 月，天津市人民政府印发了《天津市关于进一步支持发展智能制造的政策措施》，其中提到，要支持机器人产业发展。对本市自主品牌机器人等智能装备生产企业，按销售额给予最高 1 000 万元人民币补助。

2020 年 11 月 21 日，天津市人民政府印发《天津市科技创新三年行动计划（2020—2022 年）》，着力提升自主创新能力，打造天津版"国之重器"，加强"卡脖子"关键核心技术攻关。坚持需求和问题导向，聚焦重点领域，制定"保持现有优势""解决'卡脖子'问题""抢占未来战略必争领域"三类技术攻关清单。组织实施重大科技专项，采取定向择优、定向委托等方式，重点支持智能机器人、高性能智能传感器、核心工业软件、增材制造、轨道交通等高端装备制造技术等，攻克一批对外高度依赖的关键核心技术，形成一批占据世界科技前沿的优势技术。

2021年9月27日，天津市人民政府发布《天津市促进智能制造发展条例》，条例中指出重点支持工业母机、机器人等智能制造装备发展和智能制造系统解决方案供应商培育的相关项目，并依托相关产业基金，支持实施上述项目，促进智能制造企业及相关产业发展。

2022年8月16日，天津市工业和信息化局印发了《天津市智能制造发展"十四五"规划》，规划中提到：①加快数字化车间、智能工厂建设。围绕原材料、装备、消费品、电子信息四大类行业，探索应用知识工程、数字孪生、可重构生产、人工智能、5G等新技术，打造一批智能车间、工厂，实现对人员、资源、制造等进行数据挖掘，形成知识、模型，逐步实现对核心业务的精准预测、管理优化和自主决策。选择具有智能制造基础和带动作用的企业，紧扣关键工序自动化、关键岗位工业机器人替代、生产过程智能优化控制、供应链管理智能化，分类创建示范车间，引领工业企业全面推进智能车间建设，提高生产率和质量效益。大力发展智能化基础制造装备。②鼓励智能装备供应商重点研发伺服电机及驱动器、智能控制器、精密减速器、高速精密传动装置、控制系统、重载精密轴承、高性能液压/气动/密封件、大型铸锻件等基础件和通用部件；满足细分行业柔性制造、复杂应用工艺需求的智能作业机器人技术与系统。③重点培育一批专业性强、行业特色明显的智能制造系统集成服务商和一批具备整体设计能力及解决方案提供能力的专业化机器人及智能装备系统集成企业，开展自主品牌机器人和智能装备的应用示范和系统集成服务，加强在关键技术装备、软件、智能制造成套装备、工艺和关键零部件的集成优化等方面的自主核心技术研发。④进一步加强天津市机器人产业协会、智能制造与设备维护协会、机械工业协会、工业互联网联盟、智能制造联盟等各类中介组织之间的联系和交流。支持中介组织开展区域、行业、企业不同层面技术创新、展示体验、供需对接、"双创"大赛等多种形式活动。支持行业组织增强服务能力，积极发挥产学研用合作创新、技术咨询服务、人才培养和资金中介等功能，为智能制造提供技术、人才和资金支持。

2023年4月，天津市政府发布《天津市推动制造业高质量发展若干政策措施》，支持高端装备发展。鼓励企业研发生产机器人、工业母机以及相关零部件等产品，对于高端装备优质应用场景，按照实际投资额的10%，给予最高1 000万元人民币支持。

2.2 3D 打印产业现状

2.2.1 全球 3D 打印产业现状

2.2.1.1 3D 打印产业发展历程

增材制造技术起始于 20 世纪 70 年代末期的美国，在 80 年代中期广泛应用，随着工艺、材料和装备的日益成熟，增材制造技术的应用范围由模型和原型制造进入产品快速制造阶段，在航空航天等高端制造领域得到规模应用。[1]

增材制造行业发展历程大体可以分为四个阶段[2]：

思想萌芽阶段（1940—1998 年）：1940 年，美国的佩雷勒（Perera）提出了切割硬纸板并逐层粘结成三维地形图的方法，直到 20 世纪 80 年代末，3D 打印制造技术实现了根本性发展。

技术诞生阶段（1986—1993 年）：光固化技术（SLA）、分层实体制造技术（LOM）、粉末激光烧结技术（SLS）、熔融沉积制造技术（FDM）、喷头打印技术（3DP）等技术先后面世。

装备推出阶段（1988—1996 年）：1988 年美国 3D Systems 公司生产出了第一台增材制造装备 SLA250，开创了增材制造技术发展新纪元；1996 年 3D Systems 公司制造出第一台 3DP 装备 Actua2100，同年美国 Zcorp 公司发布了 Z402 型 3DP 装备。

大规模应用阶段（2002 年至今）：2002 年德国成功研制了选择性激光熔化增材制造装备（SLM），同时电子束熔化（EBM）、激光工程净成形（LENS）等一系列新技术与装备纷纷涌现。

2.2.1.2 3D 打印产业规模及行业格局

全球增材制造市场规模高速增长，增速稳定。[3]全球增材制造行业产值从 2003 年的 5.29 亿美元增长至 2022 年的 180 亿美元，复合年均增长率（CAGR）达 19.58%。2020 年同比增速短暂下滑至 7.51%，但 2021 年快速回升至 19.49%。2022 年行业产值达 180 亿美元同比增长 18.3%，预计 2023 年年底将增长到 200 亿美元。其中，来自 3D 打印服务的收入约 75 亿美元，占比接近 60%；全

---

[1] 万勇，黄建. 国外增材制造发展政策与研究进展概述［J］. 新材料产业，2016（6）：12-13.

[2] 参见：https://baijiahao.baidu.com/s?id=1771183189596479345&wfr=spider&for=pc。

[3] 参见：https://baijiahao.baidu.com/s?id=1770360670697588377&wfr=spider&for=pc。

球 3D 打印设备销售额约 30 亿美元，占比 24%；全球 3D 打印材料销售额约 21 亿美元，占比 17%。预计 2025 年将达 298 亿美元，2031 年将达 853 亿美元。世界上许多国家都在努力加大对 3D 打印技术的支持力度，但美国仍然是世界上最大的 3D 打印市场国家。2021 年，美国的工业级 3D 单位销量占世界的 45.5%，即 2021 年全球接近一半的 3D 打印设备从美国的设备商买入。

金属增材制造市场增速领跑增材制造行业。根据 AMPOWER，2021 年全球金属增材制造市场规模达 25 亿欧元，从需求端测算预计 2026 年将达到 75.8 亿欧元，CAGR 达 25%，从供给端测算预计 2026 年将达到 78.1 亿欧元，CAGR 达 26%。德勤报告《2019 科技、传媒和电信行业预测》指出，当前全球增材制造正从塑料打印向万亿美元级金属打印转变，金属市场占比从 2017 年的 28% 增长至 2018 年的 36%，增速迅猛。

从业务构成看，打印设备和打印服务占据增材制造行业主要市场份额。根据 Wohlers Associates，2021 年增材制造市场份额中，增材制造服务占比 40.09%，打印装备占比 22.42%，增材制造原材料占比 17.04%，增材制造服务市场份额占比远超出其他业务。从原材料看，增材制造原材料市场由非金属主导。聚合物粉材、光敏树脂、聚合物丝材、金属材料占比分别为 34.7%、25.2%、19.9%、18.2%。

世界增材制造行业从诞生到现在，仅仅经历三十多年的发展时间，但行业快速增长，尤其是从 2014 年开始至今，行业产值加速提升，显示出非常强的生命力。其中，原材料端：整个增材制造原材料市场保持快速增长，2012A ～ 2021A 增材制造原材料市场的 CAGR 达 22.54%，全球金属级增材原材料产值激增，在 2017A ～ 2021A，其 CAGR 达到 26.80%，整个原材料市场都仍然处于快速增长期。设备端：工业级金属增材制造设备市场稳步增长。2017A ～ 2021A 全球金属增材制造设备销售总额的 CAGR 为 14.38%，装备销售量近五年也保持相对稳定。从装机量来看，发达国家累计装机量占比略有下降，美国累计装机量占比仍领跑全球，中国累计装机量占比总体稳定，新兴国家累计装机量占比逐步提升。

2.2.1.3 3D 打印优势国家（地区 / 组织）行业政策

以美国为代表的发达国家，政策出台早，力度大。早在 2012 年，美国国防部、能源部、宇航局、商务部等政府部门与企业、学校、非营利组织共同出资成立了国家增材制造创新研究所。而欧盟早在 20 世纪 80 年代就开始为 3D 打印项目提供资金，并在 2004 年组建了欧洲 3D 打印技术平台。总体来看，增材制造在多国被列为国家级重大战略，政策扶持力度大。

1. 美国 ❶

2012 年，时任美国总统的奥巴马多次在公开场合提及增材制造，并在《国情咨文》中将增材制造确定为国家重点发展方向之一。如今，十几年过去了，美国致力于重振制造业，喊出 "Made in America" 口号，而增材制造则逐渐成为其战略核心。作为世界制造强国，美国一直非常注重增材制造的发展，在发布的多项国家政策中也可以看到这一技术的重要地位。

2021 年 1 月，美国国防部发布了首份《国防部增材制造战略》报告，将增材制造视为实现国防系统创新和现代化、支撑战备保障的强有力工具，致力于使增材制造成为广泛应用的主流制造技术。该报告明确了增材制造的未来发展愿景、战略目标和发展重点。为了进一步推动增材制造在国防部的使用，2021 年 6 月，美国防部研究与工程副部长办公室发布了国防部 5000.93 指示，该指示就增材制造在国防部的实施和应用制定政策、明确责任并细化程序提供了总体指导。

2021 年 5 月，美国白宫发布《美国就业计划》，其中包括两项涉及增材制造的供资举措，以满足该市场紧缺的劳动力需求。一是增材制造教学与培训发展计划，共计拨款 2 亿美元。该方案将为非营利组织、高等教育机构、社区学院、地方和州政府以及专业协会等提供的培训或学徒制提供 2.5 万～ 100 万美元的赠款。这些资金将用于开发新的或扩大现有的增材制造培训，包括证书和学位课程、购置相关的 3D 打印机及配套设备等。二是增材制造教育补助计划，总额高达 1 亿美元。该计划旨在支持学生和在职人员，提高他们的技能并获得增材制造证书。此计划将为个人提供最多 10 000 美元的奖助金，以报名增材制造培训项目。同时，鼓励来自不同背景的申请者参加，以创建多元化的增材制造劳动力队伍。此外，美国退伍军人还可以获得高达 15 000 美元的奖助金。

2022 年 5 月，拜登总统宣布推出名为 "增材制造推进（AM Forward）" 的计划，旨在发动国家力量支持中小型企业发展增材制造及其相关技术，以及通过增材制造来强化制造业劳动力和美国本土供应链。该计划的首批参与者包括通用电气航空公司、雷神公司、西门子能源公司、洛克希德·马丁公司和霍尼韦尔公司。

2. 俄罗斯

2021 年 7 月，俄罗斯政府发布了《俄罗斯联邦至 2030 年增材制造发展战略》，旨在提升俄罗斯增材制造市场的竞争力，推动一批关键技术的发展，特

---

❶ 参见：https://baijiahao.baidu.com/s?id=1766938721318732576&wfr=spider&for=pc。

别是生物组织、航空航天和核工业高精度产品的增材制造技术。此外，该战略还计划将俄罗斯增材制造市场规模扩大三倍以上，并为俄罗斯经济创新发展提供新动力。为此，该战略明确了俄罗斯增材制造行业的发展目标、优先方向和预期指标，以及实施阶段、主要措施。

上述战略首先对俄罗斯的市场现状进行了分析。在俄罗斯，增材制造行业的市场规模仍相对较小，但随着国家的政策扶持和产业链的不断完善，该领域的发展潜力巨大。2020 年，俄罗斯增材制造市场规模为 35.6 亿卢布，从业人员数量为 1 456 人，其中中小企业人员为 496 人。目前，该领域的发展主要集中在航空航天、医疗器械、汽车和工程制造等领域。

其次，该战略确立了其发展目标。俄罗斯增材制造发展战略的主要目标是到 2030 年，促进俄罗斯增材制造市场增长，包括增材设备和组件、增材制造相关材料、服务和软件，使俄罗斯增材制造市场规模扩大 3 倍以上，并为俄罗斯经济创新发展提供新动力。

最后，该战略根据俄罗斯未来经济社会发展可能出现的三种不同情景，即保守型、目标型和创新型，分别对增材制造的发展前景进行分析预测，为俄罗斯的增材制造发展制定目标指标提供参考。在保守型情景中，俄罗斯经济呈现长期适度增长，年增长率为 2.8% ～ 3%。在这一情景之下，预计到 2030 年，俄罗斯增材制造行业市场规模将达到 118.8 亿卢布，从业人员将达到 1 775 人，其中中小企业人员将达到 605 人。在目标型情景中，俄罗斯国内市场形势稳定，经济年增长率约为 3.1% ～ 3.2%。在这一情景之下，预计到 2030 年，俄罗斯增材制造行业的市场规模将达到 132 亿卢布，从业人员将达到 1 957 人，其中中小企业人员将达到 667 人。在创新型情景中，俄罗斯经济年增长率将在 3.4% ～ 3.6% 间强劲增长，技术竞争力也将得以提升。在这一情景之下，预计到 2030 年，俄罗斯增材制造行业市场规模将达到 582.4 亿卢布，从业人员将达到 11 438 人，其中中小企业人员将达到 3 898 人。

从实施路径来看，俄罗斯增材制造发展战略共分为三个实施阶段。第一阶段：2021—2022 年，重点关注提升国产增材制造设备、服务和材料在国内市场的份额；制定认证和标准化监管框架，在生产过程中引入增材制造技术；为增材制造产品和材料的应用、质量控制和验收构建监管框架；为将俄罗斯增材制造推向国际市场积极准备。第二阶段：2023—2025 年，在现有市场推广俄罗斯增材制造产品和服务，并积极开拓国际市场。第三阶段：2026—2030 年，确保增材制造行业的持续增长，在有前景的市场中保持领先地位；确保全球技术领先，并关注优先领域的发展。

为了实现以上发展目标及预期指标，俄政府从科技发展、生产制造、行业标准、人力资源、合作、经济效率 6 大方面确定了主要任务和措施。

一是科技发展方面。主要任务：开发增材制造关键技术，推动增材制造设备及材料行业的发展，摆脱进口依赖。主要措施：通过选择性激光熔化、微波辐射、电子束熔化、多能源直接成型、等离子体成型和电弧方法打印产品；生产用于复杂几何形状产品增材制造的通用材料；医疗产品打印及后续加工；航空航天、核工业和无线电电子工业等重要产品的打印，并保证性能水平；复杂几何形状产品的合成及其后续加工，并保证性能水平；用各种原材料制造直径超过一米的大尺寸金属制品；生产各种形状的增材制造材料；增材制造产品合成过程的预测、监控和仿真系统；生物打印；增材制造产品的后期处理；实施在太空自主生产的构想；利用增材制造自动修复产品；自动修建房屋等建筑设施。以年度行业技术预测的形式，不断更新有发展前景的增材制造技术清单。

二是生产制造方面。主要任务：为增材制造设备和材料开发、生产制造与维护的关键过程提供必要的物质和技术基础。主要措施：对增材制造相关设备、仪器、材料进行批量本土化生产，包括增材制造设备部件（如光学扫描仪、激光仪、控制系统），增材制造所需材料，打印增材制造产品的设备，用于增材制造产品后处理的设备，利用增材制造批量生产产品修复设备，对增材制造中出现的金属粉末进行加工、循环、回收、处理的设备，对增材制造产品进行无损检测的设备，用于建筑物 3D 打印的增材制造设备等。

三是行业标准方面。主要任务：通过技术和行业监管工具确保增材制造行业的竞争力。主要措施：根据现有和未来对增材制造设备、增材制造技术和组织流程的国际要求，更新行业标准和计量体系；根据有发展前景的增材制造设备类型，制定国家标准，并与国际标准接轨。

四是人力资源方面。主要任务：消除阻碍增材制造行业发展的人力资本问题。主要措施：提高行业对专业人才、青年人才和高校毕业生的吸引力；实施中长期规划，每年监测增材制造行业人员需求；促进增材制造行业的职业和教育标准体系的更新、制定和发展；促进增材制造领域专家培养体系的人才潜力开发。

五是合作方面。主要任务：通过分工和统筹规划，确保增材制造行业的技术流程效率。主要措施：与行业组织及外国企业加强合作，充分利用生产制造、科学和工程资源；利用数字平台等手段提高现有有关增材制造合作、生产制造和工程项目的信息公开度；消除阻碍合作发展的监管障碍和组织障碍。

六是经济效率方面。主要任务：为决策提供信息支持，创造并推出有需求、有竞争力的增材制造设备、服务和材料。主要措施：确保该行业广泛参与并实施相关国家项目和计划；定期对增材制造技术市场的发展进行分析和预测，加强系统规划；扩大对国产增材制造设备的需求；为优先项目提供国家支持，组建生产联合体；将俄罗斯增材制造设备引入全球市场，支持出口；在最具前景的领域使用增材制造技术；在增材制造行业引入最先进的商业模式；构建并发展行业数据库，涵盖增材制造生产商、出口商、技术解决方案、增材制造产品测试结果、增材制造材料特性及其产品等信息。

3. 印度

印度自 20 世纪初就开始了对增材制造领域的探索和应用。在军事国防和公共部门在内的多个领域，印度都采用集成方法进行增材制造，特别是在该国的小型、中型和大型工业中。印度政府于 2022 年 2 月发布了《增材制造国家战略》。该战略鼓励和促进本地制造商无缝采用增材制造技术，为外国公司创造支持基础。此外，它还将工业界、学术界、政府和用户组织聚集在一个平台上，就国家优先事项、最新创新和研究成果、国际标准等进行信息交流。

这一战略旨在实施"印度制造"（Make in India）计划和"自力更生的印度"（Atma Nirbhar Bharat Abhiyan）计划，通过技术创新和数字化转型提高行业竞争力。在 2025 年将印度增材制造市场份额提高到全球市场的 5%，并将印度增材制造市场规模扩大到每年 30 亿美元。此外，印度希望通过该战略打造全球增材制造开发和部署中心，创建完整的增材制造知识产权库，推动印度增材制造技术的发展和应用，提高印度增材制造市场份额和规模，使其成为全球增材制造市场的重要参与者。

该战略确立了 6 项具体任务和 8 项主要措施，具体任务包括：①确保印度增材制造产业持续系统化发展；②鼓励国家增材制造创新和升级，提升核心竞争力；③将印度发展成全球增材制造产业的创新中心和研发中心；④推动专利等知识产权的布局；⑤制定符合市场需求的增材制造产品；⑥制定完善的增材制造行业技术保护措施。

主要措施包括：①鼓励整个增材制造产业链实现"印度制造"和"自力更生的印度"；②增加核心零部件、装备、材料、软件的核心竞争力；③扩大生产规模、提升国内服务水平，减少对外市场依赖程度；④建立国家增材制造中心，激发创新活力和动能；⑤推动国内利于增材制造生产的基础设施建设；⑥加强印度与全球增材制造行业组织和研究中心的合作；⑦创建和更新印度本国的增材制造技术路线图；⑧通过政策引导，促进贸易。

2.2.2　中国 3D 打印产业现状

2.2.2.1　中国 3D 打印产业基本情况

中国增材制造行业相对欧美国家起步较晚，在经历了初期产业链分离、原材料不成熟、技术标准不统一与不完善及成本昂贵等问题后，在科技部等多部门持续的支持下，多家知名学府和企业在研究和产业化方面获得了重大进展。当前中国增材制造已日趋成熟，市场呈现快速增长趋势。增材制造技术发展至今，我国增材制造技术与世界先进水平已基本同步，在高性能复杂大型金属承力构件增材制造等部分技术领域已达到国际先进水平，成功研制出光固化、选区激光烧结、选区激光熔融、激光近净成型、熔融沉积成形、电子束熔化成型等工艺设备。该技术在我国被广泛应用，覆盖产品设计、研发和制造的全部环节的一种先进制造技术，已不再是单纯的成型技术。❶

2.2.2.2　中国 3D 打印产业规模及行业格局

中国增材制造产业规模快速扩张。根据研究机构沃勒斯（Wohlers Associates，Inc.）统计数据显示，截至 2021 年年末中国工业增材制造设备安装量市场占比 10.60%，为全球仅次于美国的第二大市场。

根据工信部装备工业发展中心总工程师左世全在《增材制造产业发展（广州）暨 2023 年增材制造产业年会》上的报告《增材制造十年发展及展望》，我国增材制造产业发展呈现以下趋势：

（1）我国增材制造产业整体实现从研发创新向产业规模化发展蜕变：① 2012—2022 年，我国增材制造产业规模自 10 亿元人民币增至 320 亿元人民币，CAGR 为 41.42%。②预计 2023 年我国增材制造产业规模有望超过 400 亿元人民币。③按照 25% 的复合增长率保守估算，我国增材制造产业规模有望在 2027 年左右突破千亿元人民币。

企业数量持续增加：我国增材制造全产业链相关企业数量超过 1 000 家，以增材制造为主营业务的上市公司数量从 2012 年的 1 家增长至 2022 年的 22 家（含新三板），规模以上企业数量由 2016 年的 20 余家增至 2022 年的近 200 家，其中规模过亿的企业数量由 2012 年的 3 家增至 2022 年的 42 家。

---

❶ 张轩铭，王雅婷 . 增材制造技术及其研究进展综述［J］. 工业与技术，2020（11）：1-6.

装备营收占比超过一半：2022 年我国增材制造专用材料、零部件、装备、服务等各个环节营收占比分别约为 12.4%、5.9%、53.2% 和 26%。

（2）我国增材制造装备实现从进口为主到自主生产转变：①我国高精度桌面级光固化增材制造装备、多材料熔融沉积增材制造装备持续保持领跑并畅销海外；米级多激光器激光选区熔化装备、多电子枪电子束熔化装备、大幅面砂型增材制造装备等自主开发装备相关核心指标达到国际先进水平；超高速激光熔覆头、电子枪等十多类关键部件取得攻关突破和自主生产，其稳定性、可靠性得到不断改善。②我国增材制造装备海外认可度不断提高：2022 年，我国增材制造装备（含消费级）出口 228.7 万台，较 2019 年增长 59.7%，出口金额 36.6 亿元人民币，较 2019 年增长近 1 倍。

（3）增材制造技术应用实现从原型制造向直接制造发展：由快速制造原型样件逐步向直接制造最终产品转变，已应用于航空航天、医药、汽车等国民经济 39 个行业大类、89 个中类，覆盖产品结构设计、原型制造、批量生产、工装制作、保障修复等全寿命周期。①航空航天领域：新一代战机、国产大飞机、新型火箭发动机、火星探测器等重点装备的关键零部件逐步应用增材制造技术，解决了诸多过去难以制造的复杂结构零件成形问题，实现产品结构轻量化。②医疗领域：增材制造被应用于医疗植入定制、修复体制作、诊疗辅助器具制作、个性化矫正器具打印、细胞 / 组织 / 器官打印等；髋臼杯、脊柱椎间融合器等增材制造医疗植入物已获得 NMPA 认证，实现了临床应用，拓展了疾病治疗解决方案；增材制造技术实现口腔正畸牙模批量定制生产，解决了传统加工制造复杂的问题，满足患者个性化需求。③汽车领域：增材制造被应用于概念车、零部件创新、定制化夹具制造、内饰创新等研发试制方面，达到缩短研发周期，以及减轻重量、减少材料损失、自由定制配件、轻松更换备件等目的。④铸造领域：增材制造技术应用于砂型铸造、熔模铸造等铸造工艺中，大大简化了铸造加工流程，提升了产品制造效率，实现了对传统铸造的替代。⑤其他领域：增材制造被应用于建筑设施整体制造、文物复刻展示、高级手办、轻量化鞋品制造等。

（4）产业布局实现从零散分布到集聚发展演变：从零散状、碎片化到成链条、集群化发展演变。2013 年，全国首个 3D 打印产业园在陕西渭南建成，随后，广州 3D 打印技术产业园、安徽春谷 3D 打印智能装备产业园等 20 余个增材制造全产业链及相关配套服务的产业聚集地、产业园区在各地陆续涌现，初步形成以珠三角地区、长三角地区为核心，京津冀地区和陕西、安徽等中、西部地区为纽带的产业空间发展布局。

2.2.2.3　中国 3D 打印产业政策

近年来，我国高度重视增材制造技术发展，陆续推出《增材制造产业发展行动计划（2017—2020 年）》《"十四五"智能制造发展规划》等一系列产业政策规划，为我国增材制造行业的发展提供了有力支持，有助于推动增材制造行业进入长期快速增长通道。但总体而言，增材制造领域尚无专门国家战略级政策文件，相比美国，政策支持力度有待进一步提高。

（1）2022 年 8 月工信部发布《关于首批增材制造典型应用场景名单的公示》。其中公示了拟入选的增材制造典型应用场景名单，包括工业、医疗、建筑、文化四大领域。

（2）2022 年 7 月工信部、国家发改委、生态环境部发布《工业领域碳达峰实施方案》。其中提出要加快增材制造、柔性成型、特种材料、无损检测等关键再制造技术创新与产业化应用。

（3）2022 年 4 月科技部发布《"十四五"国家重点研发计划重点专项 2022 年度项目申报指南》。其中："增材制造与激光制造"重点专项 2022 年度项目申报指南，涉及 21 项增材制造指南任务；"先进结构与复合材料"重点专项 2022 年度项目申报指南建议，其中有 3 个项目涉及增材制造相关技术；"高端功能与智能材料"重点专项 2022 年度项目申报指南建议中有 1 个项目涉及增材制造相关技术。

（4）2022 年 3 月工信部发布《关于征集增材制造典型应用场景的函》。其中指出，为推动增材制造更好服务经济社会发展，征集一批增材制造典型应用场景，形成可复制可借鉴的成果，引导用户单位与增材制造企业加强合作，研发应用更加适配行业需求、更加先进适用的增材制造专用材料、装备和应用技术解决方案。

（5）2021 年 12 月工信部、国家发改委、教育部、科技部等发布《"十四五"智能制造发展规划》。内容包括：开发增材制造等先进工艺技术；智能制造技术攻关行动：关键核心技术中包括增材制造；智能制造装备创新发展行动：发展通用智能装备中的激光 / 电子束高效选区熔化装备、选区激光烧结成形装备等增材制造装备。

（6）2021 年 3 月国务院发布《中华人民共和国国民经济和社会发展第十四个五年规划和 2035 年远景目标纲要》。纲要明确了发展增材制造在制造业核心竞争力提升与智能制造技术发展方面的重要性，将增材制造作为未来规划发展的重点领域。

（7）2021 年 2 月工信部发布《医疗装备产业发展规划（2021—2025 年）》

（征求意见稿）。其中指出要推进传统医疗装备与增材制造等技术融合嵌入升级。开发"增材制造＋医疗健康"新产品。

2.2.3 天津市3D打印产业现状

2.2.3.1 天津市3D打印产业发展基本情况

2012年至2016年底，全球3D打印市场规模由23亿美元增加到70亿美元，增长2倍。而同期我国3D打印市场规模由28.26亿元人民币增加到153.23亿元人民币，增长了4倍多。而天津市3D打印市场规模由1.11亿元人民币增加到6.67亿元人民币，增长了足足5倍。

2017年天津职业大学建立了全国首个"增材制造技术应用中心"，该中心围绕《中国制造2025》要求，适应京津冀协同发展——打造天津先进技术研发基地战略规划（《天津市制造业高质量发展"十四五"规划》），试行"现代学徒制"办学模式，将3D打印中心建设成适应京津冀地区产业转型升级的数字化设计与增材制造技术技能型人才培养基地。

2.2.3.2 天津市3D打印产业政策

（1）天津市工业和信息化委员会发布《天津市3D打印产业发展三年行动方案（2018—2020年）》。其中提出要强化产学研用合作创新机制，提升一批有重大需求、广泛应用前景的3D打印制造工艺技术水平。着眼天津市航空航天、汽车、医疗等重点领域的重大需求，加大对材料制备的投入，以高品质的金属3D打印专用材料制备技术为重点，突破材料深加工技术瓶颈，适应未来产业发展需要，加快高温难熔材料、高强度材料、光电等功能化材料的自主研发创新。

（2）天津市人民政府办公厅发布《天津市新材料产业发展"十四五"专项规划》。其中指出，3D打印领域，孵育天大银泰、清研智束等打印设备和配套服务企业，初步形成集3D打印材料、打印设备及服务于一体的产业链。

围绕机器人、增材制造装备、专用成套装备、关键系统部件和基础零部件等领域，着力突破减速器、高性能伺服驱动系统、微纳传感器、智能传感器等核心零部件，加快发展高档数控机床、工业机器人、服务机器人、医疗制造装备、金属材料3D打印装备等，集成开发一批重大智能成套装备。

2.3　高端数控机床产业现状

2.3.1　全球高端数控机床产业现状

2.3.1.1　高端数控机床产业发展历程

1952 年世界第 1 台数控机床在美国麻省理工学院研制成功，这是制造技术的一次革命性跨越。数控机床采用数字编程、程序执行、伺服控制等技术，实现按照零件图样编制的数字化加工程序自动控制机床的轨迹运动和运行，从此 NC 技术就使得机床与电子、计算机、控制、信息等技术的发展密不可分。随后，为了解决 NC 程序编制的自动化问题，采用计算机代替手工的自动编程工具（APT）和方法成为关键技术，计算机辅助设计 / 制造（CAD/CAM）技术也随之得到快速发展和普及应用。可以说，制造数字化肇始于数控机床及其核心数字控制技术的诞生。正是由于数控机床和数控技术在诞生伊始就具有的几大特点——数字控制思想和方法、"软（件）-硬（件）"相结合、"机（械）-电（子）-控（制）-信（息）"多学科交叉，因而其后数控机床和数控技术的重大进步就一直与电子技术和信息技术的发展直接关联。

最早的数控装置是采用电子真空管构成计算单元，20 世纪 40 年代末晶体管被发明，50 年代末推出集成电路，至 60 年代初期出现了采用集成电路和大规模集成电路的电子数字计算机，计算机在运算处理能力、小型化和可靠性方面的突破性进展，为数控机床技术发展带来第一个拐点——由基于分立元件的数字控制（NC）走向了计算机数字控制（CNC），数控机床也开始进入实际工业生产应用。

20 世纪 80 年代 IBM 公司推出采用 16 位微处理器的个人微型计算机（Personal Computer，PC），给数控机床技术带来了第二个拐点——由过去专用厂商开发数控装置（包括硬件和软件）走向采用通用的 PC 化计算机数控，同时开放式结构的 CNC 系统应运而生，推动数控技术向更高层次的数字化、网络化发展，高速机床、虚拟轴机床、复合加工机床等新技术快速迭代并应用。

21 世纪以来，智能化数控技术也开始萌芽，当前随着新一代信息技术和新一代人工智能技术的发展，智能传感、物联网、大数据、数字孪生、赛博物理系统、云计算和人工智能等新技术与数控技术深度结合，数控技术将迎来一个新的拐点甚至可能是新跨越——走向赛博物理融合的新一代智能数控。❶

---

❶　参见：https://baijiahao.baidu.com/s?id=1697594447255421024&wfr=spider&for=pc。

2.3.1.2　高端数控机床产业规模及行业格局

"十三五"期间，2019 年全球先进数控机床（中档数控机床和高档数控机床被定义为先进数控机床）市场规模为 292.29 亿美元。根据最新调研显示，2022 年全球先进数控机床市场规模为 307.46 亿美元，2018—2022 年间 CAGR 为 0.71%。"十四五"之后，预计到 2029 年全球规模将达到 518.31 亿美元，2023—2029 年 CAGR 为 7.61%。2022 年中国占全球市场份额为 24.28%，美国为 13.64%，预计 2023—2028 年中国市场 CAGR 为 11.73%，并在 2029 年规模达到 161.9 亿美元，同期美国市场 CAGR 预计大约为 5.66%。未来几年，亚太地区的重要市场地位将更加凸显，除中国外，日本、韩国、印度和东南亚地区，也将扮演重要角色。此外，德国将继续维持其在欧洲的领先地位，2023—2029 年 CAGR 将约为 5.41%。❶

2.3.1.3　高端数控机床优势国家（地区 / 组织）行业政策

1. 美国

首先，对方向性重大科研课题制定方案、措施并供应充分经费。例如为 NC 机床的讨论开发供应大量经费。为新一代 NC 系统的研发供应 1 亿美元经费。

其次，组织引导有关科研单位和企业间的科研合作。例如：新一代 NC 系统的研发，由全美制造科学中心与美国空军协作开发；CIM 的研制，政府组织通用汽车公司、波音飞机公司以及有关机床工业公司共同研发。

最后，新产品开发出来后，组织订货推广使用，同时加速推动科研进一步深化。例如，1952 年麻省理工学院研制出第一台 NC 铣床后，立刻组织军工部门订货 100 台用于生产，并不断改进，从而推动 NC 机床技术不断提高。又如，1994 年美国 G&L 公司研制出世界上第一台 VARLA4 并联机构机床后，准时组织有关高校讨论分析并在企业中使用，以便在技术上得到进一步提高。

美国向来非常重视数控机床工业的发展，在主机设计、制造和数控系统方面基础扎实。科技进步是影响美国数控机床产业的主要因素，智能化、高速化、精密化是美国机床工业的发展主流。2010 年 8 月，美国总统奥巴马签署了《美国制造业促进法案》，其主要目的是致力于提升"美国制造"的竞争力。该法案将降低或暂停美国企业在进口生产原材料时必须支付的部分关税，以帮助美国制造业降低成本，恢复竞争力。机床工业作为美国制造业中非常重要的

---

❶ 参见：https : //baijiahao.baidu.com/s?id=1769214270526675559&wfr=spider&for=pc。

生产部门，将从该法案中受益。

2. 德国

机械制造业是德国的重要支柱产业，由于数控机床在机械行业的战略地位，德国政府从多方面进行了大力扶持。该国非常重视数控机床主机配套件的先进实用性，各种功能部件在质量、性能上居世界前列。特别讲究"实际"与"实效"，坚持"以人为本"，师徒相传，不断提高人员素质。在大力发展自动化生产线的同时，德国一直保持实事求是的科学态度，特别重视理论与实际结合，对数控机床的共性问题进行深入研究，在质量上千锤百炼，不断稳步前进。

德国机械装备制造业的另一个重要特点就是中小企业集中，政府采取一系列措施鼓励中小企业积极进行研发和创新活动，提高竞争力。如覆盖范围广的中小企业创新核心项目（ZIM）、为企业创新计划提供长期低息贷款的 ERP 项目等。

同样，德国机床协会（VDW）给德国企业供应一切可能的市场支持，从市场信息、统计资料到各类产品的报告及对关键领域如汽车工业的猜测。VDW 借助中国机床工具协会，为有意在中国寻求合作伙伴的德国公司提供直接接触的机会；供应全部各类设备和服务的进口认证及其他贸易信息；依据需要组织中方有关人员到德国进行技术培训活动；组织德国企业代表团参与在中国的大型金属加工展览会，以及联系德国政府供应官方支持。

3. 日本

日本十分重视机床行业特别是数控机床技术的研究和开发，通过规划和制定法规（如《机械法》《机电法》和《机信法》），提供充足的研发经费，鼓励科研机构和企业大力发展数控机床。在"机振法"的激励下，日本的数控机床产业重点发展关键技术，突出发展数控系统，开发核心产品。日本政府还重点扶持 FANUC 公司，使其逐步发展成为世界上较大的数控系统供应商，该公司的数控系统在日本的市场占有率超过 80%，占世界销售额的 50% 左右，其他厂家则重点研发机械加工部分。这种合作分工关系提高了日本数控机床的行业效率，避免了行业标准的不兼容而削弱竞争力的问题。

跟美国类似，日本政府也将数控机床产业发展纳入国家智能制造计划中进行整体规划，于 1990 年 4 月提出了为期 10 年的智能制造合作计划，其目标是开发出能使人和智能设备都不受生产操作和国界限制、彼此合作的高技术生产系统，同时致力于制造信息、制造技术的体系化、标准化。

4. 欧盟

随着经济逐步回升，机床产业显著复苏，欧盟各国政府和行业协会纷纷推出政策以帮助行业重回快速发展轨道。欧洲机床工业合作委员会（CECIMO）

有 15 个成员国, 覆盖了绝大部分欧盟机床制造企业。为了保持欧洲机床产业的竞争优势, CECIMO 提出把先进的生产技术、高研发投入、快速的创新周期及高技能的劳动力等因素, 作为保持未来欧洲机床产业竞争力的基础, 并推出一系列措施以提高市场竞争力。

首先是加速技术升级。CECIMO 在企业中推行 "未来工厂" 计划, 用于欧洲技术平台建设, 以保障欧洲在未来投资项目中决定性的话语权, 投资总额为 120 亿欧元。此外, CECIMO 还积极推行综合的可推进社会经济、金融、贸易的工业政策, 使欧洲工业能够可持续发展, 从而保持欧洲机床生产及研究基地地位。CECIMO 还组织欧洲机床展, 成立欧洲机床工业合作委员会技术部以支持机床技术研发, "欧盟第 7 框架计划" "下一代生产系统" 等多项研究计划中都包含有机床部分内容。❶

2.3.2 中国高端数控机床产业现状

2.3.2.1 中国高端数控机床产业基本情况

我国数控技术起步于 1958 年, 近 50 年的发展历程大致可分为三个阶段: 第一阶段为 1958—1979 年, 即封闭式发展阶段。由于国外的技术封锁和我国基础条件的限制, 数控技术的发展较为缓慢。第二阶段是在国家的 "六五" "七五" 期间以及 "八五" 的前期, 即引进技术, 消化吸收, 初步建立起国产化体系阶段。第三阶段是在国家的 "八五" 后期和 "九五" 期间, 即实施产业化的研究, 我国国产数控装备的产业化取得了实质性进步。在 "九五" 末期, 国产数控机床的国内市场占有率达 50%, 配备国产数控系统的数控机床 (普及型) 也达到了 10%。目前我国数控机床行业所掌握的五轴联动数控技术较成熟, 并已有成熟产品走向市场。同时, 我国也已进入世界高速数控机床生产国和高精度精密数控机床生产国的行列。在 CIMT2003 上, 中国共展出机床 700 多台, 在 600 多台金属切削机床和近 100 台金属成型机床展品中, 数控机床分别占 75% 和 54%。这既体现了中国机床市场的需求趋势, 也反映了中国在数控机床产业化方面取得的突破性进展。但目前我国占据市场的产品主要集中在经济型产品上, 而在中档、高档产品上市场比例仍然很小, 与国外先进产品相比, 在可靠性、稳定性、速度和精度等方面均存在较大差距。❷

随着我国工业结构的优化升级, 中国正在经历从高速发展向高质量发展

❶ 参见: https://www.jc35.com/news/detail/25332.html。

❷ 参见: https://www.wenmi.com/article/pwt46n037vbj.html。

的重要阶段，对作为工业母机的机床的加工精度、效率、稳定性等精细化指标要求逐渐提升，中高端产品的需求日益增加。在此大背景下，中国机床市场的结构升级将向自动化成套、客户定制化和普遍的换档升级方向发展，产品由普通机床向数控机床、低档数控机床向中高档数控机床升级。❶

近年来，在政策及市场需求的大力推动下，民营数控机床企业强势崛起，不断加大科技攻关研发投入，争相布局高端数控机床市场，技术及管理水平不断提高，生产的产品得到国内市场的广泛认可。2022—2023 年，已有多家企业公布高端市场布局动态。深圳创世纪机械有限公司拟投资 18 亿元人民币投建高端数控机床制造产业化生产基地项目；秦川机床投资 10 亿元人民币在西咸新区建设高档数控机床创新基地；宁波海天精工股份有限公司计划投入 10 亿元人民币在宁波经济技术开发区建设高端数控机床生产基地。未来，随着国产品牌的不断发力，我国数控机床高端市场国产替代步伐将加快。

2.3.2.2　中国高端数控机床产业规模及行业格局

据中国机床工具工业协会数据，2022 年数控金属切削机床产量 26.5 万台，数控金属成型机床产量 2.1 万台。金属切削机床数控化率为 46.3%；金属成型机床数控化率为 11.3%。在发达国家中，日本机床数控化率维持在 80% 以上，美国和德国机床数控化率均超过 70%，与之相比国内机床数控化率提升空间较大。

目前，我国数控机床行业的龙头上市公司包括深圳创世纪机械有限公司、秦川机床、宁波海天精工股份有限公司等，以上上市公司的数控机床业务营收均在 20 亿以上，其他上市公司的数控机床业务营收则相对较小。2021 年，宇环数控、思进智能数控机床业务毛利率水平较高，均在 39% 以上。❷

近年来，我国数控机床产业规模持续扩大，2022 年我国数控机床产业规模约为 3 825 亿元人民币。数控系统是数控机床的"大脑"，编码器等关键零部件对于数控系统十分重要，但目前国内数控系统及关键零部件仍以外资厂商品牌为主，技术优势较强，国产替代速度可能不及预期。❸中商产业研究院发布的《2024—2029 年中国数控机床市场需求预测及发展趋势前瞻报告》显示，2023 年中国数控机床市场规模达到约 4 090 亿元人民币，近五年 CAGR

---

❶　参见：https：//www.chinairn.com/news/20230719/171716459.shtml。

❷　参见：https：//baijiahao.baidu.com/s?id=1762963689870396390&wfr=spider&for=pc。

❸　参见：中研普华研究院《2022—2027 年高端数控机床行业市场深度分析及发展规划咨询综合研究报告》。

达 5.75%。中商产业研究院分析师预测，2024 年行业市场规模将达到 4 325 亿元人民币。❶

2.3.2.3 中国高端数控机床产业政策

目前，中国机床行业数控化率不到 40%，而欧美等发达国家机床数控化率已超 70%。机床数控化需要有技术、人才等方面共同支持，因此，为支持中国机床行业发展，基于《中国制造 2025》这一行动纲领，中国相关部门近年来陆续印发涉及数控机床行业产业升级、行业规范、技术创新等方面政策，以支持中国数控机床的发展、创新。

（1）2015 年 5 月国务院发布《中国制造 2025》。其中提到：开发一批精密、高速、高效、柔性数控机床与基础制造装备及集成制造系统。加快高档数控机床、增材制造等前沿技术和装备的研发。以提升可靠性、精度保持性为重点，开发高档数控系统、伺服电机、轴承、光栅等主要功能部件及关键应用软件，加快实现产业化。加强用户工艺验证能力建设。

（2）2019 年 10 月工信部、国家发改委等 13 部门发布《制造业设计能力提升专项行动计划（2019—2022 年）》。其中指出到 2022 年在高档数控机床等行业实现原创设计突破。

（3）2021 年 3 月国务院发布《中华人民共和国国民经济和社会发展第十四个五年规划和 2035 年远景目标纲要》。其中提到要深入实施智能制造和绿色制造工程，发展服务型制造新模式，推动制造业高端化智能化绿色化。培育先进制造业集群，推动集成电路、航空航天、船舶与海洋工程装备、机器人、先进轨道交通装备、先进电力装备、工程机械、高端数控机床、医药及医疗设备等产业创新发展。

（4）2021 年 12 月工信部、国家发改委等 8 个部门发布《"十四五"智能制造发展规划》。规划定下目标：到 2025 年，规模以上制造业企业大部分实现数字化网络化，重点行业骨干企业初步应用智能化；到 2035 年，规模以上制造业企业全面普及数字化网络化，重点行业骨干企业基本实现智能化。

（5）2020 年 6 月工信部、人力资源社会保障部发布《工业通信业职业技能提升行动计划实施方案》。其中提出为数控机床等制造强国、网络强国建设重点领域提供培训平台、实训基地，形成一批可复制可推广的新技能培训经验做法，并且提出 2 年内开展各类职业技能培训 50 万人次以上的要求、展望，以期为制造强国、网络强国建设提供坚强技能人才保障。

---

❶ 参见：中商产业研究院《2024—2029 年中国数控机床市场需求预测及发展趋势前瞻报告》。

（6）2022 年 4 月工信部、国家发改委发布《产业用纺织品行业高质量发展的指导意见》。其中提出了产业用纺织品行业高质量发展的目标，其中提到中国非织造布企业关键工序数控化率要达到 70%，以增加智能制造和绿色制造对行业提质增效作用，提升行业综合竞争力。给数控机床行业发展提供了下游行业需求，同时也对中国数控机床制造技术提出要求，促进中国数控机床行业提升。

2.3.3 天津市高端数控机床产业现状

2.3.3.1 天津高端数控机床产业发展基本情况

2022 年 1 月，天津职业技术师范大学申报的"天津市高端智能数控机床工程研究中心"（以下简称"工程研究中心"）获天津市发改委正式批复。工程研究中心面向天津市"1+3+4"产业体系，依托该校天津市高速切削与精密加工重点实验室，融合机械工程、材料科学与工程、数学、控制科学与工程、信息与通信工程等多学科，与中国通用技术集团天津第一机床有限公司共建"智能制造装备协同创新联合体"。本着"加强合作、优势互补、平等互利、共同发展"的原则，重点开展高档数控齿轮机床和磨床等智能制造装备研发，机床领域双碳节能减排项目研发，高端数控机床专用数控系统智能化功能研发等，联合申报高级别科研项目和科研奖项。承担过工信部"面向机床行业大中型数控机床关键加工装备"项目和天津市新一代人工智能科技重大专项。

天津市聚集了天津第一机床总厂、天津第二机床总厂、天锻压力、天二锻压、建科机械（天津）股份有限公司、天津市精诚机床制造有限公司、天津市天森智能设备有限公司等多家数控机床制造厂家及天津市泰森数控科技有限公司一家数控系统生产厂家。

2023 年，装备制造业成为天津市首个万亿元产业，实现产值 1.02 万亿元人民币，占全市工业产值总额的 38.6%。按照天津市产业统计分类，天津市装备制造业包括汽车工业、机械装备制造业和现代冶金工业三大块。据国家统计局数据，2023 年 3 月天津市规模以上工业企业金属切削机床产量同比下降了54.5%，达到 0.01 万台，增速较 2022 年天津市同期低 90.63 个百分点，增速较全国同期低 54.55 个百分点，约占同期全国规模以上工业企业金属切削机床产量 6.2828 万台的比重为 0.10%。

据天津市经济和信息化委员会相关人士介绍，2024 年，天津市装备制造业中的重型装备将重点发展高档数控机床与基础制造、机器人、3D 打印、智能控制系统、海洋工程等高端智能装备；汽车工业则将加快大众汽车有限公司、奥迪股份公司、爱信精机株式会社等一批自动变速器项目建设，形成年产 300 万台规模，引进配套，打造千亿产业链，并将抓住创建国家第一批示范城市的机遇，推进纯电动汽车和插电式混合动力汽车研制开发和产业化，在邮政、环卫、警务等领域率先推广。❶

2.3.3.2　天津高端数控机床产业政策

（1）2021 年 2 月的《关于印发天津市国民经济和社会发展第十四个五年规划和 2035 年远景目标纲要的通知》。其中指出要巩固提升优势产业。装备制造产业重点发展智能装备、轨道交通装备和海洋装备，培育高档数控机床、工业机器人等一批标杆企业，建成国内海洋装备制造领航区，打造具有全球影响力的高端装备产业示范基地。

（2）2021 年 9 月的《天津市促进智能制造发展条例》。其中指出要鼓励企业开发推广智能立（卧）式五轴加工中心、车铣复合加工中心、高精度数控磨床等高端工业母机，发展面向航空航天、汽车等领域的高性能专用数控机床以及相关数控系统。

（3）以工业母机产业发展为引领，打造"央地合作"新典范。天津是近代中国工业的摇篮，制造业底蕴深厚、基础扎实。近年来，中国通用技术（集团）控股有限责任公司（以下简称"通用技术集团"）聚焦先进制造与技术服务等主营业务，坚定扛起振兴我国机床产业发展的大旗，在助力天津"制造业立市"、促进高端数控机床产业发展方面，通用技术集团与天津市的产业战略合作不断深化。

2021 年 5 月，通用技术集团与天津市人民政府签署战略合作框架协议以及深化战略合作备忘录，为集团在天津的产业发展谋划了"蓝图"。2021 年 6月，通用技术集团与天津市共同出资组建通用技术集团机床有限公司，将机床板块产业子集团总部落户天津。通用技术集团将天津作为发展机床装备产业的主基地和司令部，集团旗下的 8 家机床生产制造单位中，有 2 家位于天津，包括天津第一机床总厂以及天锻压力。通过助力天津落实"十项行动"，通用技术集团推动机床企业全面深化改革、强化科技创新、开展提质增效，企业不断焕发新的生机活力，服务国家重要行业关键领域的能力不断增强。❷

---

❶ 参见：http：//dzb.cinn.cn/shtml/zggyb/20230602/115048.shtml。

❷ 参见：https://www.jc35.com/news/detail/84794.html。

第 3 章　智能制造产业专利分析

3.1　工业机器人产业专利分析

3.1.1　专利发展态势分析

截至 2023 年 6 月 30 日，全球工业机器人领域相关技术的专利申请共计 34 万余件，其中主要涉及基座、关节、机械臂、末端执行器、控制器、减速器、控制方法、控制方式、气液驱动和电机驱动等，主要申请国家（地区 / 组织）为中国、日本、美国、韩国和世界知识产权组织。

3.1.1.1　全球及主要国家工业机器人领域专利申请趋势分析

专利申请趋势一定程度上反映了技术的发展历程、技术生命周期的具体阶段，并可在一定程度上预测未来一段时间内该技术的发展趋势。工业机器人领域全球及主要国家的专利申请趋势如图 3.1 所示。

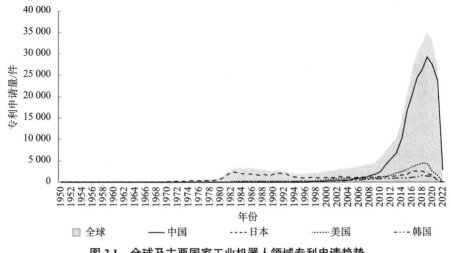

图 3.1　全球及主要国家工业机器人领域专利申请趋势

从图 3.1 中可以看出，全球工业机器人关键技术的专利申请量总体呈上升趋势。自 1950 年出现有关工业机器人专利申请以来，工业机器人领域属于技术萌芽期阶段，申请量仅有几项到几十项。1971—1990 年，随着计算机技术、现代控制技术等行业的发展，工业机器人进入快速发展期，专利申请增长率高达 40%。随着技术应用产业逐渐扩大，发那科、安川电机、川崎重工等重要工业机器人企业迅速发展，工业机器人进入第一个快速发展期。伴随着 20 世纪 90 年代前后的经济危机，日本工业机器人发展进入短暂低迷，国际市场转向 ABB、库卡、COMAU 等欧美企业。我国涉足工业机器人领域较晚，但在 21 世纪之后申请量出现井喷式增长。

3.1.1.2 天津市工业机器人领域专利申请趋势分析

截至 2023 年 6 月 30 日，天津地区在工业机器人相关技术领域的专利申请共有 5 083 件，其中实用新型专利总量为 2 881 件，发明专利申请的总量为 2 140 件。发明专利申请方面，失效的专利 916 件，占比约 43%，处于审查流程中的专利 734 件，占比约 34%，有效的发明专利为 490 件，占比约 23%。

天津市工业机器人专利申请趋势如图 3.2 所示。天津市工业机器人技术发展与国内发展趋势基本一致，2000 年左右以实用新型专利为主，有零星专利申请，申请量在 10 件以下，2003—2010 年申请量开始增长，发明专利申请不断增多但总申请量仍在 50 件以下，说明天津市在该行业技术仍然比较薄弱；2011 年以后专利申请量有较高增长，进入快速发展阶段，2012 年申请量突破 100 件，尤其在 2013 年之后，随着天津市越来越重视工业机器人产业的发展，专利申请量始终保持在一个较高的水平，2020 年申请量超过 800 件，主要申请人除了高校之外，也出现了大量的企业申请。

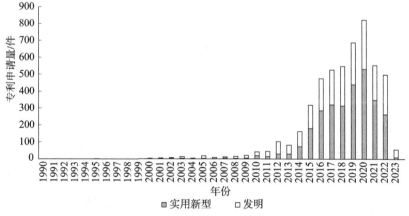

图 3.2　天津市工业机器人领域专利申请趋势

3.1.2　专利区域布局分析

3.1.2.1　全球及主要国家工业机器人领域专利申请情况分析

工业机器人专利技术布局目标国家（地区／组织）的专利申请数量分布见表 3.1。截至 2023 年 6 月 30 日，全球工业机器人专利申请总量 34 万余件，中国专利申请最多，占比超过 50%，其次是日本、美国、韩国等发达国家，排名前 5 的国家总申请量占比超过 85%，说明工业机器人发展较好的地区相对集中，中国、美国、日本为重要市场，为各国家专利布局的重点区域。

表 3.1　工业机器人专利技术布局目标国家（地区／组织）

专利布局目标国家（地区／组织）	专利申请量／件	全球占比／%
中国	176 838	51.31
日本	51 639	14.98
美国	31 907	9.26
韩国	15 967	4.63
世界知识产权组织	14 874	4.32
德国	14 434	4.19
欧洲专利局	11 974	3.47
俄罗斯	3 406	0.99
法国	2 121	0.62

3.1.2.2　中国专利技术来源国及中国本土专利申请情况分析

1. 中国工业机器人领域专利技术来源国分布

中国工业机器人领域专利主要技术来源国专利占比如图 3.3 所示。截至 2023 年 6 月 30 日，中国工业机器人申请总量共计 176 838 件，以中国申请人为主，申请量超 16 万件，占比约 94%；此外，国外来中国进行专利申请的国家主要是日本、美国、德国和韩国，其中日本的申请人在中国提交的专利申请数量最多，约占全部申请量的 3%，其次是美国、德国，再次是韩国申请人。上述数据可初步表明，我国对工业机器人技术的研发与投入比较重视，研发热情较高，日本、美国、德国的申请人也比较重视我国的市场，在我国进行了大量的专利布局，因此要做好海外申请人的中国专利侵权风险评估。

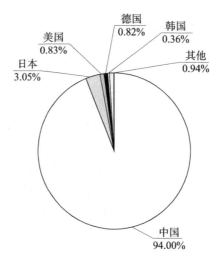

图 3.3 中国工业机器人领域专利主要技术来源国专利占比分布（截至 2023 年 6 月 30 日）

2. 中国工业机器人领域专利申请省（直辖市）分布

中国工业机器人领域专利申请省（直辖市）分布如图 3.4 所示。中国工业机器人产业创新区域集聚效应明显，从中国专利省（直辖市）排名前 15 的地区分布可以看出，广东省、江苏省和浙江省分别位列前三甲，以前三甲为代表辐射周边，形成了具有一定产业基础的特色地区。

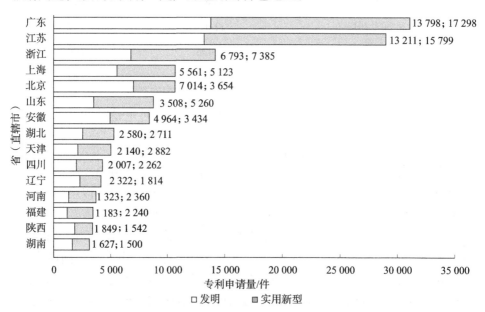

图 3.4 中国工业机器人领域专利申请省（直辖市）分布

长三角地区作为我国机器人产业发展的重要区域，工业机器人产业起步早、发展基础较为雄厚，以江苏、浙江和上海为主，集中在上海交通大学、浙江工业大学、东南大学等重点高校，形成了较为完备的机器人产业链，在国内工业机器人产业发展中具有十分重要的地位。珠三角地区作为我国机器人产业的重要发展区域，以广东省发展实力最强，区域内深圳、广州、东莞、顺德等地的机器人产业已逐步形成多点发展、协同推进关系。京津冀地区机器人产业逐步发展壮大，区域内北京、天津、河北已逐步形成错位发展、优势互补关系，北京和天津工业机器人的专利申请量分别位列全国第 5 位和第 9 位。东北地区虽具有机器人产业先发优势，但近年来产业整体创新能力有限，中西部地区机器人产业发展基础较为薄弱，但仍表现出一定后发潜力。

3.1.2.3　天津市各区县工业机器人领域专利申请情况分析

天津市各区县工业机器人领域专利申请量排名如图 3.5 所示。滨海新区、南开区和西青区是天津市主要申请区，三个区申请量占天津市申请总量的 50% 以上，其中，滨海新区位列第一，专利申请类型以实用新型居多；南开区位列第二，专利申请类型以发明居多，发明专利申请数量超过滨海新区；西青区位列第三，专利申请量超过 700 件。

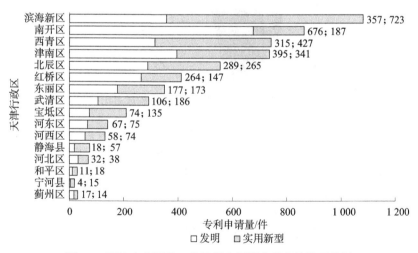

图 3.5　天津市各区县工业机器人领域专利申请情况分析

天津滨海新区以泰达智能无人装备产业园为代表，在工业机器人领域，产业园聚集了包括机器人本体研发制造企业和系统集成及智能化生产线解决方案服务企业。其中代表企业有一飞智控（天津）科技有限公司、辰星（天津）自动化设备有限公司、天津深之蓝海洋设备科技有限公司、中科国技（天津）智能系统工程有限责任公司、川崎机器人（天津）有限公司、天津宝涞工业机器人应用技术研究有限公司等 20 余家机器人企业。

3.1.3　专利布局重点及热点技术分析

3.1.3.1　全球工业机器人领域专利布局重点及热点

图 3.6 为工业机器人产业链各环节全球专利构成占比。全球工业机器人行业机器本体领域专利申请约 17 万件，占比 53.42%；控制系统领域相关专利申请超 7 万件，占比超 22%，说明申请人比较重视机器本体和控制系统领域的专利布局，是布局的重点和热点。此外驱动机构和系统集成的占比分别为 12.70% 和 11.23%。

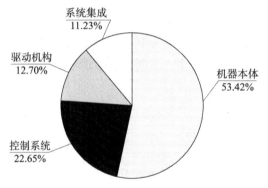

图 3.6　全球工业机器人领域专利构成占比

图 3.7 为工业机器人产业链各环节全球专利申请趋势。从申请趋势来看，机器本体、控制系统和驱动机构领域申请量呈现增长趋势，尤其是机器本体增长明显，是当前行业的研发热点。系统集成申请量虽也逐年增长但增长相对平缓，2017 年之后基本稳定。

3.1.3.2　中国工业机器人领域专利布局重点及热点

图 3.8 为工业机器人产业链各环节中国专利构成占比。中国与全球相比，有相同也有不同，相同点是机器本体领域专利占比最高，均是专利布局的热点；但与全球不同的是，中国专利在控制系统领域的占比低于全球占比，而在

驱动机构领域占比高于全球占比，表明中国申请人在控制系统领域与国外企业有较大差距且该技术国外申请人技术积累较强，因此突破瓶颈需要周期。

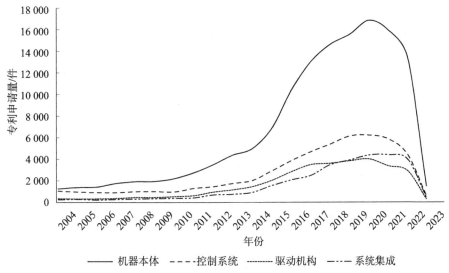

图 3.7　全球工业机器人领域专利申请趋势

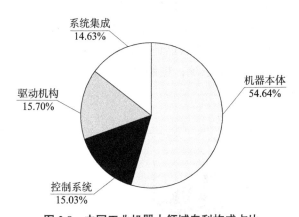

图 3.8　中国工业机器人领域专利构成占比

图 3.9 为工业机器人产业链各环节中国专利申请趋势。从近 20 年申请趋势来看，机器本体、控制系统的增长趋势与全球基本一致，机器本体领域增长速度明显，是中国工业机器人的研发热点。与全球申请趋势不同的是，中国专利系统集成领域申请量在 2018 年及以后增长明显，超过控制系统和驱动机构，说明中国申请人近几年申请的热点向工业机器人的应用有所转移。驱动机构领域近几年申请增长趋于平稳。

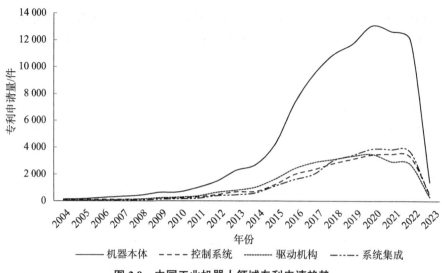

图 3.9 中国工业机器人领域专利申请趋势

3.1.3.3 天津市工业机器人领域专利布局重点及热点

图 3.10 为工业机器人产业链各环节天津市专利构成占比。天津市工业机器人产业链专利中占比最高的是机器本体领域，这与全球、中国保持一致，即天津市工业机器人专利布局的热点也是机器本体领域。不同的是天津市在系统集成方面布局热度高于控制系统，控制系统申请的专利数量占比较少，不足 12%，低于全国的占比。

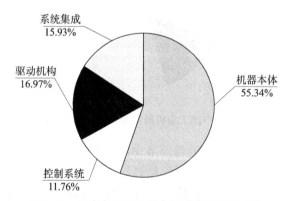

图 3.10 天津市工业机器人领域专利构成占比

图 3.11 为工业机器人产业链各环节天津市专利申请趋势。从近二十年的申请趋势看，天津市工业机器人在 2010 年之前申请数量较少，仅有零星的专

利申请，2010—2017 年专利申请有了较大幅度增长，2018 年增长有所回落，之后又快速增长，虽然增长数量有所波动但整体上申请量都是增长趋势，说明天津市工业机器人仍在稳步发展。

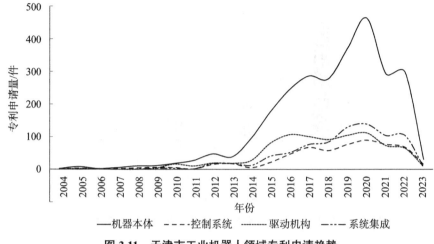

图 3.11　天津市工业机器人领域专利申请趋势

3.1.3.4　天津市工业机器人领域专利布局和国内外的差异对比分析

以工业机器人产业一级技术分类机器本体、控制系统、驱动机构、系统集成分别作为研究领域，统计天津相关专利申请数量在全球、中国各领域的占比，结果见表 3.2。

表 3.2　天津工业机器人领域专利申请数量及在全球、中国各领域的占比情况

项目	机器本体	控制系统	驱动机构	系统集成
全球专利申请量 / 件	168 481	71 420	40 062	35 400
中国专利申请量 / 件	93 302	25 669	26 802	24 980
天津专利申请量 / 件	2 720	578	834	783
天津在全球占比 /%	1.61	0.81	2.08	2.18
天津在中国占比 /%	2.92	2.25	3.11	3.13

从各技术专利数量占比来看，天津在控制系统领域的专利数量占全球的比例低于 1%，说明天津市在该领域专利申请储备明显不足。从产业链结构来看，天津市专利申请覆盖工业机器人的全产业链，再结合天津市、中国、全球工业机器人领域专利构成占比（图 3.12）发现，天津市、中国、全球布局热度

最高的领域均是机器本体，热点一致并且占比均超过50%。较不同的是天津市在控制系统领域占比明显低于全球和中国，驱动机构和系统集成领域略高于全球和中国。

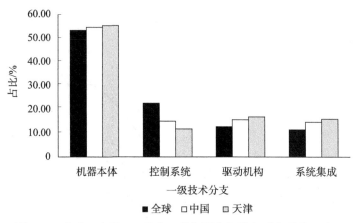

图3.12 全球、中国、天津市工业机器人领域专利布局差异对比

鉴于机器本体是工业机器人产业研发热度最高的领域，天津专利布局尚可，所以建议天津市继续保持机器本体领域的研发，同时调整控制系统的产业结构比重，对比全球和中国产业链的专利占比，在控制系统领域需要加大创新力度，提升专利占比，从而实现机器本体与控制系统的结合，减少部分核心零部件的购买，突破技术限制，产生更多自主知识产权的设备及系统。此外，在产业布局结构优化方面，要根据技术、产品和市场的变化情况动态调整产业结构比例。

3.1.4　创新主体竞争格局分析

3.1.4.1　全球创新主体分析

1.全球工业机器人领域专利申请人的专利申请量排名

图3.13展示的是全球工业机器人专利申请量排名情况，从图中可以看出，专利申请人以综合大型集团企业为主，主要来自日本、德国、韩国、欧洲等发达国家（地区/组织），其中日本的企业最多，前20位的申请人中有14位来自日本，并且位列前三甲的企业均是日本申请人，尤其发那科专利申请量最多，申请量超过7 000件，三菱和安川电机申请量相当，均为3 400件左右，申请人排名和申请量的差距进一步验证了日本在工业机器人这一领域具有非常

强的研发实力，处于绝对的世界领先地位。

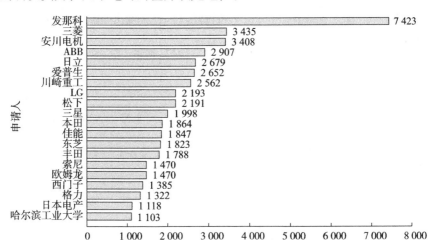

图 3.13 全球工业机器人领域专利申请人的专利申请量排名

排名第 4 名的是瑞士的 ABB，是瑞士唯一上榜的企业，在工业机器人领域的研发实力较强，在全球有多个研发中心，其中上海是其全球最大的机器人超级工厂，未来 ABB 在中国的专利申请量会只增不减。排名第 5 名至第 7 名的申请人的申请总量也较为接近，基本都集中在 2 600 件左右。除此之外，还有两家韩国企业和一家德国企业上榜，分别是位列第 8 名的 LG 和位列第 10名的三星以及位列第 17 名的西门子。

中国申请人有两位上榜，分别是位列第 18 名的企业申请人珠海格力电器股份有限公司（以下简称"格力"）和位列第 20 名的高校哈尔滨工业大学，申请量均超过 1 000 件，虽然与海外巨头仍有差距，但实力逐渐增强。

2. 工业机器人领域细分技术全球专利申请人的专利申请量排名

工业机器人产业细分技术全球专利申请人的专利申请量排名见表 3.3～表 3.6，每个细分技术均列出了 10 名申请人。

表 3.3 机器本体全球专利申请人的专利申请量排名　　　　单位：件

基座		关节		机械臂		末端执行器		减速器	
深圳市越疆科技	31	发那科	616	发那科	354	川崎重工	624	纳博特斯克	348
ABB	23	日立	289	哈尔滨工业大学	264	发那科	520	哈默纳科	316

续表

基座		关节		机械臂		末端执行器		减速器	
天津金顺伟业机械	14	三菱	286	深圳市越疆科技	247	清华大学	477	舍弗勒	198
西北工业大学	13	川崎重工	262	三菱	198	三菱	456	格力	175
x development	12	本田	261	ABB	196	东芝	436	住友	147
扬州成德工业设备制造	11	ABB	259	法国原子能委员会	194	爱普生	436	南通振康	92
安徽工程大学	10	哈尔滨工业大学	244	爱普生	192	松下	391	浙江来福谐波传动	57
库卡	10	安川电机	231	广西大学	170	日立	373	重庆大学	53
芋头科技	10	松下	209	国家电网	166	丰田	334	采埃孚股份	52
卧安科技	9	安普生	208	松下	165	哈尔滨工业大学	326	绿的谐波传动	50

表 3.4   控制系统全球专利申请人的专利申请量排名　　　　单位：件

控制硬件		控制软件		控制方式	
发那科	3 168	发那科	2 174	发那科	1 238
安川电机	1 322	爱普生	917	爱普生	483
爱普生	1 185	安川电机	863	佳能	439
三菱	1 112	三菱	829	安川电机	431
欧姆龙	918	欧姆龙	730	ABB	411
川崎重工	876	松下	540	欧姆龙	399
日立	873	川崎重工	516	三菱	390
ABB	857	日立	451	川崎重工	342
三星	765	本田	411	松下	341
松下	765	东芝	405	三星	335

表 3.5　驱动机构全球专利申请人的专利申请量排名　　　　单位：件

气压驱动		液压驱动		电机驱动	
SMC	29	SMC	23	发那科	1 025
江南大学	26	日立	20	广西大学	278
FESTO	25	武汉科技大学	18	安川电机	271
三菱	24	浙江大学	17	松下	239
浙江工业大学	21	北京航空航天大学	16	三菱	236
日立	20	卡特彼勒	16	东芝	148
萨博	19	谷歌	16	爱普生	145
北华大学	19	博世	15	日立	128
松下	19	松下	15	丰田	126
苏州博众精工	17	哈尔滨工程大学	14	华南理工大学	116

表 3.6　系统集成全球专利申请人的专利申请量排名　　　　单位：件

焊接机器人		喷涂机器人		搬运机器人		爬壁机器人	
神户制钢	261	广东博智林机器人	84	深圳市海柔创新科技	424	河北工业大学	54
发那科	206	ABB	34	丰田	112	浙江工业大学	48
Daihen Corp	199	杜尔 Ecoclean	34	川崎重工	105	北京史河科技	42
三菱	187	北京曲线智能装备	28	北京极智嘉科技	100	国家电网	41
本田	184	合肥工业大学	28	日立	83	浙江大学	41
三星	150	清华大学	27	Applied Materials	78	华南理工大学	34
大宇造船	126	西北农科	26	发那科	77	北京博清科技	33
日产	118	现代重工	25	Dainippon	70	哈尔滨科能熔敷科技	33
丰田	112	上海电气	24	semes	68	深圳市行知行机器人	33
北京博清科技	111	江苏科技大学	21	江苏小白兔智造科技	65	苏州工业园区职业技术学院	32

检修机器人		康复机器人		加工机器人	
国家电网	26	广西科技大学	54	发那科	48
宜兴市宜安电力工具制造	15	上海傅利叶智能科技	51	清华大学	25
中国广核	14	燕山大学	48	安徽工程大学	14
深圳普思英察科技	9	上海电气	40	天津大学	13
广东电网	8	中国科学院	39	日产	8
三星	7	合肥工业大学	31	IHI 株式会社	7
浙江神汽电子商务	7	深圳华鹊景医疗科技	25	三菱	7
重庆城市职业学院	7	浙江工业大学	24	东芝	7
合肥中科蓝睿科技	6	哈尔滨天愈康复医疗机器人	23	中国地质大学	7
安徽省电力有限公司	6	上海交通大学	22	广东博智林机器人	7

（1）机器本体。

①基座。该技术分支各申请人申请量数量较少，专利申请量排名第 1 的深圳市越疆科技专注于协作机器人的研发制造，全球累计出货量达 68 000 台，广销 100+ 个国家（地区／组织），在基座方面申请的专利数量为 31 件；排名第 2 的是瑞士的企业 ABB，专利申请量为 23 件，申请的基座专利多为并联机器人的基座；高校中西北工业大学和安徽工程大学基座专利申请量较高。

②关节。该技术分支申请人以日本企业居多，无中国企业，唯一上榜的是哈尔滨工业大学；发那科申请量 616 件，远超其他企业，位于第一梯队。位列第 2 名至第 10 名的申请人的申请量均在 200 ～ 300 件，差距不是很大。哈尔滨工业大学位列第 7 名，专利申请量为 244 件，该学校拥有机器人重点实验室，是我国最早从事机器人技术研究的单位之一。

③机械臂。该技术分支外国申请人数量与中国申请人数量旗鼓相当，其中前 10 名申请人中有 6 位外国申请人，仍以日本企业居多，以发那科和三菱

申请为主；中国申请人中哈尔滨工业大学位列第 2 位，专利申请量为 264 件，与第 1 名的发那科略有差距，但哈尔滨工业大学成立有问天舱机械臂团队，由刘宏院士领衔，机械、电气、计算机等多学科教师和博士生为主体，平均年龄 33.3 岁，发展潜力巨大。深圳市越疆科技除了在基座技术分支有一定专利积累量之外，在机械臂领域实力也不容小觑，申请量排名第 3 位。

④末端执行器。该技术分支专利申请人以日本企业居多，无中国企业，仅清华大学和哈尔滨工业大学两所高校上榜。其中日本企业川崎重工以申请量 624 件排名第 1，作为工业机器人领域的老牌企业，川崎重工为促进技术发展，成立有机器人事业部，在机械臂领域深耕多年，2016 年 8 月，川崎重工向公众展示了 duAro（双臂机器人）。清华大学位列第 3 位，与哈尔滨工业大学一样都有机器人国家重点实验室，在科研和技术投入方面都很强，注重末端执行器的控制精度和准确性。

⑤减速器。该技术分支以国外龙头占据主导地位，国内企业呈现不断追赶之势。纳博特斯克处于 RV 减速器行业的绝对领先地位，并且非常重视中国市场，2010 年，纳博特斯克与上海机电股份有限公司合资成立上海纳博特斯克传动设备有限公司，主要负责 RV 减速器风精密传动设备的销售和服务；2016 年，与上海电气合资成立纳博特斯克（中国）精密机器有限公司，主要负责 RV 减速器等精密传动设备的生产。哈默纳克公司在谐波减速器领域占据统治地位，成立几十年间产品不断迭代更新，注重产品全方位性能的提升。中国企业格力、南通振康、浙江来福谐波传动、绿的谐波传动近几年在减速器方面表现也相对突出，逐步占有一定市场份额。

（2）控制系统。

控制硬件、控制软件和控制方式三个技术分支的专利申请人排名大致相同，前 10 位申请人均是国外申请人，并且基本都是日本企业占据绝对主导地位，以发那科、爱普生、安川电机为首的日本老牌企业专利申请数量较多，位列第一梯队，尤其发那科每个细分技术分支的专利申请量均超过 1 000 件，远超其他申请人。在控制系统的三个细分分支中均没有中国申请人上榜，说明日本作为工业机器人发展较早的国家之一已经在控制技术方面发展相对成熟，积累了坚实的研究基础，中国作为后起之秀想突破有一定技术难度的控制技术分支，任重道远。

（3）驱动机构。

整体来看，驱动机构的三个细分技术分支中，电机驱动的占比最多。

①气压驱动。该技术分支前 10 位申请人以日本企业和中国高校为主，位列第一名的是日本的 SMC，其为世界级的气动元件研发、制造、销售商，拥

有分公司，分布有 4 家工厂、1 个研发中心、3 个物流中心，打造了一个高端装备核心零部件配套提供商。中国高校江南大学位列第 2 名，申请专利的技术主题集中在气缸驱动的机械手，发明人均以章军教授带领的机械工程团队。其他申请人专利申请量差距不大，集中在 20 件左右。

②液压驱动。该技术分支专利申请量较分散，排名第 1 的也是日本的SMC，专利申请量为 23 件；排名第 2 的是日立，专利申请量为 20 件；排名第 3 的是武汉科技大学，专利申请量为 18 件；各申请人申请量差距较小。前10 位申请人中日本企业占据三席（SMC、日立、松下），美国企业占据两席（卡特彼勒、谷歌），中国没有企业上榜，有 4 所高校上榜，说明在气压驱动技术分支我国高校科研实力较强，企业相对较弱。

③电机驱动。该技术分支以日本企业居多，中国申请人仅两所高校上榜。排列第 1 名的日本企业发那科作为工业机器人领域的综合性企业，在电机技术分支依然表现出色，申请量超过 1 000 件。为促进电机技术的发展，发那科与北京机床研究所成立了北京发那科机电有限公司，主营交流伺服电机及其他数控产品。广西大学位列第 2 名，是中国申请人中电机技术申请量最多的。

（4）系统集成。

系统集成的细分技术分支是按工业机器人应用用途进行区分的，主要包括焊接机器人、喷涂机器人、搬运机器人、爬壁机器人、检修机器人、康复机器人、加工机器人。其中焊接机器人、搬运机器人和加工机器人国外申请人和国内申请人基本持平，其他分支的机器人主要以中国申请人为主，河北工业大学在爬壁机器人领域占据主导地位，其他分支均没有入围前 10。

3.1.4.2 中国创新主体分析

1. 中国工业机器人领域专利申请人类型分布

中国工业机器人领域专利申请人类型分布如图 3.14 所示，以企业申请人为主，占比约 68%，在一定程度上反映了企业研发能力较强，专利保护意识高，企业研发经费的投入强度较高，成为专利技术创新的主体。其次是大专院校占比约 22%，研发实力也不容小觑，说明我国科研院所及高校研究人才较为丰富，创新较为活跃。但大学和科研院所的专利普遍以研究为主，缺乏产业化应用，产生的实际经济效益普遍较低，我国企业还需要加大研发投入，加强与高校科研院所的合作力度，将科研院所及高校优秀人才的研究成果，积极地转化为生产力，促进工业机器人产业的发展。

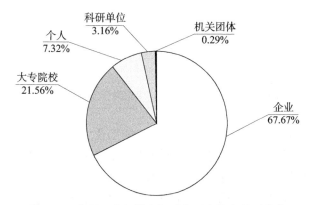

图 3.14　中国工业机器人领域专利申请人类型分布

2. 中国工业机器人领域专利申请人专利申请量排名

中国工业机器人领域专利申请人排名见表 3.7，其中格力位列第 1 位也是企业申请人的第 1 名，从 2016 年开始提出自主研发制造智能装备业务以来，在专利布局方面的成功非常显著，生产了一大批具有自主知识产品的工业机器人，这些工业机器人不仅投入格力的生产线中，同时在工业机器人市场的激烈竞争中保持了一定的竞争力。同时其他国家（地区 / 组织）部分优质企业在我国也有大量的专利布局，如发那科、爱普生、安川电机在我国均有超过 500 件的专利申请，尤其是发那科在中国布局超过 1 000 件，在一定程度上说明我国工业机器人产业具有良好的市场应用前景，这些企业比较重视中国市场。值得注意的是沈阳新松机器人自动化股份有限公司、深圳市越疆科技、优必选、广东博智林机器人发展势头强劲，布局专利数量也有 300 件以上。

表 3.7　中国工业机器人领域专利申请人的专利申请量排名　　　　单位：件

排名	企业申请人		院校 / 研究所申请人	
1	格力	1 285	哈尔滨工业大学	1 076
2	发那科	1 082	华南理工大学	908
3	国家电网	735	清华大学	903
4	爱普生	574	浙江工业大学	703
5	安川电机	487	广西大学	690
6	沈阳新松机器人自动化股份有限公司	465	上海交通大学	660
7	深圳市越疆科技	420	浙江大学	658
8	优必选	323	广东工业大学	562

续表

排名	企业申请人		院校／研究所申请人	
9	广东博智林机器人	315	华中科技大学	556
10	川崎重工	310	中国科学院沈阳自动化研究所	519

前 10 位院校／研究所申请人中，哈尔滨工业大学、华南理工大学、清华大学技术优势明显，申请量领先其他科研机构，申请量超过 900 件；哈尔滨工业大学设立了机器人专业并且有配套的教学资源和实践平台，为我国机器人产业的发展贡献了很多人才力量。为了进一步促进科技成果的转移转化，哈尔滨工业大学和黑龙江省政府、哈尔滨市政府共同组建成立了哈工大机器人集团，以集团运作为基础帮助高校科研成果落地产业化。天津大学位列第 11 位，专利申请量超过 500 件，是天津地区较早在工业机器人方面进行专利申请的高校之一，河北工业大学可考虑与天津大学进行差异化合作互补。

3. 工业机器人领域细分技术中国专利申请人专利申请量排名

工业机器人产业细分技术中国专利申请人的专利申请量排名见表 3.8 ～表 3.11，每个细分技术均列出了 10 个申请人。

表 3.8　机器本体中国专利申请人的专利申请量排名　　单位：件

基座		关节		机械臂		末端执行器		减速器	
深圳市越疆科技	24	哈尔滨工业大学	241	哈尔滨工业大学	259	清华大学	466	格力	161
天津金顺伟业机械	14	格力	189	深圳市越疆科技	247	哈尔滨工业大学	319	南通振康	92
扬州成德工业设备制造	11	清华大学	180	广西大学	170	华南理工大学	200	纳博特斯克	68
安徽工程大学	10	中国科学院沈阳自动化研究所	101	国家电网有限公司	165	国家电网有限公司	189	浙江来福谐波传动	57
卧安科技	9	浙江工业大学	98	华南理工大学	146	上海交通大学	186	重庆大学	53
山东科技大学	8	深圳市越疆科技	94	格力	124	中国科学院沈阳自动化研究所	186	绿的谐波传动	50

基座		关节		机械臂		末端执行器		减速器	
湖北导航工贸股份	8	广东工业大学	93	清华大学	116	格力	181	苏州华震工业机器人减速器	45
苏州赛亚智能技术	8	优必选	93	浙江大学	115	浙江大学	176	珠海飞马传动机械	40
东莞市联洲知识产权运营管理	7	华南理工大学	91	中国科学院沈阳自动化研究所	109	华中科技大学	173	江苏泰隆减速机	35
华南理工大学	7	北京理工大学	90	浙江工业大学	97	天津大学	172	昆山光腾智能机械	32

表 3.9　控制系统中国专利申请人的专利申请量排名　　　　单位：件

控制硬件		控制软件		控制方式	
发那科	383	格力	217	发那科	98
爱普生	175	华南理工大学	162	浙江工业大学	97
欧姆龙	127	发那科	162	格力	95
格力	125	浙江工业大学	140	华南理工大学	83
苏州工业园区职业技术学院	112	国家电网有限公司	133	哈尔滨工业大学	77
华南理工大学	98	哈尔滨工业大学	124	华中科技大学	71
安川电机	89	浙江大学	121	广东工业大学	67
川崎重工	66	南京理工大学	117	浙江大学	64
哈尔滨工业大学	59	华中科技大学	110	南京理工大学	63
国家电网有限公司	56	爱普生	103	西北工业大学	57

表 3.10　驱动机构中国专利申请人的专利申请量排名　　　　单位：件

气压驱动		液压驱动		电机驱动	
江南大学	26	武汉科技大学	18	广西大学	278
浙江工业大学	21	浙江大学	17	华南理工大学	116

续表

气压驱动		液压驱动		电机驱动	
北华大学	19	北京航空航天大学	16	发那科	110
苏州博众精工科技	17	哈尔滨工程大学	14	格力	86
江西省机械科学研究所	15	燕山大学	14	中信	57
中科院所	14	太原理工大学	13	浙江大学	54
浙江大学	14	吉林大学	12	哈尔滨工业大学	53
苏州驱指自动化科技	13	山东大学	10	浙江工业大学	53
哈尔滨工业大学	12	南京航空航天大学	9	北京工业大学	52
嘉兴学院	12	哈尔滨工业大学	9	国家电网有限公司	49

表3.11　系统集成中国专利申请人的专利申请量排名　　　　单位：件

焊接机器人		喷涂机器人		搬运机器人		爬壁机器人	
北京博清科技	109	广东博智林机器人	83	深圳市海柔创新科技	268	河北工业大学	54
广西大学	78	合肥工业大学	28	北京极智嘉科技	94	浙江工业大学	48
华南理工大学	51	北京曲线智能装备	28	江苏小白兔智造	65	北京史河科技	42
神户制钢	45	清华大学	27	广西大学	62	国家电网有限公司	40
中集集团	42	西北农林科技大学	26	浙江迈睿机器人	47	浙江大学	34
中船集团	37	上海电气	24	阿里巴巴	43	华南理工大学	34
上海交通大学	34	江苏科技大学	21	北京旷视机器人	37	北京博清科技	33
骏马石油装备制造	32	广西大学	20	格力	35	哈尔滨科能熔敷科技	33
发那科	31	中国一汽	19	安徽海思达机器人	25	深圳市行知行机器人	33
杜宗英	30	中铭谷智能机器人	17	长沙长泰机器人	25	中科院所	32

检修机器人		康复机器人		加工机器人	
国家电网	26	广西科技大学	54	清华大学	19
宜兴市宜安电力工具制造	15	上海傅利叶智能科技	51	安徽工程大学	14
中国广核	14	燕山大学	48	天津大学	11
深圳普思英察科技	9	上海电气	40	发那科	9
广东电网	8	中科院所	35	中国地质大学	7
浙江神汽电子商务	7	合肥工业大学	31	广东博智林机器人	7
重庆城市职业学院	7	深圳华鹊景医疗科技	25	嘉兴学院	6
合肥中科蓝睿科技	6	浙江工业大学	24	郑运婷	6
安徽省电力	6	哈尔滨天愈康复医疗机器人	23	上海交通大学	5
江苏爱索新材料科技	6	上海交通大学	22	东莞市皓奇企业管理服务	5

（1）机器本体。

机器本体的基座、关节、机械臂、末端执行器技术分支中国专利的申请人均以中国高校为主，有少量企业入围前 10，没有国外申请人，说明中国申请人在本国市场申请热度较高。减速器技术分支前 10 申请人中企业占比较大，格力排第 1，外国企业纳博特斯克减速器专利排名第 3，这跟其申请的专利 41% 以上具有中国同族、意在中国市场设置技术壁垒有关，可见其对中国市场的重视程度。在未来，国内减速器企业也将面临市场、技术的全面竞争。

（2）控制系统。

控制系统各技术分支中国专利申请人前 10 名单与全球专利申请人前 10 名单具备一定的差异，虽没有形成被日本企业垄断专利的局面，但日本企业发那科、爱普生仍入围中国专利申请人前十并且排名相对靠前，说明日本企业非常重视中国市场，在控制技术方面中国申请人还有一定竞争压力。在控制技术分支中国专利申请人中以高校为主，仅有格力和国家电网有限公司两家企业入围前 10，但高校普遍以研究为主，产业化应用程度不高。

（3）驱动机构。

驱动机构的细分技术分支气压驱动、液压驱动前10申请人以科研高校为主，说明我国气液驱动的研发实力较弱，还处于研究阶段。并且这两个细分分支中国专利申请量排名前10的创新主体专利申请量均低于百件，且各申请人专利申请量差距较少，说明非本领域热点专利布局方向。电机驱动分支相对热度较高，广西大学申请量最高，接近300件。

（4）系统集成。

系统集成中国专利申请人排名方面，主要以中国企业和高校为主，有少量国外申请人进入焊接机器人、搬运机器人、加工机器人的前10位申请人行列，说明中国企业或高校在这三方面机器人领域申请热度较高，国外企业在中国注重这三个细分行业工业机器人相关技术的发展；喷涂机器人、爬壁机器人、康复机器人、检修机器人以中国高校科研院所及有行业属性的企业申请人为主。

3.1.4.3 天津市工业机器人领域创新主体分析

1. 天津市工业机器人领域专利申请人类型分布

工业机器人产业天津市专利申请人类型占比如图3.15所示。天津市企业申请人占比约64%，相比国内企业申请人占比低一些；院校/研究所申请人占比约为30%，相比国内院校申请人占比高一些，说明天津市企业关于工业机器人产业的研发基础相对较弱，企业研发实力相对较弱，天津高校/研究所具有一定研发基础，天津大学占主导地位。

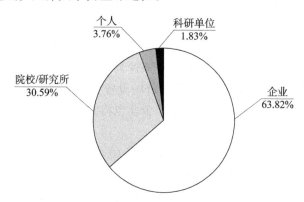

图3.15 天津市工业机器人领域专利申请人类型占比

2. 天津市工业机器人领域专利申请人专利申请量排名

天津市工业机器人领域前20位专利申请人（表3.12）中有13位是院校/科研院所申请人，其中天津大学申请量538件、位列第1，稍领先其他申请人。

天津大学为了有效整合电气与自动化工程学院的创新力量和资源，成立了天津大学机器人与自主系统研究所，研究方向涉及自动控制、人工智能、计算机视觉、模式识别、多传感器信息融合技术。河北工业大学申请量 425 件，位列第 2，与排列其后的申请人有近 300 件申请量差距。天津市工业机器人企业专利申请量与高校专利申请量有一定差距，入围前 10 申请人的天津博诺智创机器人技术有限公司申请量不足 100 件，其他企业申请人均在 60 件以下，说明天津市企业工业机器人领域研发实力薄弱。

表 3.12　天津市工业机器人领域专利申请人的专利申请量排名　　　单位：件

排名	申请人	专利申请量
1	天津大学	538
2	河北工业大学	425
3	天津工业大学	122
4	天津理工大学	90
5	天津中德应用技术大学	73
6	天津博诺智创机器人技术有限公司	64
7	天津新松机器人自动化有限公司	58
8	天津职业技术师范大学	54
9	南开大学	51
10	国人机器人（天津）有限公司	50
11	天津职业技术师范大学	48
12	中国民航大学	47
13	辰星（天津）自动化设备有限公司	45
14	国网天津市电力公司	37
15	清研同创机器人（天津）有限公司	35
16	天津七所高科技有限公司	34
17	天津科技大学	31
18	天津市三鑫阳光工贸有限公司	29
19	天津商业大学	23
20	天津大学医疗机器人与智能系统研究院	22

3.1.4.4 天津市工业机器人领域创新主体和国内外创新主体专利布局差异对比分析

天津市工业机器人龙头企业与国内外工业机器人龙头企业各一级技术分支专利申请数量占比如图 3.16 所示。全球工业机器人龙头企业和中国工业机器人龙头企业的产业布局结构相对完整，并且与全球产业结构基本一致，天津市工业机器人产业链相对完整，但有的龙头企业表现为侧重某个产业环节领域发展，并不是全产业链布局，产业结构有优化的空间。

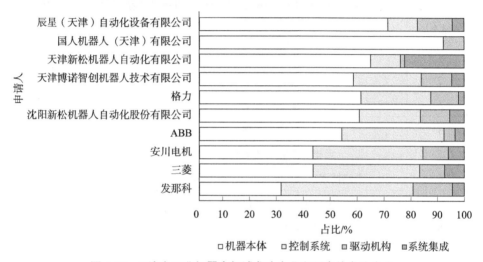

图 3.16 天津市工业机器人领域龙头企业和国内外龙头企业一级技术分支专利申请量占比对比（一）

进一步对天津市工业机器人龙头企业与国内外工业机器人龙头企业主要二级技术分支专利申请数量占比（图 3.17）进行分析发现，全球龙头企业各二级技术环节均有布局并且相对侧重控制方面和驱动方面的专利布局。

辰星（天津）自动化设备有限公司作为国内先进的并联机器人制造商，创始团队来自并联机器人研发知名高校——天津大学，旗下产品阿童木机器人拥有全系列并联机器人核心自主知识产权；国人机器人（天津）有限公司的研究重点集中于减速器和末端执行器上，研究成果较为丰硕，其中减速器的申请量最大，尤其对谐波减速器的结构和检测装置做了深入研究和开发，但产业结构布局不完整；天津新松机器人自动化有限公司注重协作机器人的研发，在末端执行器领域申请量最多；天津博诺智创机器人技术有限公司是天津大学和天津职业技术师范大学师生创办的国家高新技术企业，专注于人工智能、机器人技术为核心的教育装备和智能制造生产线的研发与产业化。

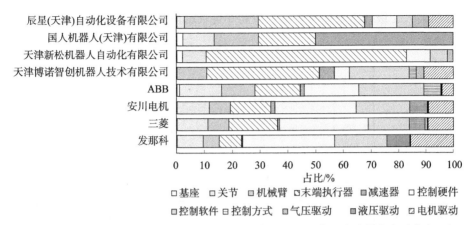

图 3.17　天津市龙头企业和国内外龙头企业二级技术分支专利申请量占比对比（二）

3.1.4.5　河北工业大学与全国其他高校在工业机器人领域专利布局差异对比

河北工业大学与中国工业机器人产业发展强劲的哈尔滨工业大学、清华大学和天津大学在工业机器人领域一级技术分支专利布局差异对比如图 3.18 所示。河北工业大学与全国龙头高校在工业机器人产业各技术环节均有专利布局，布局相对完整，但河北工业大学专利申请数量相对国内其他地区的高校有一定差距。河北工业大学更侧重爬壁机器人的研发。

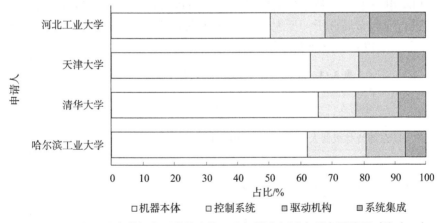

图 3.18　河北工业大学与全国其他高校工业机器人领域专利布局差异对比（一）

进一步对天津市河北工业大学与全国其他高校在工业机器人领域主要二级技术分支专利布局差异对比进行分析发现，河北工业大学与全国其他高校在工业机器人二级技术分支均有专利布局并且末端执行器占比较高。

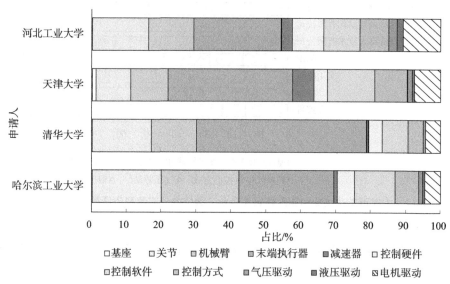

图 3.19　河北工业大学与全国其他高校在工业机器人领域专利布局差异对比（二）

3.1.5　新进入者专利布局分析

通过研究新进入者的各技术分支的专利申请数量来表征新申请主体活跃程度和新申请主体专利布局的侧重。选取新进入者中专利申请数量较高的前10位进行专利布局分析，见表3.13。前10位新进入者中广东省3位，江苏省2位，北京2位，天津和上海各1位，境外1位。

表 3.13　工业机器人领域新进入者专利布局分析 单位：件

申请人	成立时间	区域	机器本体	控制系统	驱动机构	系统集成
广东博智林机器人	2018 年	广东	132	60	6	125
达闼机器人股份有限公司	2018 年	上海	137	40	13	3
苏州艾利特机器人有限公司	2018 年	江苏	107	48	8	1
库卡机器人（广东）有限公司	2018 年	广东	59	35	10	5
深圳市大族机器人有限公司	2017 年	广东	48	34	7	0
北京海益同展信息科技有限公司	2017 年	北京	49	22	0	2
苏州华震工业机器人减速器	2019 年	江苏	49	2	21	0

申请人	成立时间	区域	机器本体	控制系统	驱动机构	系统集成
天津新松机器人自动化有限公司	2019 年	天津	40	7	1	14
非夕科技有限公司	2016 年	境外	50	2	1	0
北京思灵机器人科技有限责任公司	2018 年	北京	44	4	1	0

广东博智林机器人有限公司成立于 2018 年，重点聚焦建筑机器人研发、制造与应用，成立 5 年专利申请量已超过 4 000 件，在工业机器人领域申请的专利数量超过 300 件。

达闼机器人股份有限公司成立于 2018 年，侧重云端智能机器人开发平台的研发，已突破智能柔性关键技术，致力于多个关节的协同下，机器人实现多样化、精准化的移动和工作，目前在工业机器人产业已布局的专利数量有 200 件左右。

苏州艾利特机器人有限公司成立于 2018 年，位于江苏苏州，专注于协作机器人的研发和制造，从底层的操作系统、嵌入式的硬件软件、工艺包与顶端算力、协作机器人的模组关节技术等方面均实现了自主研发，工业机器人领域的专利数量超过 150 件。

库卡机器人（广东）有限公司成立于 2018 年，是由美的集团收购库卡衍生出的公司，注重机器人的自动化生产，目前已在工业机器人领域布局的专利数量超过 100 件。

非夕科技有限公司是一家境外企业，成立于 2016 年，创始团队来自斯坦福机器人实验室和人工智能实验室，主推的产品是集工业级力控、计算机视觉及人工智能技术于一体的自适应机器人。非夕科技有限公司在中国已成立 2 家分公司，分别是上海非夕机器人科技有限公司和佛山非夕机器人科技有限公司，非夕科技有限公司申请的专利大部分为合作申请。

3.1.6　协同创新情况分析

协同创新的技术往往涉及技术的难点、重点或者产业热点。从协同创新专利技术来看（图 3.20），机器本体协同创新专利申请数量最多，共计 12 887 件。其次是控制系统协同创新专利，申请数量为 6 966 件，其协同创新申请数量虽少于机器本体，但协同创新申请数量占该领域所有申请数量的占比最高，为 9.78%，占比排名第 1。虽然系统集成领域协同创新专利申请数量最少，少于机器本体和驱动机构，但是其占比略高于这两个分支。可见控制系统和系统集成领域有部分技术联合创新参与度较高。

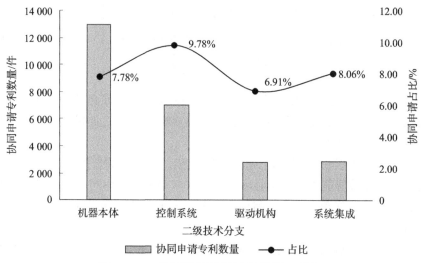

图 3.20　工业机器人领域协同创新情况分析

鉴于机器本体和控制系统的领域协同创新专利申请数量和占比较多，故对其细分的二级技术分支的协同创新情况进行分析，见表 3.14。从表中可以看出，协同创新专利申请数量最多的领域是末端执行器，其次是控制软件，协同创新申请的专利数量均超过 3 000 件。协同创新专利申请数量占比最高的是控制软件，其次是控制方式，控制软件协同创新数量的占比超过 10%。

表 3.14　工业机器人领域协同创新情况分析

二级技术分支	三级技术分支	协同创新专利申请数量 / 件	占比 /%	占比排名
机器本体	基座	132	4.85	8
	关节	2 232	9.41	3
	机械臂	3 166	7.75	5
	末端执行器	5 575	7.65	6
	减速器	511	7.08	7
控制系统	控制硬件	2 841	9.38	4
	控制软件	3 597	10.19	1
	控制方式	1 428	9.54	2

3.1.7　专利运用活跃度情况分析

专利运用将技术转化为现实生产力，将知识产权优势转化为竞争优势和经济优势，是实现专利产权效益的重要途径，本节分析的专利运用数量是转让数量、许可数量、质押数量的总和。

3.1.7.1　中国工业机器人领域专利转让／许可／质押分析

据统计，工业机器人产业中国专利运用数量总计 13 225 件，占总专利量的 7.5%。图 3.21 展示了工业机器人产业中国专利运用数量申请人排名，国家电网有限公司以 145 件位列第 1 名，其次是瑞士的 ABB 公司 143 件，其余的申请人专利运用数量均少于 100 件。从申请人类型看，中国高校和科研院所专利运用活跃度较高，前 15 位申请人中有 6 个高校院所，说明在政策引导和运营环境完善下高校院所的专利运用程度有所提升。

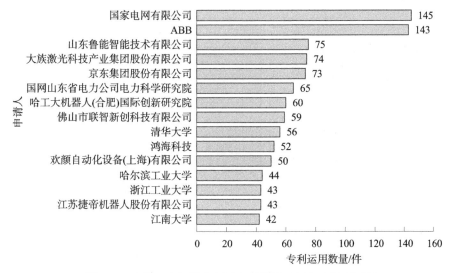

图 3.21　中国工业机器人领域专利转让／许可／质押分析

对瑞士公司 ABB 专利运用的专利进行分析发现，ABB 的专利运用类型全部是转让，并且均是 ABB 相关子公司或母公司之间的转让。

进一步对工业机器人细分技术的中国专利运用数据进行分析，见表 3.15。中国工业机器人领域专利运用方式主要为代表权利转移的转让，其中机器本体环节转让的专利数量最多，超过 6 000 件。虽然中国在机器本体的专利运用数量最多，但活跃度不及系统集成环节和驱动机构环节。

表 3.15　中国工业机器人领域专利运用情况分析

技术分支	转让 / 件	许可 / 件	质押 / 件	活跃度 /%
机器本体	6 029	411	789	7.75
控制系统	1 634	137	147	4.47
驱动机构	1 785	113	303	8.21
系统集成	1 734	111	288	8.54

3.1.7.2　天津市工业机器人领域专利转让 / 许可 / 质押分析

据统计，工业机器人产业天津市专利运用数量总计为 320 件，占总专利量的 6.3%，稍低于全国水平。图 3.22 展示了工业机器人产业天津专利运用活跃度较高的申请人排名，天津大学以 29 件专利运用量位列第一名，其次是河北工业大学，17 件。从申请人类型看，入围前 15 名的有 7 家企业、6 所高校研究院和 2 位个人。

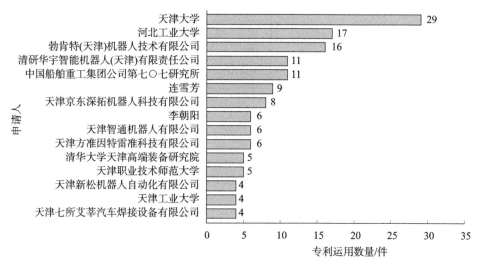

图 3.22　天津市工业机器人领域专利转让 / 许可 / 质押分析

对河北工业大学的专利运用进行分析发现，河北工业大学主要的专利运用方式是转让，数量为 14 件，许可 3 件。受让人也较多，主要有彼合彼方机器人（天津）有限公司、河北卉原建材有限公司、浙江佑仁智能机器人有限公司等。

进一步对工业机器人细分技术的天津市专利运用数据进行分析，见表 3.16。天津市工业机器人领域专利运用方式主要为代表权利转移的转让，与中国专利运用的主要方式一致。其中机器本体环节转让的专利数量最多，超过100 件。驱动机构的专利运用活跃度最高，接近 8%。

表 3.16 天津市工业机器人领域专利运用情况分析

技术分支	转让 / 件	许可 / 件	质押 / 件	活跃度 /%
机器本体	146	4	14	6.03
控制系统	30	1	7	5.54
驱动机构	56	3	7	7.91
系统集成	50	2	6	7.41

3.1.7.3 天津市工业机器人领域专利运用和中国其他省（直辖市）的差异对比分析

选取中国工业机器人重点省（直辖市）的广东省和北京市与天津市进行差异化对比，结果见表 3.17。从专利运用的主要方式看，三个省（直辖市）的主要运用方式均是转让，其次是质押。从专利运用总数量上看，广东省的数量遥遥领先，接近 3 000 件，北京市的专利运用数量虽略低但运用活跃度高于广东省 0.1 个百分点。天津市的专利运营数量与广东省及北京市有一定数量差距。

表 3.17 天津市工业机器人领域专利运用和中国其他省（直辖市）的差异对比分析（一）

省市	转让 / 件	许可 / 件	质押 / 件	活跃度 /%
广东省	2 455	106	271	9.11
北京市	867	55	62	9.22
天津市	282	10	28	6.36

进一步对广东省、北京市、天津市工业机器人领域细分技术分支的专利运用情况进行对比分析发现（表 3.18），广东省、北京市、天津市专利运用方式最多的领域均是机器本体，并且都是转让行为较为活跃。不同的是广东省按专利运用总数量由高到低排列的领域是机器本体、驱动机构、控制系统、系统集成；北京市按专利运用总数量由高到低排列的领域是机器本体、控制系统、系统集成驱动机构；天津市按专利运用总数量由高到低排列的领域是机器本体、驱动机构、系统集成、控制系统。

表 3.18　天津市工业机器人领域专利运用和中国其他省市的差异对比分析（二）单位：件

技术分支	省市	转让	许可	质押	合计
机器本体	广东省	1 418	65	150	1 633
	北京市	451	33	40	524
	天津市	146	4	14	164
控制系统	广东省	346	13	27	386
	北京市	186	14	10	210
	天津市	30	1	1	32
驱动机构	广东省	381	16	55	452
	北京市	105	5	5	115
	天津市	56	3	7	66
系统集成	广东省	310	12	39	361
	北京市	125	3	7	135
	天津市	50	2	6	58

3.1.8　创新人才储备分析

3.1.8.1　中国工业机器人领域发明人分析

为了排除发明人重名引起的不必要影响，对中国工业机器人领域发明人分析进行发明人和申请人的结合分析。表 3.19 为工业机器人领域发明人专利申请数量对应申请人排名情况，表现比较突出的发明人有 5 个来自企业、10 个来自高校。位列第 1 的是优必选的熊友军，他作为发明人申请的专利数量为 398 件，熊友军是优必选 CTO（首席技术官），曾经是华中科技大学机器人遥控操作技术及控制专业博士。位列第 2 的是清华大学的张文增，申请的专利数量达到 291件，张文增是清华大学机械工程系副教授，中国机械工程学会高级会员，中国机械工程学会焊接分会机器人与自动化专业委员。

表 3.19　中国工业机器人领域发明人对应申请人排名情况　　　单位：件

排名	发明人	申请人	专利申请数量
1	熊友军	优必选	398
2	张文增	清华大学	291
3	蔡敢为	广西大学	290

续表

排名	发明人	申请人	专利申请数量
4	刘培超	深圳市越疆科技	283
5	刘主福	深圳市越疆科技	224
6	徐方	新松	185
7	郎需林	深圳市越疆科技	181
8	管贻生	广东工业大学	162
9	张林	广西大学	154
10	张好明	苏州工业园区职业技术学院	128
11	黄强	北京理工大学	122
12	王龙	广西大学	113
13	赵杰	哈尔滨工业大学	111
14	朱维金	新松	79
15	梁斌	哈尔滨工业大学	78

由于中国专利中机器本体领域专利最多，下面对机器本体的细分技术分支的发明人进行分析，表3.20～表3.24为机器本体的5个细分技术分支排名靠前的发明人情况汇总。

表 3.20　机器本体—基座中国发明人情况 单位：件

排名	发明人	申请人	专利申请数量
1	刘培超	深圳市越疆科技	19
2	张永顺	天津金顺伟业机械	14
3	刘主福	深圳市越疆科技	13
4	叶伟智	深圳市越疆科技	12
5	郎需林	深圳市越疆科技	12
6	王彩梅	扬州成德工业设备制造	11
7	王永权	扬州成德工业设备制造	11
8	李志晨	卧安科技	9
9	侯伟	卧安科技	9
10	陆昕云	苏州赛亚智能技术	8

表 3.21 机器本体—关节中国发明人情况 单位：件

排名	发明人	申请人	专利申请数量
1	张文增	清华大学	97
2	熊友军	优必选	113
3	刘培超	深圳市越疆科技	61
4	管贻生	广东工业大学	60
5	丁宏钰	优必选	57
6	黄强	北京理工大学	56
7	鲍官军	浙江工业大学	51
8	赵杰	哈尔滨工业大学	47
9	徐文福	哈尔滨工业大学	46
10	刘宏	哈尔滨工业大学	46

表 3.22 机器本体—机械臂中国发明人情况 单位：件

排名	发明人	申请人	专利申请数量
1	刘培超	深圳市越疆科技	149
2	刘主福	深圳市越疆科技	132
3	郎需林	深圳市越疆科技	120
4	姜宇	深圳市越疆科技	94
5	叶伟智	深圳市越疆科技	80
6	王重彬	深圳市越疆科技	73
7	徐文福	哈尔滨工业大学	71
8	梁斌	哈尔滨工业大学	54
9	蔡敢为	广西大学	52
10	黄睿	深圳市越疆科技	51

表 3.23 机器本体—末端执行器中国发明人情况 单位：件

排名	发明人	申请人	专利申请数量
1	张文增	清华大学	271
2	蔡敢为	广西大学	118
3	熊友军	优必选	87

排名	发明人	申请人	专利申请数量
4	刘宏	哈尔滨工业大学	70
5	吕绍林	苏州博众精工	62
6	王小纯	广西大学	60
7	章军	江南大学	59
8	徐方	新松	56
9	高云峰	大族激光科技产业集团股份有限公司	54
10	王龙	广西大学	53

表 3.24　机器本体—减速器中国发明人情况　　　　单位：件

排名	发明人	申请人	专利申请数量
1	程中甫	格力	91
2	谷甲甲	格力	65
3	杨燃	浙江来福谐波传动	54
4	张瀚	浙江来福谐波传动	49
5	刘成	格力	48
6	钟成堡	格力	44
7	左昱昱	绿的谐波传动	44
8	孙豹	格力	41
9	张杰	浙江来福谐波传动	40
10	刘谷华	苏州华震工业机器人减速器	37

3.1.8.2　天津市工业机器人领域发明人分析

表 3.25 为天津市工业机器人发明人专利申请量排名，其中以天津大学为申请人的发明人专利申请数量排名比较靠前，前 10 位发明人中天津大学占据了 8 位。黄田、王攀峰、宋轶民和孙涛都是天津大学机械工程学院的教授或教师。其中黄田教授主要从事机械动力学、机器人学、数控机床的教学研究工作，他带领团队在并 / 混联机器人和精密工作母机设计理论、关键技术和工程应用方面取得突出成绩，与企业合作先后研制出高速并联机器人、高性能混联机器人和精密卧式加工中心等高端装备。

表 3.25　天津市工业机器人领域发明人情况　　　　　　　单位：件

申请人	发明人	数量	排名
天津大学	黄田	88	1
	王攀峰	73	2
	宋轶民	70	3
	孙涛	67	4
	赵学满	67	5
	刘海涛	59	7
	肖聚亮	57	8
河北工业大学	张明路	63	6
	张小俊	57	9
天津博诺智创机器人技术有限公司	邓三鹏	49	10
	周旺发	45	11
	权利红	45	12
	王帅	45	13
	薛强	42	15
辰星（天津）自动化设备有限公司	刘松涛	44	14
	李星渊	21	16

其次，河北工业大学的发明人表现也很出色，发明人专利申请数量分别位列第 6、9 位，每位发明人申请的专利数量在 60 件左右，表现较突出的发明人是张明路，其既是河北工业大学机械工程学院教授又是彼合彼方机器人（天津）有限公司董事长，专注于爬壁机器人的研究。

企业申请人天津博诺智创机器人技术有限公司的发明人团队以邓三鹏、周旺发、权利红等人为首，其中邓三鹏、周旺发是天津博诺智创机器人技术有限公司和安徽博皖机器人有限公司的法定代表人或实际相关人。

3.1.9　小结

（1）全球工业机器人产业竞争激烈，中国发展后来居上。

从专利申请趋势看，全球工业机器人产业的发展呈上升态势，日本技术萌芽较早，20 世纪 90 年代前后欧美逐步崛起，我国涉足工业机器人领域较晚，在 21 世纪之后申请量才出现井喷式增长。从专利布局区域看，全球工业机器人相关技术的专利申请共计 34 万余件，中国专利申请量最多，为 176 838 件，占比超过 51%，其次是日本专利申请量，为 51 639 件，占比约 15%，位列第三名的是美国专利申请量，为 31 907 件，占比约 10%，由此表明中国、日本和美国是工业机器人发展热度较高的区域，是全球争相布局的重要市场。

（2）中国工业机器人产业本土申请人较活跃，形成珠三角、长三角多个产业聚集区。

从中国专利技术来源国看，中国工业机器人产业申请人类别主要是国内申请人，占比约 94%，国外来华申请人中日本申请人最多，占比约 3.05%。从中国专利 34 个省市分布看，广东省、江苏省和浙江省分别位列前三甲，以前三甲为代表辐射周边形成了具有一定产业基础的特色地区，长三角地区是我国机器人产业发展的重要区域，工业机器人产业起步早、发展基础较为雄厚，以江苏、浙江和上海为主，形成了较为完备的机器人产业链。珠三角地区以广东省为主体发展实力最强，区域内深圳、广州、东莞、顺德等地的机器人产业发展已逐步形成多点发展、协同推进关系。京津冀地区产业逐步发展壮大，区域内北京、天津、河北在机器人产业发展方面已逐步形成错位发展、优势互补关系。东北地区虽具有机器人产业先发优势，但近年来产业整体创新能力有限，中西部地区机器人产业发展基础较为薄弱。天津市专利申请量在全国排名第 9 位。

（3）中国工业机器人专利申请发明数量稍多于实用新型数量，天津市实用新型数量占上风。

从中国工业机器人产业专利类型构成看，实用新型专利数量为 84 573 件，发明专利数量为 89 126 件，发明专利占比超过 50%，占据主导类型。全国排名前 15 的省市中，广东省、江苏省、浙江省、山东省、湖北省、天津市、四川省、河南省等 9 个省（直辖市）公开的工业机器人专利类型中实用新型专利数量高于发明专利；上海市、北京市、安徽省等 6 个省（直辖市）的发明专利占比超过 50%，尤其北京市的发明专利占比最高，约 66%。

（4）机器本体是工业机器人产业布局的热点。

中国在工业机器人产业链各环节专利占比与全球相比，有相同也有不同，即机器本体领域占比最高，均是专利布局的热点，双方一致。但与全球不同的是，中国专利在控制系统领域的占比低于全球占比，而在驱动机构领域占比高于全球占比，占比第二，在控制系统的占比稍低。

（5）全球创新主体竞争激烈，"四大家族"优势明显。

全球创新主体以工业机器人老牌企业为主，主要来自日本、德国、美国、韩国等发达国家（地区／组织），其中日本的企业最多，前 20 位的申请人中有 14 位来自日本，并且位列前三甲的企业全部是日本申请人（发那科、三菱和安川电机），尤其发那科专利申请量最多，申请量超过 7 000 件。排名第 4 名的是瑞士的 ABB，同属"四大家族"之一，是瑞士唯一上榜的企业，在工业机器人领域的研发实力较强，在全球有多个研发中心。除此之外，还有两家韩国企业和一家德国企业上榜，分别是位列第 8 名的 LG 和位列第 10 名的三星以及位列第 17 名的西门子。中国申请人有两位上榜，分别是位列第 18 名的企业申请人格力和位列第 20 名的高校哈尔滨工业大学。

（6）中国创新主体以企业为主，高校综合实力不容小觑，市场前景辽阔。

从中国专利申请人类型分布看，以企业申请人为主，占比约 68%，其次是大专院校占比约 22%，创新活动相对活跃，并且中国专利申请人前 15 排名中，高校 / 院所占据 10 位，说明我国科研院所及高校研究人才较为丰富，综合实力不容小觑。前 15 申请人中国外企业发那科、爱普生、安川电机在中国布局专利较多，尤其发那科在中国布局超过 1 000 件，看出日本公司对中国市场的非常重视，积极在中国进行专利布局。中国方面突出的企业主体主要有格力、沈阳新松机器人自动化股份有限公司、深圳市越疆科技、优必选、广东博智林机器人；中国突出的高校 / 院所主体主要有哈尔滨工业大学、华南理工大学、清华大学、浙江工业大学。

（7）天津市工业机器人产业发展处于国内中上游水平，创新主体以企业为主，天津大学表现突出。

天津市工业机器人专利申请公开总量为 5 083 件，全国排名第 9 位。滨海新区、南开区和西青区是天津市主要申请区，三个区申请量占天津市申请总量的 50% 以上。其中，滨海新区位列第一，专利申请类型以实用新型居多；南开区位列第二，专利申请类型以发明居多，发明专利申请数量超过滨海新区；西青区位列第三，专利申请量超过 700 件。从创新主体类型看，天津市企业申请人占比约 64%，是主要创新主体，相比国内企业申请人 68% 的占比低一些；天津高校院所占比约 31%，相比国内高校申请人 22% 占比高一些。从创新主体的专利实力看，排名前 5 的申请人均是高校，天津大学申请量 538 件、位列第一；企业申请人天津博诺智创机器人技术有限公司、天津新松机器人自动化有限公司、国人机器人（天津）有限公司进入天津市申请人排名前 10，申请量与高校存在一定差距。

（8）天津市专利运用活跃度不高，低于全国水平。

统计天津市工业机器人产业专利运用数量总计为 320 件，占总专利量的 6.3%，稍低于全国水平（7.5%）。专利运用方式主要为代表权利转移的转让，其中机器本体环节转让的专利数量最多，超过 100 件。驱动机构的专利运用活跃度最高，接近 8%。从专利运用活跃度申请人分布看，天津大学以 29 件运

用专利位列第一名,其次是河北工业大学,17 件。从申请人类型看,入围前
15 的有 7 家企业、6 所高校研究院和 2 位个人。

3.2　3D 打印产业专利分析

截至 2023 年 6 月 30 日,全球 3D 打印产业相关的专利申请已超过 9 万
件,其中主要涉及 3D 打印设备、3D 打印材料等,主要申请国家为中国、美国、
日本、韩国和德国。

3.2.1　3D 打印产业领域专利发展态势分析

3.2.1.1　全球及主要国家 3D 打印产业领域专利申请趋势分析

专利申请趋势一定程度上反映了技术的发展历程、技术生命周期的具体
阶段,并可在一定程度上预测未来一段时间内该技术的发展趋势。3D 打印产
业领域全球及主要国家的专利申请趋势如图 3.23 所示。

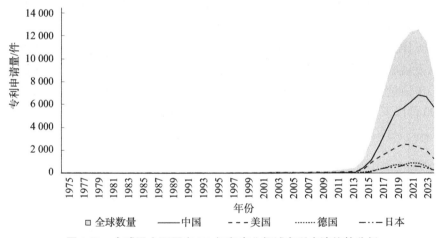

图 3.23　全球及主要国家 3D 打印产业领域专利申请趋势分析

从图 3.23 中全球和主要国家 3D 打印产业领域申请量变化趋势可以看出,
3D 打印技术的专利申请量总体呈上升趋势。自 1975 年左右出现有关 3D 打印
专利申请以来,专利申请数量增长不太稳定,属于技术萌芽期阶段,美国、德
国和日本技术萌芽较早,是这段时期专利的主要贡献者。2001 年之后进入发

展期并一直维持缓慢增长态势，2013 年开始，随着工艺、材料和装备等相关技术的日益成熟，全球 3D 打印产业领域专利申请呈现出一个快速增长的态势，此阶段贡献主要来自中国和美国等国家，日本和德国相关专利申请相对于2013 年之前，也有较快增长，只是相对中国和美国比较缓慢。

中国 3D 打印产业起步晚于美国、日本和德国等国家，1990—2012 年，专利年申请量在 100 件以下的范围内变化，增长速度缓慢，国内对 3D 打印技术的研究处于一个初步探索阶段。从 2013 年之后，专利年申请量进入了一个快速发展阶段，相比于前面一个阶段，年申请量以较快的速度递进增长，并在 2015 年专利申请量超过 2 000 件，远超过美国、日本和德国等国家。由此可见，从 2013 年以来，我国 3D 打印领域相关技术持续发展，研发和技术投入异常活跃。这与我国从 2013 年开始关于 3D 打印产业相关政策扶持有关，3D 打印产业相关产业链从零散状、碎片化到成链条、集群化发展演变，多个产业园区也陆续建成。

3.2.1.2 天津市 3D 打印产业领域专利申请趋势分析

截至 2023 年 6 月 30 日，天津市在 3D 打印产业相关技术领域专利申请共有 1018 件，其中发明专利申请的总量为 527 件，实用新型专利总量为 480 件。发明专利申请中，失效的专利 183 件，占比约 35%；处于审查流程中的专利192 件，占比约 36%；有效的发明专利为 152 件，占比约 29%，说明天津市3D 打印产业以发明专利为主，但是发明专利失效率相对较高。

天津市 3D 打印产业专利申请趋势如图 3.24 所示。天津市 3D 打印产业技术发展晚于其他省（自治区、直辖市）发展，2010 年左右申请专利数量较少，申请量在 10 件以下，2015 年申请量开始快速增长，但每年总申请量仍在1 000 件以下，说明天津市该行业技术发展仍然比较薄弱。

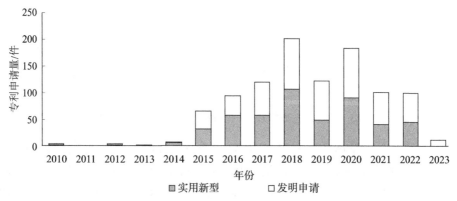

图 3.24　天津市 3D 打印产业领域专利申请趋势分析

3.2.2　专利区域布局分析

3.2.2.1　全球及主要国家 3D 打印产业领域专利申请情况分析

3D 打印产业技术专利布局目标国家（地区 / 组织）的专利申请数量分布见表3.26。截至2023 年6 月30 日，全球 3D 打印产业专利申请总量超过9 万件，中国专利申请最多，超过 4.8 万件，占比超过 56%，其次是美国、日本、韩国等发达国家，排名前 5 位国家的总申请量占比接近 90%，说明 3D 打印产业发展较好的地区相对集中，中国、美国、日本为重要目标市场，为各国家专利布局的重点区域。

表 3.26　3D 打印产业领域专利布局目标国家（地区 / 组织）

专利布局目标国家（地区 / 组织）	专利申请量 / 件	全球占比 /%
中国	48 115	56.26
美国	11 865	13.87
世界知识产权组织	7 376	8.62
欧洲专利局	5 318	6.22
日本	4 083	4.77
韩国	3 788	4.43
德国	1 926	2.25
加拿大	1 134	1.33
印度	1 078	1.26

3.2.2.2　中国专利技术来源国及中国本土 3D 打印产业领域专利申请情况分析

1. 中国 3D 打印产业领域专利技术来源国分布

中国 3D 打印产业领域专利主要技术来源国专利申请数量占比如图 3.25 所示。截至 2023 年 6 月 30 日，中国 3D 打印产业申请总量共计 48 115 件，以中国申请人为主，申请量占比约 93.05%。此外，国外来中国进行专利申请的国家主要是美国、德国、日本和法国，其中美国的申请人在中国提交的专利申请数量最多，约占全部申请量的 4%，远高于其他国外申请人，其次是德国、日本和法国申请人。上述数据可初步表明，我国申请人在 3D 打印产业技术的研发与投入方面比较重视，研发热情较高；同时，美国申请人也较重视在中国的 3D 打印产业相关专利的布局。

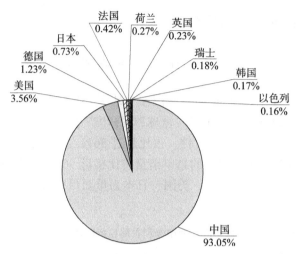

图 3.25　中国 3D 打印产业领域专利技术来源国专利申请数量占比

2. 中国 3D 打印产业领域专利省（直辖市）分布

中国 3D 打印产业领域专利申请省市分布如图 3.26 所示。中国 3D 打印产业创新区域集聚效应明显，从中国 3D 打印产业领域专利省市排名前 15 的地区分布可以看出，广东省、江苏省和北京市分别位列前三甲，分别是广东省（7 144 件）、江苏省（5 962 件）、北京市（3 479 件）。天津市的 3D 打印技术专利申请公开量为 1 007 件，全国排名第 14 位。

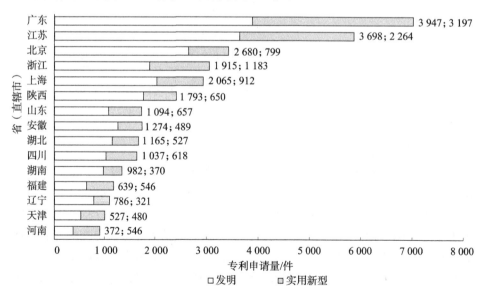

图 3.26　中国 3D 打印产业领域专利申请省（直辖市）分布

结合专利类型看，排名前 15 的省市中，所有省市的专利类型均是发明专利数量高于实用新型专利。北京市的发明专利占比最高，发明专利数量是实用新型专利数量的 3 倍以上，只有天津和福建的发明和实用新型专利数量相当。

3.2.2.3 天津市各区县 3D 打印产业领域专利申请情况分析

天津市各区县 3D 打印产业领域专利申请量排名如图 3.27 所示。南开区、西青区、东丽区和津南区是天津市主要申请区，其中南开区（162 件）位列第 1，约占天津市申请总量的 15%，其专利申请类型以发明居多，这与天津大学坐落南开区贡献了较多专利申请量密切相关；西青区（154 件）位列第 2；东丽区（117 件）和津南区（117 件）并列第 3，但是东丽区专利申请类型以实用新型居多，津南区的发明专利数量比东丽区和西青区稍多，其专利申请类型以发明居多。

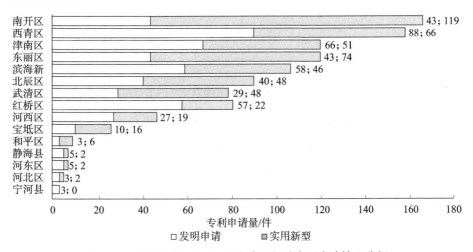

图 3.27 天津市各区县 3D 打印产业领域专利申请情况分析

南开区作为天津市的一个重要组成部分，其坐拥天津港等优势资源，并且拥有国际化的营商环境，具有较大的产业发展潜力。尤其是在国家"双一流"建设中，南开大学携手南开区政府，努力推进科技创新与产业转型升级，为南开区 3D 打印产业的发展注入动力。同时，天津镭明激光科技有限公司坐落于西青区，其作为为全球客户提供先进的增材制造装备、配套辅助设备以及 3D 打印服务的行业头部企业，对西青区的 3D 打印技术发展有较大的贡献。

3.2.3　3D 打印产业领域专利布局重点及热点技术分析

3.2.3.1　全球 3D 打印产业领域专利布局重点及热点

图 3.28 为 3D 打印产业链各环节全球专利构成占比。全球 3D 打印产业中 3D 打印材料领域专利申请约 2.4 万件，占比 25.28%；3D 打印设备领域相关专利申请超 5 万件，占比接近 50%，说明申请人比较重视 3D 打印材料和 3D 打印设备领域的专利布局，是布局的重点和热点。3D 打印技术和 3D 打印应用及服务技术的占比分别为 12.19% 和 13.82%。

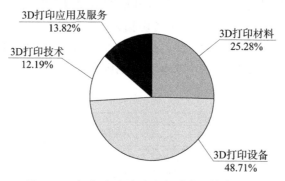

图 3.28　全球 3D 打印产业领域专利构成占比

图 3.29 为 3D 打印产业链各环节全球专利申请趋势。从申请趋势来看，3D 打印设备和 3D 打印材料技术领域申请量增长趋势较明显，尤其是 3D 打印设备的专利数量增长幅度最大，是当前行业的研发热点。3D 打印技术和 3D 打印应用及服务相关技术在 2017 年之后数量趋于平稳，说明 3D 打印目前的技术工艺发展已经相对成熟，需要进一步突破。

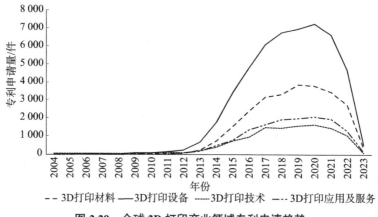

图 3.29　全球 3D 打印产业领域专利申请趋势

3.2.3.2　中国 3D 打印产业领域专利布局重点及热点

图 3.30 为 3D 打印产业链各环节中国专利构成占比。中国在 3D 打印产业链结构与全球产业链结构基本一致，均为 3D 打印设备占比最高，超过 50%；3D 打印材料技术、3D 打印技术和 3D 打印应用及服务技术相关专利占比都在 15% 左右。

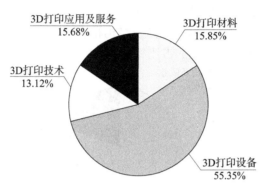

图 3.30　中国 3D 打印产业领域专利构成占比

图 3.31 为 3D 打印产业链各环节中国专利申请趋势。从近 20 年申请趋势来看，3D 打印设备的增长趋势与全球基本一致，其增长速度比较明显，是 3D 打印产业的研发热点。与全球申请趋势不同的是，国内 3D 打印材料、3D 打印技术和 3D 打印应用及服务技术专利申请增长速度及专利申请量相差不大，都远低于 3D 打印设备。

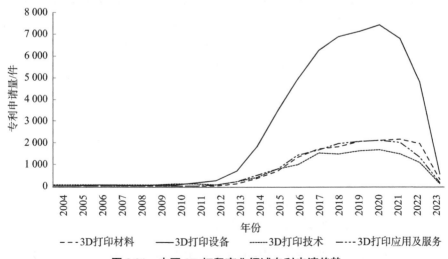

图 3.31　中国 3D 打印产业领域专利申请趋势

3.2.3.3 天津市 3D 打印产业领域专利布局重点及热点

图 3.32 为 3D 打印产业链各环节天津市专利构成占比。天津市在 3D 打印产业链专利占比最高的是 3D 打印设备，这与全球、中国保持一致，即天津市 3D 打印产业专利布局的热点也是 3D 打印设备，并且天津市 3D 打印设备专利占比略高于全球和中国。其余三个技术分支的专利占比天津市分布与全球基本一致，3D 打印材料、3D 打印技术和 3D 打印应用及服务技术占比大致形成 1.5：1：1 的比例格局，这与中国产业结构稍有不同，中国产业结构中 3D 打印材料的占比与其他两个分支的占比相差不大。

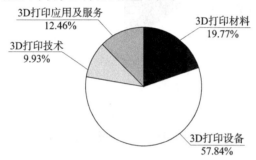

图 3.32 天津市 3D 打印产业领域专利构成占比

图 3.33 为 3D 打印产业链各环节天津市专利申请趋势。从近 20 年的专利申请趋势看，天津市 3D 打印产业在 2014 年之前申请数量较少，仅有零星的专利申请，2010—2018 年专利申请数量有了较大幅度增长，2019 年数量开始增长，但随后有所波动且出现下降的趋势，说明天津市 3D 打印产业有待进一步发展。与中国产业结构变化不同的是，天津市在 2018 年之后 3D 打印材料技术申请量超过其他两个分支成为第二大技术分支，说明天津市在 3D 打印材料技术领域申请热度近几年相对有所提升。

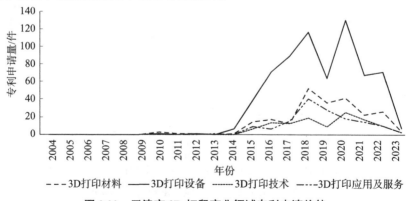

图 3.33 天津市 3D 打印产业领域专利申请趋势

3.2.3.4 天津市 3D 打印产业领域专利布局和国内外的差异对比分析

以 3D 打印产业一级技术分类 3D 打印材料、3D 打印设备、3D 打印技术、3D 打印应用及服务分别作为研究领域,统计天津市专利申请数量及其在全球、中国的占比,结果见表 3.27。

表 3.27 天津 3D 打印产业一级技术分支专利申请数量在全球、中国各领域的申请数量及其占比情况

项目	3D 打印材料	3D 打印设备	3D 打印技术	3D 打印应用及服务
全球专利申请量 / 件	26 423	50 912	12 738	14 442
中国专利申请量 / 件	14 507	50 668	12 013	14 356
天津专利申请量 / 件	227	664	114	143
天津在全球占比 /%	0.86	1.30	0.89	0.99
天津在中国占比 /%	1.56	1.31	0.95	1.00

从各技术专利数量占比来看,天津在 3D 打印产业领域的专利数量在全球的占比均低于 1.5%,在中国的占比均低于 2.0%,说明天津市在该领域专利申请储备明显不足。从产业链结构来看,天津市专利申请覆盖 3D 打印的全产业链,再结合天津市、中国、全球专利构成占比的图 3.34 发现,天津市、中国、全球布局热度最高的领域均是 3D 打印设备,热点一致并且天津市该分支占比超过全球和中国,接近 60%。3D 打印技术和 3D 打印应用及服务全球、中国、天津占比相差不大,布局热度基本相同。不同的是天津市和中国的 3D 打印材料技术领域占比明显低于全球,3D 打印材料在 3D 打印产业中发挥着重要的作用,为产品的制造提供了更多的可能性和灵活性,这与国外企业进入 3D 打印技术领域较早、应用较广、已形成深厚的专利布局相关。同时,天津市和中国的 3D 打印设备技术领域占比已经高于全球,这与我国"十三五""十四五"等关于制造业的相关政策、环境密不可分。

鉴于 3D 打印设备是 3D 打印产业研发热度最高的领域,天津专利布局尚可,所以建议天津市继续保持 3D 打印设备领域的研发,同时调整 3D 打印产业结构比重,在 3D 打印材料和 3D 打印技术领域需要加大创新力度,提升专利占比,完善 3D 打印材料的专利布局和 3D 打印技术布局的广度,进而发展更多自主知识产权的材料及技术。此外,在产业布局结构优化方面,要根据技术、产品和市场的变化情况动态调整产业结构比例。

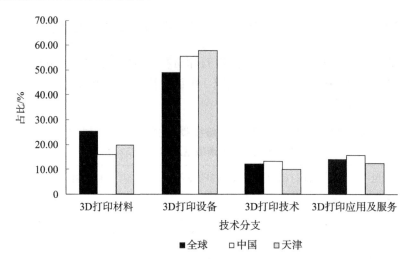

图 3.34　天津市和国内外 3D 打印产业专利构成占比对比分析

3.2.4　创新主体竞争格局分析

3.2.4.1　全球 3D 打印产业领域创新主体分析

1. 全球 3D 打印产业领域专利申请人的专利申请量排名

图 3.35 展示的是全球 3D 打印产业专利申请量排名前 20 位申请人分布情况（灰色填充柱为中国申请人），从图中可以看出，国外专利申请人以综合大型集团企业为主，主要来自美国、德国等发达国家，其中美国的企业最多，前 20 位的申请人中有 8 位来自美国，并且位列前三甲的企业有两个是美国申请人（通用电气和 STRATASYS 公司），尤其通用电气专利申请量最多，申请量超过 1 000 件，遥遥领先于其他申请人，STRATASYS 公司位列第三名，申请量接近 600 件，其他进入前 20 的日本申请人有联合工艺公司、SLM 集团、惠普公司、波音公司、3D SYSTEMS 公司、施乐公司等。申请人排名和申请量的差距进一步验证了美国在 3D 打印产业这一领域具有非常强的研发实力，处于绝对的世界领先地位。

前 20 位申请人中德国申请人占据 2 位，分别是排名第 2 位的西门子和排名第 5 名的 EOS 公司。中国申请人都是中国高校，其中华中科技大学以 563 件位列第四名，没有企业，与国外申请人类型形成较大的差距。

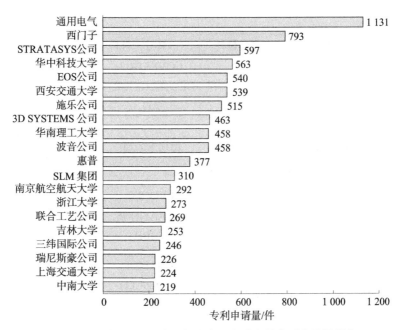

图 3.35 全球 3D 打印产业领域专利申请人的专利申请量排名

2. 细分技术全球专利申请人的专利申请量排名

3D 打印产业细分技术全球专利申请人的专利申请量排名见表 3.28～表 3.31，每个细分技术均列出了 10 个申请人。

表 3.28 3D 打印材料全球专利申请人的专利申请量排名 单位：件

金属材料		非金属材料		复合材料		高分子材料		生物材料	
肯联铝业技术中心	103	广东工业大学	80	西安交通大学	145	佳能	121	黑龙江鑫达企业集团有限公司	18
奥科宁克公司	77	西安交通大学	69	波音公司	118	西安交通大学	111	纪念斯隆凯特琳癌症中心	16
中南大学	65	华中科技大学	56	华中科技大学	90	施乐公司	91	普瑞利思生物制品公司	14
上海交通大学	59	西北工业大学	53	华南理工大学	85	EOS 公司	74	华南农业大学	13
华中科技大学	50	中南大学	51	南京航空航天大学	81	中国科学院化学研究所	70	杨陈	11

金属材料		非金属材料		复合材料		高分子材料		生物材料	
西安交通大学	48	联合工艺公司	43	连续复合材料公司	74	COVESTRO DEUTSCHLAND AG	69	艾伯尔三氏打印技术（重庆）有限公司	11
北京科技大学	41	三维陶瓷新东股份公司	42	施乐公司	69	巴斯夫公司	68	KINGFA SCI TECH CO LTD	9
华南理工大学	35	中国科学院上海硅酸盐研究所	42	CC3D LLC	57	EVONIK OPERATIONS GMBH	63	SPIDERWORT INC	9
吉林大学	34	武汉理工大学	42	中南大学	57	LUBRIZOL ADVANCED MATERIALS INC	62	CLECELL CO LTD	8
中国科学院金属研究所	33	通用电气公司	36	西门子	57	阿科玛法国公司	61	LOTTE CHEMICAL CORPORATION	8

表3.29 3D打印设备全球专利申请人的专利申请量排名　　　　　　　单位：件

软件/系统		扫描设备		控制电路	
通用电气公司	762	应用材料公司（美）	8	广州晋原铭科技有限公司	9
施乐公司	325	湖南华曙高科技有限责任公司	8	NIDEC GPM GMBH	4
STRATASYS公司	479	杭州德迪智能科技有限公司	7	西安中科麦特电子技术设备有限公司	4
西门子公司	297	APOLLO ORAL SCANNER LLC	6	DYNAENERGETICS GMBH CO KG	4
波音公司	258	昆山准信三维科技有限公司	6	深圳市纵维立方科技	3
EOS公司	214	RENISHAW PLC	5	深圳市越疆科技	3

软件 / 系统		扫描设备		控制电路	
惠普公司	210	何德生	5	长沙远达华信息科技有限公司	3
CC3D 有限公司	153	招銮	5	MATRICS2 INC	2
连续复合材料公司	152	深圳市金石三维打印科技有限公司	5	MICROJET TECHNOLOGY CO LTD	2
3D SYSTEMS 公司	147	DDS COMPANY	4	中科微电技术（深圳）有限公司	2
激光器		打印喷头		振镜系统	
华南理工大学	114	成都思维智造科技有限公司	62	大族激光科技产业集团股份有限公司	10
华中科技大学	108	JABIL INC	56	华南理工大学	8
通用电气公司	92	施乐公司	53	北京工业大学	5
西安交通大学	82	深圳市创想三维科技股份有限公司	50	华中科技大学	5
江苏大学	64	CC3D LLC	42	无锡中科光电技术有限公司	5
西门子	59	三纬国际公司	42	杭州爱新凯科技有限公司	5
南京航空航天大学	59	浙江大学	41	西安交通大学	5
南京中科煜宸激光技术有限公司	57	通用电气公司	35	青岛小优智能科技有限公司	5
中北大学	51	三纬国际立体列印科技股份有限公司	33	应用材料公司	4
大连理工大学	51	华南理工大学	33	佛山市瞬秒光电科技有限公司	4

表 3.30 3D 打印技术全球专利申请人的专利申请量排名

单位：件

光固化成型（SLA）		数字光处理（DLP）		三维打印黏结成型（3DP）		选择性激光烧结/熔化成型 3D 打印（SLS/SLM）	
DWS 公司（意大利）	111	苏州慧通汇创科技有限公司	25	德仕托金属有限公司（美）	28	EOS 公司	118
普兰梅卡有限公司（芬兰）	62	珠海天威飞马打印耗材有限公司	12	通用电气公司	19	西门子	80
三纬国际公司	40	华南理工大学	10	共享智能铸造产业创新中心有限公司	19	湖南华曙高科技有限责任公司	70
IVOCLAR VIVADENT AG	39	西安增材制造国家研究院有限公司	10	EVONIK OPERATIONS GMBH	13	华南理工大学	65
RICOH CO LTD	39	西安科技大学	10	SEIKO EPSON CORPORATION	13	华中科技大学	63
深圳市智能派科技有限公司	38	江苏托特斯科技有限公司	9	宁夏共享模具有限公司	13	浙江意动科技股份有限公司	57
西安交通大学	38	ENVISIONTEC INC	7	中国人民解放军陆军军医大学第一附属医院	12	中北大学	54
广东工业大学	37	RICE UNIVERSITY	7	EVONIK ROEHM GMBH	11	西安铂力特增材技术股份有限公司	48
深圳市纵维立方科技有限公司	37	无锡市腰果新材料有限公司	7	VENTANA MEDICAL SYSTEMS INC	9	MICRONIC LASER SYSTEMS AB	38
深圳市创想三维科技股份有限公司	36	苏州博理新材料科技有限公司	7	济南大学	9	南京前知智能科技有限公司	35
直接金属激光烧结（DMLS）		激光熔覆成型（LMD）		电子束熔化成型（EBM）		3D 生物打印	
EOS 公司	24	西门子	27	HAZELEGER HENDRIK WILLEM ANTON	7	塞林克公司（美）	41

续表

直接金属激光烧结（DMLS）		激光熔覆成型（LMD）		电子束熔化成型（EBM）		3D 生物打印	
史密夫和内修有限公司	10	南京中科煜宸激光技术有限公司	27	ARCAM AB	5	太原理工大学	10
香港生产力促进局	8	江苏大学	17	联合工艺公司	4	INVENTIA LIFE SCIENCE PTY LTD	8
CONTROL COMPONENTS INC	7	苏州大学	14	HTL CO JAPAN LTD	3	REVOTEK CO LTD	8
KONINKLIJKE PHILIPS N V	2	鑫精合激光科技发展（北京）有限公司	14	LIMACORPORATE S P A	3	四川蓝光英诺生物科技股份有限公司	8
联合工艺公司	2	大连理工大学	11	西门子	3	CARNEGIE MELLON UNIVERSITY	6
史密夫和内修有限公司	2	哈尔滨工业大学	9	YUANMENG PRECISION TECHNOLOGY（SHENZHEN）INSTITUTE	3	CLEVELAND STATE UNIVERSITY	6
DAVID ALLEN KASTRUP	2	东北大学	8	AP C ADVANCED POWDERS AND COATINGS INC	3	GATENHOLM PAUL	6
ASHWIN SREEKANT RAGHAVAN	1	华南理工大学	8	FRAUNHOFER GESELLSCHAFT ZUR FÖRDERUNG DER ANGEWANDTEN FORSCHUNG E V	2	GRANBIO INTELLECTUAL PROPERTY HOLDINGS LLC	6
BUDINGER DAVID E	1	韩国生产技术研究院	7	LIMACORPORATE SPA	2	ROKIT HEALTHCARE INC	6

表 3.31　3D 打印应用及服务技术全球专利申请人的专利申请量排名

单位：件

云服务平台		航空航天		汽车		铸造模具	
WILLIAM REBER LLC	9	赛飞公司	59	宝马	64	EOS 公司	28
ELECTRONICS AND TELECOMMUNICATIONS RESEARCH INSTITUTE	6	波音公司	50	大众汽车	40	邓州市康硕智能制造有限公司	28
SIGNIFY HOLDING B V	4	AIRBUS OPERATIONS GMBH	41	福特	39	南京航空航天大学	27
STRATASYS 公司	4	CHUNG HA IK	38	戴姆勒	36	西安交通大学	27
ROLAND DG CORP	3	北京航空航天大学	29	西门子	34	共享智能铸造产业创新中心有限公司	25
上海泉欣织造新材料股份有限公司	3	通用电气公司	23	EOS 公司	32	通用电气公司	24
中国人民解放军陆军装甲兵学院	3	中国航发商用航空发动机有限责任公司	23	DR ING H C F PORSCHE AKTIENGESELLSCHAFT	25	TAIHEIYO CEMENT CORP	22
临沂大学	3	南京航空航天大学	21	福特	22	北京机科国创轻量化科学研究院有限公司	22
北京航空航天大学	3	GOODRICH CORPORATION	20	DIVERGENT TECHNOLOGIES INC	21	宁夏共享模具有限公司	22
浙江工业大学	3	RAYTHEON COMPANY	19	CONTINENTAL REIFEN DEUTSCHLAND GMBH	18	华中科技大学	21

续表

医疗器械		教育培训		建筑	
爱借康	61	韩国海洋科学技术学院	13	中国建筑第八工程局有限公司	64
艾斯丘莱普	31	天津职业技术师范大学	13	上海言诺建筑材料有限公司	43
芜湖启泽信息技术有限公司	29	南宁学院	12	通用电气公司	30
MATERIALISE N V	26	河池学院	8	卓达新材料科技集团威海有限公司	30
MEDTRONIC INC	23	铭典时代（北京）科技有限公司	5	上海建工集团股份有限公司	29
CILAG GMBH INTERNATIONAL	22	浙江工业大学	4	西卡科技	25
THE CATHOLIC UNIVERSITY OF KOREA INDUSTRY ACADEMIC COOPERATION FOUNDATION	18	中绿环保科技股份有限公司	3	中国建筑股份有限公司	24
四川大学	17	北京天蔚中医药发展促进中心	3	XTREEE	23
上海交通大学医学院附属第九人民医院	16	北京科技大学	3	MIMAKI ENGINEERING CO LTD	22
TEPHA INC	15	华蓥市第二中学	3	马义和	22

（1）3D打印材料。

整体来看，3D打印设备的5个细分技术分支中，金属材料、复合材料和高分子材料专利申请量相对较多，生物材料专利申请量最少，但国内外申请人都有上榜。

①金属材料。该技术分支下排名第1和第2的申请人分别是法国的肯联铝业技术中心和奥科宁克公司，其余申请人都是中国的大学或研究院，其中肯联铝业技术中心是一家集研发、生产、加工、代理、销售为一体的大型铝合金企业，奥科宁克公司是全世界最大的专业生产航空航天铝合金挤压材与锻件的工厂。

②非金属材料。该技术分支排名前5的都是中国申请人，广东工业大学、西安交通大学等高等学府依托国家省部相关增材制造重点实验室，致力于陶瓷等增材制造相关研究；排名前10的国外企业有3家，分别为联合工艺公司（美国）、三维陶瓷新东股份公司（法国）和通用电气公司（美国），这3家国外企业在非金属材料方面的专利布局量相差不大。

③复合材料。该技术分支排名中中国申请人和国外申请人数量相差不大，专利数量也差不多。排名第1的是西安交通大学，该大学自1993年开始增材制造技术研究，是国内最早开展增材制造技术研究的单位之一。经过20年的发展，西安交通大学形成了多种增材制造工艺和装备，建立了以快速制造系统为特色工程应用的研究队伍，该大学在多个技术领域都有专利布局。排名第2的是美国的波音公司，该公司建立了波音增材制造（BAM）制造中心，目标在于进一步推动公司开发可重复、稳定和可靠的增材制造工艺，以增加飞机零件和系统的增材制造生产，其对增材制造产业也是比较重视的，在多个相关技术领域也都有专利布局。

④高分子材料。该技术分支专利申请人以国外申请人居多，仅西安交通大学和中国科学院化学研究所上榜。其中佳能以申请量121件排名第一，佳能以多年积累的材料技术和激光打印机墨粉混合技术为基础，成功研发出3D打印用的新型陶瓷基复合材料，同时，在高分子材料在3D打印领域也进行了不少专利布局。西安交通大学排名第2，专利申请量111件。西安交通大学自1993年开始增材制造（3D打印）技术研究，是国内最早开展增材制造技术研究的单位之一。经过20年的发展，西安交通大学形成了多种增材制造工艺和装备，建立了以快速制造系统为特色工程应用的研究队伍，产生了以卢秉恒院士为学术带头人的"增材制造"教育部创新团队。研究团队依托机械制造系统工程国家重点实验室（西安交通大学）开展基础研究，在高分子材料、金属、陶瓷、复合材料、智能材料的增材制造等方面取得进展，多项技术成果处于国

内领先、国际先进水平。施乐公司位列第 3 位，施乐公司在 2019 年通过收购金属 3D 打印初创公司 Vader Systems 进入了 3D 打印领域，2023 年将其相关业务出售给美国金属增材制造公司 ADDiTEC，从整体来说，施乐公司在多个技术领域都有专利布局。排名第四的是德国的 EOS 公司，是金属和高分子材料工业 3D 打印的领导者，产品类型覆盖增材制造设备、打印服务、材料、工艺和咨询服务等。

⑤生物材料。该技术分支整体专利布局数量不多，国内和国外申请人也相差不大，生物材料 3D 打印具有个性化、精细化生物医学应用，越来越受到重视，相信在未来会有相当量的专利量涌入。

（2）3D 打印设备。

整体来看，3D 打印设备的 6 个细分技术分支中，软件 / 系统的占比最多，其次是激光器，扫描设备、控制电路和振镜系统的专利申请量不大，这可能与涉及精密仪器的专利申请以技术秘密保护为主有关。

①软件 / 系统。该技术分支中都是国外大型公司，没有中国申请人上榜。目前 3D 打印产业具有变革性的技术均来源于国外，一些显著影响增材制造全局的重大技术进步都来自欧美国家。该技术分支排名前 10 的公司，除德国 EOS 公司外，其余都是美国公司。通用电气公司、施乐公司、STRATASYS 公司、波音公司、惠普公司、CC3D 有限公司、连续复合材料公司、3D SYSTEMS 公司和联合工艺公司都是 3D 打印产业的龙头企业，产品和专利技术覆盖 3D 打印设备、材料等各个方面。

②激光器。该技术分支专利申请除德国公司西门子外，有 8 所中国的大学和 1 家南京中科煜宸激光技术有限公司上榜，后者排名第 8，是一家专业从事激光增材制造装备（3D 打印机、激光修复）、智能激光焊接装备、自动化生产线、核心器件的研发与制造的国家级高新技术企业，拥有金属增材制造多种技术路线的解决方案。

（3）3D 打印技术。

整体来看，驱动机构的 8 个细分技术分支中，光固化成型（SLA）、选择性激光烧结 / 熔化成型 3D 打印（SLS/SLM）是研究最广泛的技术。

①光固化成型（SLA）。光固化快速成型技术是现在应用最广泛的快速成型技术，也是最早商业化、发展最快、研究最多、目前最成熟的快速成型技术。❶ 该技术分支专利申请排名前 5 都是国外企业，第 1 名是意大利的 DWS 公司，专利申请量 111 件，是意大利本土的增材制造设备企业，专注于研发和

---

❶ 高立群. 快速成型系统的研究 [D]. 南京：南京航空航天大学，1997.

生产专业级的快速成型设备，应用于特殊行业。其产品分三大类：J系列仪器专用于珠宝制作行业，D系列仪器专用于牙医行业，X系列仪器专用于工业设计和制造行业。同时，该技术分支也有3家中国企业上榜，分别是深圳市智能派科技有限公司、深圳市纵维立方科技有限公司和深圳市创想三维科技股份有限公司。西安交通大学和广东工业大学分别是第7和第8名，这两所大学在3D打印产业本身属于龙头，多个技术领域都有相关专利申请。

②选择性激光烧结/熔化成型3D打印（SLS/SLM）。SLS工艺使用的是红外激光束，具有打印速度快，成型材料广泛、应用范围广等优点，可以打印任何复杂结构；制件强度高，材料利用率高，具有非常好的力学性能；价格较为低廉，可制作复杂铸件用熔模或砂芯等。随着该计算机技术及新材料的出现，该技术的研究也成为研究热点。该技术领域中国和国外企业专利申请情况相当。排名第1的是德国的EOS公司，排名第2的是湖南华曙高科技有限责任公司，是工业级3D打印技术的领航企业，专业从事选择性激光烧结（SLS）设备制造、材料研发生产和加工服务，服务于汽车、军工、航空航天、机械制造、医疗器械、房地产、动漫、玩具等行业。另外还有3家国内企业，分别是浙江意动科技股份有限公司、西安铂力特增材技术股份有限公司和南京前知智能科技有限公司上榜。

（4）3D打印应用及服务技术。

整体来看，3D打印应用及服务技术的8个细分技术分支中，航空航天、汽车、医疗器械和建筑是研究应用最广的技术领域，相关申请人也是相关领域的大型制造、生产商。

①航空航天。该技术分支下的大部分申请人都是航空航天领域的大型企业或航空航天类大学。赛峰公司、波音公司等在航空领域，使用3D打印技术生产更具优势的飞机部件，使飞机的运行更加高效和可靠。

②汽车。该技术分支下都是国外公司，大多数都是企业或大型生产厂商。

③医疗器械。该技术分支下也是国外申请人相对较多。中国申请人在该技术分支略显不足。

④建筑。该技术分支下中国申请人上榜企业较多，有5家；同时有通用电气公司、西卡科技等4家国外申请人，在其他技术领域也有相关专利申请。

3.2.4.2　中国3D打印产业领域创新主体分析

1. 中国3D打印产业领域专利申请人类型分布

中国3D打印产业领域专利申请人类型分布占比如图3.36所示，以企业申请人为主，占比接近 60%，在一定程度上反映了企业研发能力较强，专利保护意识高，企业研发经费的投入强度较高，成为专利技术创新的主体。其次是大专院校占比约 28%，已形成一定的研发基础，大专高校研究人才较为丰富，创新较为活跃。

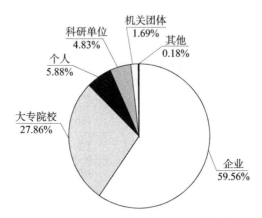

图 3.36　中国 3D 打印产业领域专利申请人类型分布占比

虽然企业创新占比较大，但是目前全球 3D 打印产业申请人前 20 名中没有企业上榜，在后续产业发展中可进一步刺激高校科研院所和个人研发成果的转移转化，加大企业与高校科研院所的合作力度，将科研院所及高校优秀人才的研发成果积极地转化为生产力，促进 3D 打印产业的发展。

2. 中国 3D 打印产业领域专利申请人专利申请量排名

中国 3D 打印产业领域专利申请人申请量排名见表 3.32，表中分别为企业申请人和院校/研究所申请人，其中中国专利前 10 名企业申请人中有 1 家国外企业，即通用电气公司，位列第 1 名，远高于中国其他企业专利申请量，但也在一定程度上说明我国 3D 产业具有良好的市场应用前景，该企业比较重视中国市场。中国专利前 10 名企业申请人中有 8 家国内企业，分别是深圳市创想三维科技股份有限公司、西安铂力特增材技术股份有限公司、湖南华曙高科技有限责任公司、西安增材制造国家研究院有限公司、共享智能铸造产业创新中心有限公司、深圳市纵维立方科技有限公司、上海联泰科技股份有限公司等，上述企业布局的专利数量均超过 100 件，已积累了一定的技术实力。深圳市创想三维科技股份有限公司位列第 2，是全球消费级 3D 打印机领导品牌，国家级"专精特新"小巨人企业，国家高新技术企业，专注于 3D 打印机的研发和生产，产品覆盖"FDM 和光固化"。排名第 3 的西安铂力特增材技术股份有限公司致力于成为全球领先的金属增材制造技术全套解决方案提供商。公司为用户提供全方位的金属增材制造与再制造技术解决方案，包括设备、打印服务、原材料、技术服务、软件等。湖南华曙高科技有限责任公司排名第4，是工业级 3D 打印技术的领航企业，从事选择性激光烧结（SLS）设备制造、材料研发生产和加工服务，服务于汽车、军工、航空航天、机械制造、医疗器械、房地产、动漫、玩具等行业。

表 3.32　中国 3D 打印产业领域专利申请人的专利申请量排名　　　　单位：件

排名	企业申请人		院校 / 研究所申请人	
1	通用电气公司	228	西安交通大学	539
2	深圳市创想三维科技股份有限公司	186	华中科技大学	498
3	西安铂力特增材技术股份有限公司	178	华南理工大学	458
4	湖南华曙高科技有限责任公司	173	南京航空航天大学	292
5	西安增材制造国家研究院有限公司	164	浙江大学	273
6	共享智能铸造产业创新中心有限公司	147	吉林大学	253
7	深圳市纵维立方科技有限公司	147	上海交通大学	224
8	上海联泰科技股份有限公司	133	中南大学	219
9	宁夏共享模具有限公司	129	广东工业大学	215
10	西门子	126	哈尔滨工业大学	201

前 10 名院校 / 研究所申请人全都是中国的高校，布局的专利数量均超过200 件，可见中国科研院所的创新能力是庞大的。西安交通大学技术优势明显，申请量领先其他高校，申请量超过 500 件。其研究团队依托机械制造系统工程国家重点实验室开展基础研究，在高分子材料、金属、陶瓷、复合材料、智能材料的增材制造等方面取得进展，多项技术成果处于国内领先、国际先进水平。华中科技大学位列第 2，自 1991 年开始研究 3D 打印技术，是中国最早开展此技术研究的团队之一，隶属于材料成型与模具技术全国重点实验室，拥有数字化材料加工技术与装备国家地方联合工程实验室、增材制造陶瓷材料教育部工程研究中心等国家、省部级研究平台。

3. 细分技术中国专利申请人专利申请量排名

3D 打印产业细分技术中国专利申请人的专利申请量排名见表3.33～表3.36，每个细分技术均列出了 10 个申请人（其中"直接金属激光烧结（DMLS）"这一细分技术申请人较少，不足 10 位）。

表 3.33　3D 打印材料中国专利申请人的专利申请量排名　　　　单位：件

金属材料		非金属材料		复合材料		高分子材料		生物材料	
中南大学	65	广东工业大学	80	西安交通大学	222	西安交通大学	173	黑龙江鑫达企业集团有限公司	18
上海交通大学	59	西安交通大学	69	华中科技大学	135	中国科学院化学研究所	116	华南农业大学	13
华中科技大学	50	华中科技大学	56	南京航空航天大学	117	中国石油化工股份有限公司	87	杨陈	11
西安交通大学	48	西北工业大学	53	华南理工大学	107	四川大学	82	艾伯尔三氏打印技术（重庆）有限公司	11
北京科技大学	41	中南大学	51	中南大学	89	浙江大学	70	华南协同创新研究院	6
华南理工大学	35	中国科学院上海硅酸盐研究所	42	哈尔滨工业大学	74	华南理工大学	69	成都新柯力化工科技有限公司	6
吉林大学	34	武汉理工大学	42	吉林大学	70	华中科技大学	61	扬州大学	6
中国科学院金属研究所	33	华南理工大学	35	大连理工大学	60	南京航空航天大学	59	诺思贝瑞新材料科技（苏州）有限公司	6
北京梦之墨科技有限公司	30	东莞理工学院	33	上海交通大学	58	华南农业大学	56	金发科技股份有限公司	6
南京航空航天大学	29	南京航空航天大学	28	广东工业大学	58	吉林大学	53	中国石油化工股份有限公司	5

表 3.34　3D 打印设备中国专利申请人的专利申请量排名　　　　单位：件

软件／系统		扫描设备		控制电路	
通用电气公司	142	湖南华曙高科技有限责任公司	8	广州晋原铭科技有限公司	9
华中科技大学	114	杭州德迪智能科技有限公司	7	西安中科麦特电子技术设备有限公司	4
西安交通大学	80	昆山准信三维科技有限公司	6	深圳市纵维立方科技有限公司	3
施乐公司	70	何德生	5	深圳市越疆科技	3
山东大学	63	招銮	5	长沙远达华信息科技有限公司	3
波音公司	57	深圳市金石三维打印科技有限公司	5	中科微电技术（深圳）有限公司	2
西门子	48	应用材料公司	4	深圳市创必得科技有限公司	2
上海交通大学	47	西安蒜泥电子科技有限责任公司	4	西安上尚机电有限公司	2
华南理工大学	47	天津牧乐智能科技有限公司	3	东华理工大学	1
上海联泰科技股份有限公司	46	张宸睿	3	中国科学院微电子研究所	1
激光器		打印喷头		振镜系统	
华南理工大学	114	成都思维智造科技有限公司	62	大族激光科技产业集团股份有限公司	10
华中科技大学	108	深圳市创想三维科技股份有限公司	50	华南理工大学	8
西安交通大学	82	浙江大学	41	北京工业大学	5
江苏大学	64	华南理工大学	33	华中科技大学	5
南京航空航天大学	59	浙江闪铸三维科技有限公司	32	无锡中科光电技术有限公司	5
南京中科煜宸激光技术有限公司	57	深圳市创想三维科技有限公司	31	杭州爱新凯科技有限公司	5
中北大学	51	四川建筑职业技术学院	27	西安交通大学	5
大连理工大学	51	西安交通大学	27	青岛小优智能科技有限公司	5

续表

激光器		打印喷头		振镜系统	
苏州大学	48	三纬国际立体列印科技股份有限公司	23	佛山市瞬秒光电科技有限公司	4
湖南华曙高科技有限责任公司	47	金宝电子工业股份有限公司	23	广东汉邦激光科技有限公司	4

表 3.35　3D 打印技术中国专利申请人的专利申请量排名　　　　　单位：件

光固化成型（SLA）		数字光处理（DLP）		三维打印黏结成型（3DP）		选择性激光烧结/熔化成型 3D 打印（SLS/SLM）	
深圳市智能派科技有限公司	38	苏州慧通汇创科技有限公司	25	共享智能铸造产业创新中心有限公司	19	湖南华曙高科技有限责任公司	70
西安交通大学	38	珠海天威飞马打印耗材有限公司	12	宁夏共享模具有限公司	13	华南理工大学	65
广东工业大学	37	华南理工大学	10	中国人民解放军陆军军医大学第一附属医院	12	华中科技大学	63
深圳市纵维立方科技有限公司	37	西安增材制造国家研究院有限公司	10	济南大学	9	浙江意动科技股份有限公司	57
深圳市创想三维科技股份有限公司	36	西安科技大学	10	共享智能装备有限公司	7	中北大学	54
北京金达雷科技有限公司	32	江苏托特斯科技有限公司	9	广东中立鼎智能科技有限公司	7	西安铂力特增材技术股份有限公司	48
深圳市诺瓦机器人技术有限公司	31	无锡市腰果新材料有限公司	7	华南理工大学	5	南京前知智能科技有限公司	35
深圳市金石三维打印科技有限公司	31	苏州博理新材料科技有限公司	7	南京师范大学	5	西安交通大学	33
上海幻嘉信息科技有限公司	30	上海云匙科技有限公司	6	武汉易制科技有限公司	5	中国石油化工股份有限公司	31

续表

光固化成型（SLA）		数字光处理（DLP）		三维打印黏结成型（3DP）		选择性激光烧结/熔化成型3D打印（SLS/SLM）	
东莞理工学院	28	宁波乔克兄弟三维科技有限公司	6	河南筑诚电子科技有限公司	5	东北林业大学	29
直接金属激光烧结（DMLS）		激光熔覆成型（LMD）		电子束熔化成型（EBM）		3D生物打印	
香港生产力促进局	4	南京中科煜宸激光技术有限公司	26	岳阳巅峰电子科技有限责任公司	2	太原理工大学	10
史密夫和内修有限公司	2	江苏大学	17	阿尔卡姆公司	2	四川蓝光英诺生物科技股份有限公司	8
EOS公司	1	苏州大学	14	APC高端粉末涂料公司	1	上海交通大学医学院附属第九人民医院	4
控制元器件公司	1	鑫精合激光科技发展（北京）有限公司	14	上海大学	1	中南大学湘雅三医院	4
皇家飞利浦有限公司	1	大连理工大学	11	刘宏伟	1	中国人民解放军总医院第四医学中心	4
		哈尔滨工业大学	9	南京师范大学	1	暨南大学	4
		东北大学	8	汕头大学	1	南昌大学	3
		华南理工大学	8	炬炼金属张家港有限公司	1	扬州大学	3
		南京辉锐光电科技有限公司	7	联合工艺公司	1	杭州捷诺飞生物科技股份有限公司	3
		西安交通大学	7	西安交通大学	1	浙江大学	3

表 3.36　3D 打印应用及服务技术中国专利申请人的专利申请量排名　　　单位：件

云服务平台		航空航天		汽车		铸造模具	
上海泉欣织造新材料股份有限公司	3	北京航空航天大学	29	福特	22	邓州市康硕智能制造有限公司	28
中国人民解放军陆军装甲兵学院	3	中国航发商用航空发动机有限责任公司	23	吉林大学	18	南京航空航天大学	27
临沂大学	3	南京航空航天大学	21	北京航空航天大学	14	西安交通大学	27
北京航空航天大学	3	中国航空工业集团公司沈阳飞机设计研究所	15	宝马	12	共享智能铸造产业创新中心有限公司	25
浙江工业大学	3	国营芜湖机械厂	14	清华大学	12	北京机科国创轻量化科学研究院有限公司	22
西安增材制造国家研究院有限公司	3	西北工业大学	13	中国第一汽车股份有限公司	11	宁夏共享模具有限公司	22
中国科学院自动化研究所	2	中国商用飞机有限责任公司	12	华侨大学	9	华中科技大学	21
南京中高知识产权股份有限公司	2	上海卫星装备研究所	11	安徽创融增材制造技术有限公司	9	东莞理工学院	20
南京越辰智能科技有限公司	2	中国商用飞机有限责任公司北京民用飞机技术研究中心	10	江苏华疆三维科技有限公司	9	洛阳易普特智能科技有限公司	20
吴江中瑞机电科技有限公司	2	波音公司	10	华南理工大学	8	郑州中兴三维科技有限公司	17
医疗器械		教育培训		建筑			
芜湖启泽信息技术有限公司	29	天津职业技术师范大学	13	中国建筑第八工程局有限公司	64		
四川大学	17	南宁学院	12	上海言诺建筑材料有限公司	43		
上海交通大学医学院附属第九人民医院	16	河池学院	8	通用电气公司	30		

医疗器械		教育培训		建筑	
北京启麟科技有限公司	13	铭典时代（北京）科技有限公司	5	卓达新材料科技集团威海股份有限公司	30
华南理工大学	11	浙江工业大学	4	上海建工集团股份有限公司	29
上海昕健医疗技术有限公司	10	中绿环保科技股份有限公司	3	SIKA TECHNOLOGY AG	25
芜湖法牧医疗科技有限公司	10	北京天蔚中医药发展促进中心	3	中国建筑股份有限公司	24
西安交通大学	10	北京科技大学	3	XTREEE	23
北京大学口腔医学院	9	华蓥市第二中学	3	MIMAKI ENGINEERING CO LTD	22
吉林大学	9	南方医科大学南方医院	3	马义和	22

（1）3D 打印材料。

3D 打印材料细分技术分支的金属材料、非金属材料、复合材料、高分子材料和生物材料中国专利的申请人都是中国申请人，大多数是中国高校，有少量企业入围前 10 名，说明中国高校在中国的申请热度较高，企业在该技术领域还有待增强。入围前 10 名的高校如西安交通大学、华中科技大学等，在各种材料方面都有一定量的相关专利申请。

（2）3D 打印设备。

3D 打印设备有少量国外企业上榜，都是全球排名前 10 的龙头企业。同时，与 3D 打印材料不同的是，3D 打印设备也有不少中国企业上榜。3D 打印软件 / 系统中国外企业入围 4 家，是国外企业占比最多的技术分支。通用电气公司以 142 件专利位列第 1 名，施乐公司位列第 4，说明这些国外企业非常重视中国市场。3D 打印软件 / 系统和激光器依然是 3D 打印设备研发热点。

（3）3D 打印技术。

3D 打印技术的细分技术分支中都是中国申请人，没有国外申请人。3D 打印技术总体专利申请量不多，与全球保持一致，中国企业和中国高校专利布局量也不相上下。

（4）3D 打印应用及服务技术。

3D 打印应用及服务技术中国专利申请人排名方面，除航空航天、汽车、建筑领域有波音公司、福特、宝马、通用电气公司等国际大型企业外，主要以中国企业和高校为主。

3.2.4.3　天津市 3D 打印产业领域创新主体分析

1. 天津市 3D 打印产业领域专利申请人类型分布

天津市 3D 打印产业专利申请人类型占比如图 3.37 所示。天津市企业申请人占比约 60%，与国内企业申请人占比一致；院校 / 研究所申请人占比约 35%，比国内院校 / 研究所申请人占比略高，个人占比不到 3%，相比国内个人申请人占比低一些，说明天津市企业在 3D 打印产业的研发基础相对较强，企业研发实力相对较强，参与度高。天津市科研高校研发热情与全国高校院所整体步调基本一致。

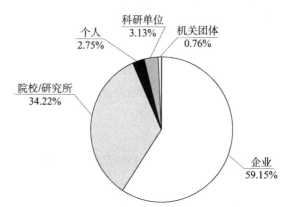

图 3.37　天津市专利申请人类型占比

2. 天津市 3D 打印产业领域专利申请人专利申请量排名

天津市 3D 打印产业领域前 20 位申请人（表 3.37）中有 8 位是院校 / 科研院所申请人，有 12 位是企业，其中天津大学专利申请量 133 件，位列天津市申请人第 1 名，远远领先天津市的其他高校，天津大学多个院系都开展了关于 3D 打印技术的研究，覆盖材料、设备等领域。

河北工业大学专利申请量 97 件，位列第 2，与天津大学相似，河北工业大学也是材料、机械等学院都开展关于 3D 打印技术的研究。

天津镭明激光科技有限公司专利申请量 58 件位列第三，相比前面两所大学，专利申请数量明显减少。但属于天津市企业中第 1 名，该公司自主研发大幅面激光选区熔化设备等，其成果已在航空航天、军工、模具、汽车制造、医疗、教育等诸多领域广泛应用。

同时，从第4名天津清研智束科技有限公司及之后，专利数量都少于50件。

表 3.37　天津市 3D 打印产业领域专利申请人的专利申请量排名　　单位：件

排名	申请人	专利数量
1	天津大学	133
2	河北工业大学	97
3	天津镭明激光科技有限公司	58
4	天津清研智束科技有限公司	37
5	天津大格科技有限公司	32
6	科大天工智能装备技术（天津）有限公司	31
7	天津职业技术师范大学	24
8	嘉思特华剑医疗器材（天津）有限公司	21
9	天津工业大学	20
10	天津市探奥电子有限公司	19
11	天津市先锋三维科技有限公司	16
12	博纳云智（天津）科技有限公司	15
13	中国民航大学	14
14	天津科技大学	14
15	浙江大学滨海产业技术研究院	14
16	天津博瑞展智能科技有限公司	13
17	天津智慧三迪科技有限公司	13
18	天津依蓝时代电气设备有限公司	12
19	天津市志捷科技股份有限公司	11
20	天津理工大学	11

3.2.4.4　天津市 3D 打印产业领域创新主体和国内外创新主体专利布局差异对比分析

从专利布局的数量上看，国内龙头企业与国外龙头企业相比处于劣势，天津企业与国内龙头企业相比同样处于劣势，从选取的代表企业中，天津大格科技有限公司发明授权专利数量为0，其他企业发明授权专利数量少于10件（表3.38）。从技术保护角度来讲，发明专利的保护程度更高，天津镭明激光科技有限公司和天津清研智束科技有限公司专利布局发明略高于实用新型，天津大格科技有限公司发明占比约 20%，且布局仅限国内，缺少海外布局，而国外龙头企业通用电气公司专利布局以发明专利为主，占比超过 99%。

表 3.38　天津市 3D 打印产业领域专利申请人的发明专利情况

申请人	发明申请/件	发明授权/件	实用新型/件	发明授权率/%	发明专利占比/%
天津镭明激光科技有限公司	19	7	23	26.92	53.06
天津清研智束科技有限公司	14	6	17	30.00	54.05
天津大格科技有限公司	7	0	25	0.00	21.88
深圳市创想三维科技股份有限公司	144	60	251	29.41	44.84
西安铂力特增材技术股份有限公司	77	43	76	35.83	61.22
通用电气公司	744	522	2	41.23	99.84

　　从发明专利授权率看，天津市 3D 打印龙头企业发明授权率整体相对国内或国外龙头企业都不太高。天津镭明激光科技有限公司作为专利申请量排名第 1 的企业发明授权率略低，不到 30%，因此天津镭明激光科技有限公司需要在保持专利申请量的同时，进一步注重专利申请质量。天津大格科技有限公司需积极争取现有发明专利申请授权的可能还要继续保持研发热情提高专利布局数量。

　　天津市与全球 3D 打印产业龙头企业及国内 3D 打印产业龙头企业各一级技术分支专利申请数量占比如图 3.38 所示。全球 3D 打印产业龙头企业和中国 3D 打印产业龙头企业的产业布局结构相对完整，是全产业链布局，天津市 3D 打印产业龙头企业的产业布局结构相对有所欠缺。

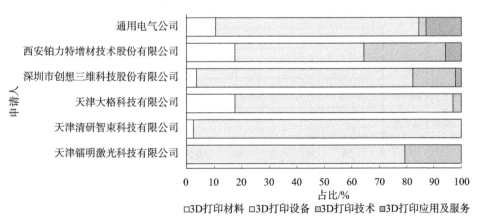

图 3.38　天津市与全球及国内 3D 打印产业龙头企业各一级技术分支专利占比对比

3.2.4.5 河北工业大学与全国其他高校专利布局差异对比

从专利布局的数量上看（表3.39），河北工业大学与国内其他高校相比处于劣势，从技术保护角度来讲，发明专利的保护程度更高，选取的所有高校专利布局的专利类型均以发明专利为主，尤其西安交通大学的发明专利占比超过95%，说明高校专利保护意识相对较强。

从发明专利授权率看，除天津大学外其他3所高校的发明专利授权率均超过50%，河北工业大学虽然发明占比处于末位，但是发明授权率还可以，说明其专利创新质量相对较高。

表3.39 河北工业大学与其他高校的发明专利情况

申请人	发明申请/件	发明授权/件	实用新型/件	发明授权率/%	发明专利占比/%
天津大学	74	50	11	40.32	91.85
河北工业大学	37	39	21	51.32	78.35
西安交通大学	233	305	28	56.69	95.05
华中科技大学	219	258	41	54.09	92.08

河北工业大学与中国3D打印产业发展强劲的华中科技大学、西安交通大学和天津大学一级技术分支专利申请数量占比对比如图3.39所示。河北工业大学与全国龙头高校在3D打印产业各技术环节均有专利布局，布局相对完整，但河北工业大学专利申请数量相对国内其他地区的高校有一定数量差距。河北工业大学3D打印设备技术和3D打印应用及服务的占比相对其他高校比例较高，3D打印技术的占比相对其他高校比例明显偏低。

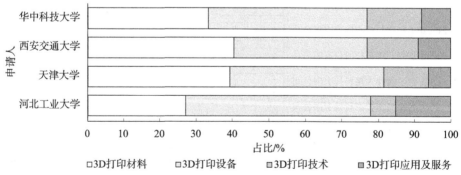

图3.39 河北工业大学与其他高校3D打印产业领域一级技术分支专利申请数量占比对比（一）

进一步对河北工业大学与全国其他高校主要二级技术分支专利申请数量占比进行分析，如图 3.40 所示，河北工业大学相较其他高校在 3D 打印产业细分技术布局也比较全面，只是金属材料、光固化成型（SLA）、航空航天、医疗器械等方面技术布局较少。

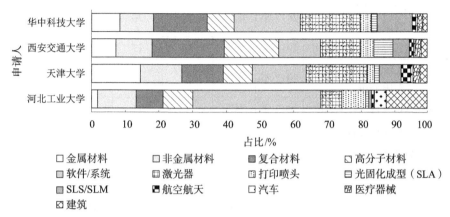

图 3.40　河北工业大学与其他高校 3D 打印产业领域二级技术分支专利申请数量占比对比（二）

3.2.5　3D 打印产业领域新进入者专利布局分析

通过研究 3D 打印产业领域新进入者各技术分支的专利申请数量来表征新申请主体活跃程度和新申请主体专利布局的侧重。由于 3D 打印产业发展历史悠久，故选取新进入者的标准是成立时间不超过 10 年，根据新进入者 3D 打印产业专利数量的高低进行依次选取，选取的 10 位新进入者的专利布局分析见表 3.40。前 10 位新进入者中江苏省 4 位，浙江省 2 位，重庆市 2 位，安徽省、南京市和深圳市各 1 位。新进入者在 3D 产业领域专利申请总量小于 50 件，在 3D 打印设备细分领域都有一定量的专利储备。

表 3.40　3D 打印产业领域新进入者专利布局分析　　　　　单位：件

申请人	成立时间	区域	3D 打印材料	3D 打印设备	3D 打印技术	3D 打印应用及服务
航发优材（镇江）增材制造有限公司	2017 年	江苏	7	24	7	6
重庆金石智诚科技有限公司	2020 年	重庆	0	16	18	2
苏州美梦机器有限公司	2019 年	江苏	1	32	0	0
安徽哈特三维科技有限公司	2017 年	安徽	12	13	8	3

申请人	成立时间	区域	3D打印材料	3D打印设备	3D打印技术	3D打印应用及服务
杭州爱新凯科技有限公司	2017年	浙江	0	24	0	0
江苏三维智能制造研究院有限公司	2017年	南京	2	20	1	4
深圳市创必得科技有限公司	2014年	深圳	0	17	24	1
艾伯尔三氏打印技术（重庆）有限公司	2017年	重庆	16	18	0	0
宁波市石生科技有限公司	2017年	浙江	1	11	22	0
苏州倍丰激光科技有限公司	2017年	江苏	3	27	6	4
昆山晶微新材料研究院有限公司	2019年	江苏	16	12	0	1

航发优材（镇江）增材制造有限公司成立于2017年，由江苏大路航空产业发展有限公司、中国航发北京航空材料研究院共同投资成立，公司拥有金属增材制造四大主流技术，国内唯一，拥有由3名外籍院士和专家组成的一流科研团队，在3D打印产业细分分支都有专利申请。

重庆金石智诚科技有限公司成立于2020年，是重庆市政府空港园区管委会组织牵头的招商引资项目，也是由深圳金石三维全资控股成立的一家集3D打印+技术研究及汽车产品快速智造于一体的高新技术企业，注重在3D打印设备和3D打印技术方面的专利申请。

苏州美梦机器有限公司成立于2019年，是一家以从事专用设备制造业为主的3D打印设备企业，其在3D打印设备专利申请量32件，3D打印技术和3D打印应用及服务目前暂无相关专利申请。

安徽哈特三维科技有限公司成立于2017年，核心技术团队来自哈尔滨工业大学，是哈尔滨工业大学投资入股企业，是一家聚焦增材制造粉末材料和行业应用整体解决方案的高新技术企业，在3D打印产业细分分支也都有专利申请。

杭州爱新凯科技有限公司成立于2017年，目前只在3D打印设备领域有相关专利申请。

3.2.6　3D打印产业领域协同创新情况分析

协同创新的技术往往涉及技术的难点、重点或者产业热点。从协同创新

专利技术来看（图 3.41），3D 打印设备协同创新专利申请数量最多，共计
4 142 件，其次是 3D 打印材料协同创新专利，申请数量为 2 483 件；协同创新
占比最高的是 3D 打印材料，约为 9.40%，3D 打印应用及服务协同申请占比略
低于 3D 打印材料，3D 打印设备虽然协同申请数量最多，但是协同申请占比
最低。由此可见 3D 打印材料和 3D 打印应用及服务相较其他分支研发难度高
一些，需要联合创新突破技术壁垒。

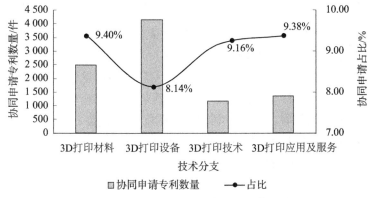

图 3.41　3D 打印产业领域协同创新情况分析

鉴于 3D 打印材料和 3D 打印应用及服务领域协同创新专利申请数量及占
比较多，故对其细分的二级技术分支的协同创新情况进行分析，见表 3.41。可
以看出，协同创新专利申请数量最多的领域是 3D 打印材料的高分子材料，生
物材料在 3D 打印材料细分技术分支中协同创新占比最高超过 10%，其次是
3D 打印应用及服务的医疗器械协同创新专利占比，位列第 2。

表 3.41　协同创新情况分析

二级技术分支	三级技术分支	协同创新专利申请数量 / 件	占比 /%	占比排名
3D 打印材料	生物材料	95	12.70	1
3D 打印应用及服务	医疗器械	403	11.59	2
3D 打印应用及服务	云服务平台	23	10.75	3
3D 打印材料	复合材料	725	10.23	4
3D 打印材料	高分子材料	1 097	9.73	5
3D 打印应用及服务	教育培训	44	9.44	6
3D 打印应用及服务	航空航天	171	9.36	7
3D 打印应用及服务	铸造模具	304	9.02	8

3.2.7　3D打印产业领域专利运用活跃度情况分析

专利运用将技术转化为现实生产力，将知识产权优势转化为竞争优势和经济优势，是实现专利产权效益的重要途径，本节分析的专利运用数量是转让数量、许可数量、质押数量的总和。

3.2.7.1　中国3D打印产业领域专利转让/许可/质押分析

据统计，3D打印产业中国专利运用数量总计为5 312件，占总专利量的9.0%。图3.42展示了3D打印产业中国专利运用活跃度较高的申请人排名，共享智能铸造产业创新中心有限公司以61件专利运用数量位列第一名，其次是珠海天威飞马打印耗材有限公司，52件，其余的申请人专利运用数量均少于50件。从申请人类型看，企业专利运用活跃度较高，前15名申请人中有9个企业和6个高校，说明企业将专利进行高价值的应用和转化的效能更高，高校院所的专利运用程度有待提升。

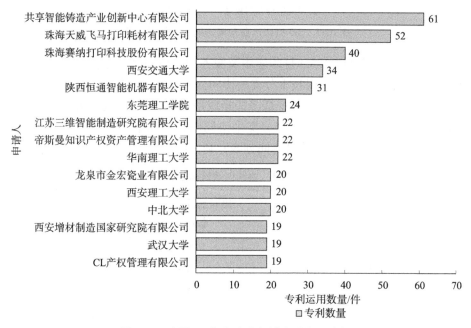

图3.42　中国3D打印产业领域专利运用分析

对西安交通大学专利运用的专利进行分析发现，该大学专利运营都是转让，没有许可和质押，而且与深圳协同创新高科技发展有限公司之间的转让比较频繁。

进一步对 3D 打印产业细分技术的中国专利运用数据进行分析，见表 3.42。中国专利运用方式主要为代表权利转移的转让，其中 3D 打印设备环节转让的专利数量最多，接近 2 000 件。专利运营活跃度（该分支专利转让、许可、质押总和与该分支总量的比值）最高的技术分支是 3D 打印材料，其次是 3D 打印技术。

表 3.42　中国 3D 打印产业领域细分技术专利运用情况分析

技术分支	转让 / 件	许可 / 件	质押 / 件	活跃度 /%
3D 打印材料	914	37	79	7.10
3D 打印设备	1 894	111	154	3.91
3D 打印技术	530	35	57	4.45
3D 打印应用及服务	444	29	40	3.32

3.2.7.2　天津市 3D 打印产业领域专利转让 / 许可 / 质押分析

据统计，天津市 3D 打印产业专利运用数量总计 96 件，占总专利量的 10%，略高于全国平均水平。图 3.43 展示了 3D 打印产业天津专利运用活跃度较高的申请人排名，天津清研智束科技有限公司以 18 件专利运用位列第一名，其次是科大天工智能装备技术（天津）有限公司 17 件。从申请人类型看，入围前 15 的有 10 家企业、4 所高校研究院和 1 位个人。河北工业大学在 3D 打印领域专利运用数量较少，未入围前 15 名。入围的高校专利运营数量偏少，都少于 4 件，而且都是转让。

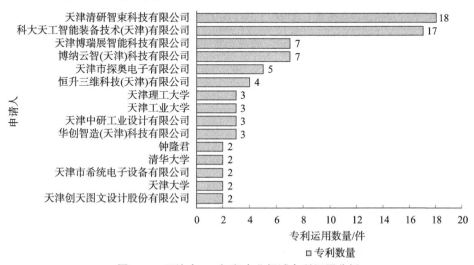

图 3.43　天津市 3D 打印产业领域专利运用分析

进一步对天津市 3D 打印产业细分技术的专利运用数据进行分析，见表 3.43。可见专利运用方式主要为代表权利转移的转让，与国内专利运用的主要方式一致。其中 3D 打印设备环节转让的专利数量最多，超过 50 件，同时其专利运用活跃度也是最高的，接近 12%。

表 3.43 天津市 3D 打印产业领域细分技术专利运用情况分析

一级技术分支	转让 / 件	许可 / 件	质押 / 件	活跃度 /%
3D 打印材料	10	0	0	4.41
3D 打印设备	52	17	10	11.90
3D 打印技术	9	0	0	7.89
3D 打印应用及服务	5	1	1	4.90

3.2.7.3 天津市 3D 打印产业领域专利运用和国内其他省市的差异对比分析

选取中国 3D 打印产业重点省（直辖市）的广东省和江苏省与天津市进行差异化对比，见表 3.44。从专利运用的主要方式看，三个省（直辖市）的主要运用方式均是转让。从专利运营总数量上看，广东省的数量遥遥领先，接近 700 件，同时，其活跃度也是最高的，三种运营方式数量都相对最高；江苏省 3D 打印产业领域专利运用数量虽然比天津高，但是其活跃度低于天津。

表 3.44 天津市和国内其他省（直辖市）3D 打印产业领域专利运用的差异对比分析（一）

省市	转让 / 件	许可 / 件	质押 / 件	活跃度 /%
广东省	675	30	43	9.92
江苏省	412	27	43	7.17
天津市	69	17	10	9.43

进一步对江苏省、北京市、天津市细分技术分支的 3D 打印产业领域专利运用情况进行对比分析发现，如表 3.45 所示。江苏省、北京市、天津市运用方式最多的领域均是 3D 打印设备，并且都是转让行为较为活跃。三个省（直辖市）专利运用总数量由高到低排列的领域都是一致的，即 3D 打印设备、3D 打印材料、3D 打印技术、3D 打印应用及服务。

表 3.45　天津市和国内其他省（直辖市）3D 打印产业领域专利运用的差异对比分析（二）

单位：件

技术分支	省市	转让	许可	质押	合计
3D 打印材料	广东省	179	3	11	193
	江苏省	114	10	8	132
	天津市	10	0	0	10
3D 打印设备	广东省	395	21	21	437
	江苏省	247	15	30	292
	天津市	52	17	10	79
3D 打印技术	广东省	120	3	9	132
	江苏省	54	2	14	70
	天津市	9	0	0	9
3D 打印应用及服务	广东省	53	7	11	71
	江苏省	58	3	3	64
	天津市	5	1	1	7

3.2.8　3D 打印产业领域创新人才储备分析

3.2.8.1　国内 3D 打印产业领域发明人分析

为了排除发明人重名引起的不必要影响，对国内 3D 打印产业领域进行发明人和申请人的结合分析。表 3.46 为发明人专利申请数量对应申请人排名情况，表现比较突出的发明人对应的申请人相对比较集中，排名第 1 的是西安交通大学的李涤尘。

表 3.46　中国 3D 打印产业领域发明人及申请人情况　　　单位：件

排名	发明人	申请人	专利申请数量
1	李涤尘	西安交通大学	320
2	杨永强	华南理工大学	261
3	史玉升	华中科技大学	261
4	唐京科	深圳市创想三维科技有限公司	223
5	夏军	深圳市创想三维科技有限公司	218
6	敖丹军	深圳市创想三维科技有限公司	200

续表

排名	发明人	申请人	专利申请数量
7	高云峰	大族激光科技产业集团股份有限公司	197
8	卢秉恒	西安增材制造国家研究院有限公司	167
9	白培康	中北大学	149
10	赵占勇	中北大学	137
11	王迪	华南理工大学	133
12	宋长辉	华南理工大学	123
13	刘辉林	深圳市创想三维科技有限公司	121
14	卢秉恒	西安交通大学	119
15	王建宏	中北大学	116

基于天津市 3D 打印技术和 3D 打印应用及服务技术占比低于中国和全球，下面对 3D 打印技术和 3D 打印应用及服务技术的中国发明人进行分析，便于天津更好地借鉴或引进相应技术或人才（表 3.47 及表 3.48）。

表 3.47　3D 打印产业—3D 打印技术中国发明人情况　　　单位：件

3D 打印技术			
排名	发明人	申请人	专利申请数量
1	李涤尘	西安交通大学	83
2	杨永强	华南理工大学	79
3	白培康	中北大学	75
4	韩品连	浙江意动科技股份有限公司	58
5	史玉升	华中科技大学	51
6	李厚民	北京金达雷科技有限公司	40
7	侯锋	上海普利生机电科技有限公司	38
8	刘建叶	中国石油化工股份有限公司	37
9	初立秋	中国石油化工股份有限公司	37
10	文杰斌	湖南华曙高科技有限责任公司	36
11	杨东辉	西安铂力特增材技术股份有限公司	36

表 3.48　3D 打印产业—3D 打印应用及服务中国发明人情况　　单位：件

3D 打印应用及服务			
排名	发明人	申请人	专利申请数量
1	苗冬梅	中国建筑第八工程局有限公司	75
2	马荣全	中国建筑第八工程局有限公司	75
3	葛杰	中国建筑第八工程局有限公司	73
4	白洁	中国建筑第八工程局有限公司	71
5	马义和	上海言诺建筑材料有限公司	47
6	孙学锋	中国建筑第八工程局有限公司	37
7	李涤尘	西安交通大学	36
8	杨卓舒	卓达新材料科技集团威海股份有限公司	30
9	余中华	卓达新材料科技集团威海股份有限公司	30
10	展庆月	卓达新材料科技集团威海股份有限公司	30
11	董晓楠	卓达新材料科技集团威海股份有限公司	30
12	曾伟宏	芜湖启泽信息技术有限公司	30

3.2.8.2　天津市 3D 打印产业领域发明人分析

表 3.49 为 3D 打印产业领域天津市发明人专利申请量排名，其中以天津大学为申请人的发明人专利申请数量排名比较靠前，天津大学主要发明人为张大卫、王太勇、房丰洲、高卫国，都是天津大学机械工程学院的教授或教师。其中张大卫教授组建了微纳制造与装备国际联合研究中心，近年来主要从事微纳功能表面精密制造及应用、超快激光增 / 减材加工等领域的研究。

河北工业大学的发明人表现也很出色，每位发明人申请的专利数量在 20 件左右，表现较突出的发明人是刘丽冰是河北工业大学机械工程学院教授，其研究的"数控机床集成监控及企业化应用"项目，获得了 2015 年度河北省科学技术进步奖二等奖。杨泽青教授是河北省青年拔尖人才、河北省 333 人才工程第三层次人选，主要研究方向是数字化集成测控与数字孪生运维监控、数控装备在线检测与误差补偿、视觉检测与模式识别。杨泽青和刘丽冰同属河北工业大学高端装备结构技术创新团队，该团队共有 23 位博士，研发实力较强。

企业申请人的发明人团队大多为公司的法定代表人或实际相关人。

表 3.49　天津市 3D 打印产业领域发明人情况　　　　　　单位：件

申请人	发明人	专利数量
天津大学	张大卫	48
	王太勇	35
	高卫国	26
	房丰洲	20
河北工业大学	刘丽冰	22
	杨泽青	22
	陈英姝	22
	彭凯	20
	张艳蕊	18
	范敏	17
	张炳寅	15
	李增强	15
	李莉	14
天津第一机床总厂	王威	31
	刘家兰	28
	王秀梅	25
	吴文仲	24
	柴宝连	22
精益恒准（天津）数控设备股份有限公司	王振飞	36
天津市宝涞精密机械有限公司	崔文来	31
	崔建涛	20
	崔超	20
	崔越	20
	李绍功	22
	崔雅臣	22
	李绍德	22
	崔德怀	22
	崔振永	22

3.2.9　小结

（1）全球 3D 打印产业竞争激烈，中国发展逐步领先。

从专利申请趋势看，全球 3D 打印产业的发展呈上升态势，美国、德国和日本技术萌芽较早，中国 3D 打印产业起步稍晚，从 2013 年之后，专利年申请量进入了一个快速发展阶段，研发和技术投入异常活跃。从专利布局总量看，全球 3D 打印相关技术的专利申请共计 9 万余件，中国专利申请量最多，为 48 115 件，占比超过 56%，其次是美国、日本、韩国、德国等发达国家，排名前 5 的国家总申请量占比接近 90%，表明 3D 打印产业发展相对集中，中国、日本、美国为重要市场，是专利布局的重点区域。

（2）中国 3D 打印产业本土申请人较活跃，尤其广东省创新活跃度最高。

从中国专利技术来源国看，中国 3D 打印产业申请人类别主要是国内申请人，占比约 93%，国外来华申请人中美国申请人最多，占比约 4%。从 34 个省市分布看，广东省、江苏省和北京市分别位列前三甲，排名前 5 的省（直辖市）分别是广东省（7 144 件）、江苏省（5 962 件）、北京市（3 479 件）、浙江省（3 098 件）、上海市（2 977 件），广东省遥遥领先。天津市专利申请量在全国排名第 14 位。

（3）中国 3D 打印产业专利申请类型以发明为主，保护价值较高。

从中国 3D 打印产业专利类型构成看，发明专利数量为 31 515 件，实用新型专利数量为 15 798 件，发明占比超过 65%，占据主导类型。全国排名前 15 的省市中，所有省市的专利类型均是发明专利数量高于实用新型专利。北京市的发明专利占比最高，发明专利数量是实用新型专利数量的 3 倍以上，只有天津和福建的发明和实用新型专利数量相当。

（4）3D 打印设备是 3D 打印产业布局的热点。

中国 3D 打印产业链结构与全球产业链结构基本一致，均是 3D 打印设备专利申请数量占比最高，其次是 3D 打印材料、3D 打印应用及服务技术和 3D 打印技术。不同的是中国 3D 打印材料和 3D 打印技术专利申请数量比例相当，全球和天津 3D 打印材料专利申请数量接近 3D 打印技术的两倍。结合产业结构变化趋势看，3D 打印设备一直都是全球 3D 打印产业的热点技术，而中国和天津的 3D 打印材料、3D 打印技术和 3D 打印应用及服务技术专利数量增长速度及专利数量相差不大，都远低于 3D 打印设备专利申请数量。

（5）全球创新主体竞争激烈，美国企业独占鳌头。

国外创新主体以综合大型集团企业为主，国内以高校为主。国外申请人主要来自美国、德国等发达国家（地区 / 组织），其中美国的企业最多，前 20 位的申请人中有 8 位来自美国，并且位列前三甲的企业有两个是日本申请人（通用电气公司和 STRATASYS 公司），德国申请人占据 2 位（EOS 公司和西门子）。申请人排名和申请量的差距进一步验证了美国在 3D 打印产业这一领域具有非常强的研发实力，处于绝对的世界领先地位。

（6）中国创新主体以企业为主，但龙头企业缺位，需要厚积薄发。

从中国专利申请人类型分布看，以企业申请人为主，占比接近 60%，在一定程度上反映了企业研发能力较强，专利保护意识高，企业研发经费的投入强度较高，成为专利技术创新的主体。国外企业通用电气公司、STRATASYS 公司、EOS 公司、西门子在中国布局专利较多，尤其通用电气公司在中国布局超过 1 000 件，在一定程度上说明我国 3D 打印产业具有良好的市场应用前景，这些企业比较重视中国市场。中国突出的创新主体西安铂力特增材技术股份有限公司、深圳市创想三维科技股份有限公司、湖南华曙高科技有限责任公司，上述企业布局的专利数量均未超过 200 件，虽然积累了一定的技术实力，但是尚未入围前 20 名排行榜。

（7）天津市 3D 打印产业发展处于国内中上游水平，创新主体以企业为主，天津大学表现突出。

天津市 3D 打印产业专利申请公开总量为 1 018 件，全国排名第 15 位，发明专利申请方面，失效的专利 183 件，占比约 35%，发明专利失效率较高。南开区、西青区、东丽区和津南区是天津市主要申请区，其中南开区（162 件）位列第一，占天津市申请总量的比例约为 15%。从创新主体类型看，天津市企业申请人占比约 60%，与国内企业申请人占比一致。从创新主体的专利实力看，天津大学专利申请量 133 件，位列天津市申请人第 1 名，河北工业大学专利申请量 97 件、位列第 2，与第 3 名差距较大。

（8）天津市专利运用活跃度不高，低于全国水平。

3D 打印产业天津市专利运用数量总计为 96 件，占总专利量的 10%，略高于全国水平。天津市专利运用方式主要为代表权利转移的转让，其中 3D 打印设备环节转让的专利数量和专利运用活跃度都是最高的。从专利运用活跃度申请人分布看，天津清研智束科技有限公司以 18 件运用数量位列第 1 名，其次是科大天工智能装备技术（天津）有限公司，17 件。入围的高校专利运营数量偏少，都少于 3 件。河北工业大学在 3D 打印专利运用数量较少，未入围前 15。

3.3 高端数控机床产业专利分析

3.3.1 高端数控机床产业领域专利发展态势分析

截至 2023 年 6 月 30 日，全球高端数控机床领域相关技术的专利申请共计38 万余件，其中主要涉及数控机床的床身、导轨、刀库、刀架、转台、伺服系统、数控技术、柔性复合加工技术等，主要申请国家为中国、日本、美国、德国和韩国。

3.3.1.1 全球及主要国家高端数控机床产业领域专利申请趋势分析

专利申请趋势一定程度上反映了技术的发展历程、技术生命周期的具体阶段，并可在一定程度上预测未来一段时间内该技术的发展趋势。高端数控机床领域全球及主要国家的专利申请趋势如图所示。

从图 3.44 可以看出，全球高端数控机床关键技术的专利申请量总体呈上升趋势。自 1950 年出现有关高端数控机床专利申请以来，专利申请数量每年在 500 件左右，属于技术萌芽期阶段，德国和美国技术萌芽较早，是这段时期专利的主要贡献者。1970 年之后进入发展期并一直维持增长态势，直至 1990 年专利申请量趋于稳定，每年专利申请量稳定在 3 000 件左右，这段时期日本发展迅速，申请数量超过美国和德国。从 2004 年开始，随着数控技术、计算机技术等相关技术的迅速发展，全球高端数控机床产业领域专利申请呈现快速增长的态势，该阶段贡献主要来自中国和日本等国家。

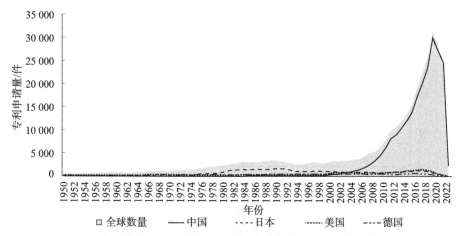

图 3.44 全球及主要国家高端数控机床产业领域专利申请趋势分析

中国数控机床产业起步稍晚于美国、日本和德国等国家，1985—2000 年，专利年申请量在 200 件以下的范围内变化，增长速度缓慢，国内对高档数控机床的技术研究也经历了一个发展相对平缓的阶段。从 2003 年之后，专利年申请量进入了一个快速发展阶段，相比于前面一个阶段，年申请量以较快的速度递进增长，并在 2020 年达到接近 3 万件。由此可见，从 2003 年以来，我国高档数控机床领域相关技术持续发展，研发和技术投入异常活跃。

3.3.1.2 天津市高端数控机床产业领域专利申请趋势分析

截至 2023 年 6 月 30 日，天津市在高端数控机床相关技术领域专利申请量共 5 965 件，其中实用新型专利总量为 4 466 件，发明专利申请的总量为 1 494 件。发明专利申请方面，失效的专利 891 件，占比约 60%，处于审查流程中的专利 277 件，占比约 19%，有效的发明专利为 326 件，占比约 21%，说明天津市高端数控机床产业以实用新型专利为主，且发明专利失效率较高。

天津市高端数控机床产业专利申请趋势如图 3.45 所示。天津市高端数控机床技术发展与国内发展趋势基本一致，2000 年左右申请专利数量较少，申请量在 10 件以下；2003—2008 年专利申请量开始增长，发明专利申请不断增多，但总申请量仍在 50 件以下，说明天津市在该行业技术仍然比较薄弱；2009—2016 年专利申请量有较高增长，进入快速发展阶段；2017—2019 年专利申请量稍有下降，年申请量超过 400 件；2020 年专利申请量重回峰值，超过 1 000 件。

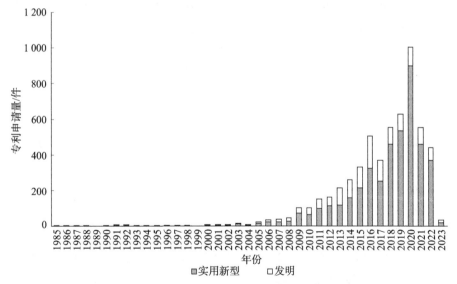

图 3.45　天津市高端数控机床产业领域专利申请趋势分析

3.3.2　高端数控机床产业领域专利区域布局分析

3.3.2.1　全球及主要国家高端数控机床产业领域专利申请情况分析

高端数控机床专利技术专利布局目标国家（地区 / 组织）的专利申请数量分布见表 3.50。截至 2023 年 6 月 30 日，全球高端数控机床申请总量 38 万余件，中国专利申请最多，为 212 923 件，占比超过 55%，其次是日本、美国、德国等发达国家，排名前 5 国家（地区 / 组织）的总申请量占比接近 85%，说明高端数控机床发展较好的地区相对集中，中国、日本、美国为重要市场，为各国家专利布局的重点区域。

表 3.50　高端数控机床产业领域专利布局目标国家（地区 / 组织）专利申请数量及占比

专利布局目标国家（地区 / 组织）	专利申请量 / 件	全球占比 /%
中国	212 923	55.30
日本	39 108	10.16
美国	35 096	9.12
德国	22 821	5.93
欧洲专利局（EPO）	10 221	2.65
韩国	10 160	2.64
英国	8 181	2.12
世界知识产权组织	7 778	2.02
俄罗斯	5 874	1.53
法国	5 454	1.42

3.3.2.2　中国专利技术来源国及中国本土高端数控机床产业领域专利申请情况分析

1. 中国高端数控机床产业领域专利技术来源国分布

中国高端数控机床产业领域专利主要技术来源国专利申请数量及占比如图 3.46 所示。截至 2023 年 6 月 30 日，中国高端数控机床申请总量共计 212 923 件，以中国申请人为主，申请量占比约 97%。此外，国外来华进行专利申请的国家主要是日本、德国、美国和韩国，其中日本的申请人在中国提交的专利申请数量最多，约占全部申请量的 1.64%，其次是德国、美国和韩国申请人。上述数据可初步表明，我国申请人在高端数控机床技术的研发与投入上比较重视，研发热情较高。

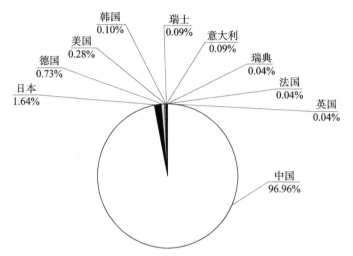

图 3.46　中国高端数控机床产业领域专利主要技术来源国分布占比

2. 中国高端数控机床产业领域专利省（直辖市）分布

中国专利申请省（直辖市）分布如图 3.47 所示。中国高端数控机床产业创新区域集聚效应明显，江苏省、广东省和浙江省分别位列前三甲，分别是江苏省（42 751 件）、广东省（27 381 件）、浙江省（23 822 件）、山东省（16 014 件）、辽宁省（10 032 件）。天津市数控机床专利申请公开量为 5 950 件，全国排名第 9 位。

结合专利类型看，排名前 15 的省（直辖市）中，除北京市外，其他 14 个省（直辖市）公开的数控机床专利类型均是实用新型专利数量高于发明专利。北京市的发明专利占比最高，约为 58%，其他省（直辖市）发明专利占比均远小于 50%，其中陕西省发明专利占比仅次于北京，接近 50%。

3.3.2.3　天津市各区县高端数控机床产业领域专利申请情况分析

天津市各区县高端数控机床产业领域专利申请情况如图 3.48 所示。津南区、北辰区和滨海新区是天津市主要申请区，其中津南区（921 件）位列第一，占天津市申请总量的 15%，其专利申请类型以实用新型居多；北辰区（870 件）位列第二；南开区（390 件）位列第 7 位，其专利申请类型以发明居多，发明专利申请数量与位列第一的津南区相差不多，这与天津大学坐落于南开区因而贡献了较多专利申请量密切相关。

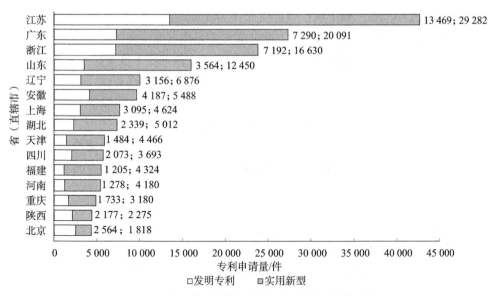

图 3.47　中国高端数控机床产业领域专利省市分布

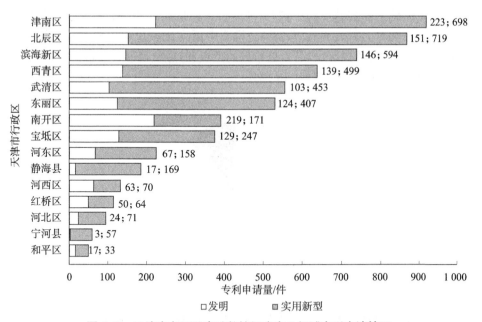

图 3.48　天津市各区县高端数控机床产业领域专利申请情况

其中，天津市津南区是天津数控机床产业发展最为突出的地区，产业发展的壮大与天津市津南区积极支持本区企业发展密切相关。2021 年 9 月，津南区制定印发了《津南区制造强区建设和产业链高质量发展三年行动方案

（2021—2023 年）》，其中高档数控机床作为高端装备产业链的重要组成部分，是津南区重点发展的方向之一。为推进落实《天津市关于进一步支持发展智能制造的政策措施》，鼓励数控机床企业申报市级首台（套）重大技术装备项目，津南区高端数控机床企业的 9 个项目被列为天津市智能制造首台（套）重大技术装备项目，获得资金 223.07 万元人民币；天津市天森智能设备有限公司被列为天津市智能制造试点示范企业，获得支持资金 300 万元人民币。同时，津南区鼓励数控机床企业建立企业技术中心，如天津精诚机床制造有限公司为天津市级企业技术中心，天津市天森智能设备有限公司、天津巴泰克机械制造有限公司为区级企业技术中心。

3.3.3 高端数控机床产业领域专利布局重点及热点技术分析

3.3.3.1 全球高端数控机床产业领域专利布局重点及热点

图 3.49 为高端数控机床产业链各环节全球专利构成占比。全球高端数控机床产业机械本体领域专利申请约 14 万件，占比超过 46%；数控技术领域相关专利申请超 8 万件，占比超 28%，说明申请人比较重视机械本体相关零部件和数控技术领域的专利布局，是布局的重点和热点。伺服系统和柔性复合加工技术的占比分别超过了 11% 和 13%。

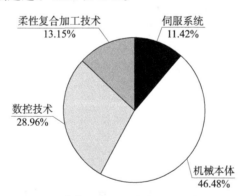

图 3.49 全球高端数控机床产业领域专利构成占比

图 3.50 为高端数控机床产业链各环节全球专利申请趋势。从申请趋势来看，机械本体和柔性复合加工技术领域申请量增长趋势较明显，尤其是机械本体相关零部件的专利数量增长幅度最大，是当前行业的研发热点。伺服系统和数控技术 2017 年之后数量趋于平稳，说明技术发展已经相对成熟。柔性复合

加工技术 2017 年之前专利申请量与伺服系统基本持平，2017 年之后申请热度逐步提升，年申请量有超越数控技术之势。

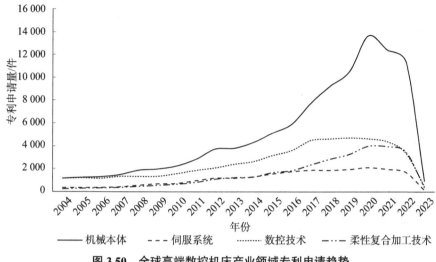

图 3.50　全球高端数控机床产业领域专利申请趋势

3.3.3.2　中国高端数控机床产业领域专利布局重点及热点

图 3.51 为高端数控机床产业链各环节中国专利构成占比。中国高端数控机床产业链结构与全球产业链结构基本一致，均是机械本体占比最高，其次是数控技术、柔性复合加工技术、伺服系统。不同的是，中国数控技术相关专利占比较全球低 10% 以上，机械本体占比较全球高达 6% 以上。

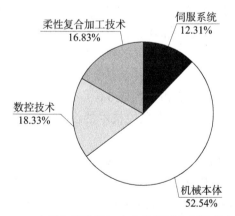

图 3.51　中国高端数控机床产业领域专利构成占比

图 3.52 为高端数控机床产业链各环节中国专利申请趋势。从近 20 年申请趋势来看，机械本体、数控技术的增长趋势与全球基本一致，机械本体领域增长速度明显，是中国高端数控机床的研发热点。与全球申请趋势不同的是，中国数控机床产业结构在 2011 年之前数控技术领域专利数量最多，2011 年之后机械本体领域申请量增长迅速，成为专利申请热点，每年申请量高于其他 3 个分支。

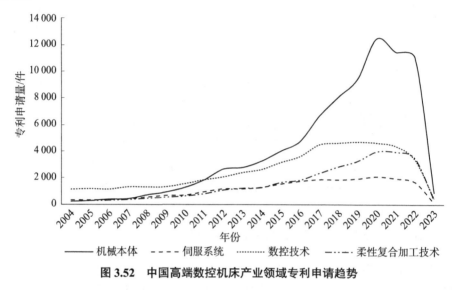

图 3.52　中国高端数控机床产业领域专利申请趋势

3.3.3.3　天津市高端数控机床产业领域专利布局重点及热点

图 3.53 为天津市高端数控机床产业链各环节专利构成占比。天津市在高端数控机床产业链专利占比最高的是机械本体领域，这与全球、中国保持一致，即天津市高端数控机床专利布局的热点也是机械本体领域，并且天津市机械本体专利占比高于全球和中国。其余三个技术分支的专利占比天津市分布与中国基本一致，三个技术分支占比形成 3.0：4.0：4.5 比例格局，与全球产业结构稍有不同，全球产业结构中数控技术的占比与其他两个分支的占比差距较大。

图 3.54 为天津市高端数控机床产业链各环节专利申请趋势。从近 20 年的申请趋势看，高端数控机床在 2010 年之前专利申请量较少，仅有零星申请，2010—2016 年专利申请有了较大幅度增长，2017 年猛然下降，之后又快速增长，虽然增长数量有所波动，但整体上申请量都呈增长趋势，说明天津市高端数控机床产业仍在稳步发展。与中国产业结构变化不同的是，天津市在 2018

年之后柔性复合加工技术申请量超过其他两个分支成为第 2 大技术分支，说明
天津市在柔性复合加工技术领域申请热度近几年提升明显。

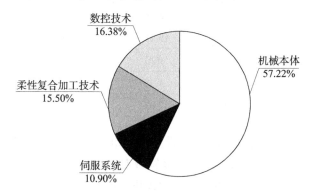

图 3.53　天津市高端数控机床产业领域专利构成占比

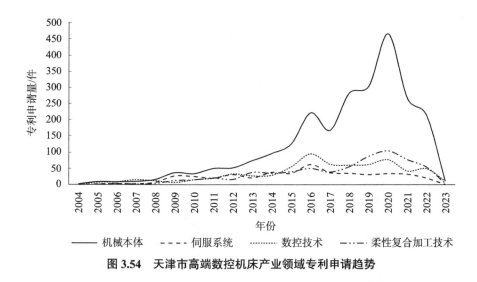

图 3.54　天津市高端数控机床产业领域专利申请趋势

3.3.3.4　天津市高端数控机床产业领域和国内外的专利布局差异对比分析

以高端数控机床产业一级技术分支机械本体、伺服系统、数控技术、柔
性复合加工技术分别作为研究领域，统计天津市相关专利申请数量在全球、中
国的占比，结果见表 3.51。

表 3.51　天津市高端数控机床产业领域专利申请数量在全球、中国的占比情况

	机械本体	伺服系统	数控技术	柔性复合加工技术
全球专利申请量 / 件	137 863	33 865	85 893	38 999
中国专利申请量 / 件	84 468	19 792	29 466	27 053
天津专利申请量 / 件	2 467	470	706	668
在全球占比 /%	1.79	1.39	0.82	1.71
在中国占比 /%	2.92	2.37	2.40	2.47

　　从各技术分支专利数量占比来看，天津市控制系统领域的专利数量占全球的比例均低于 2%，说明天津市在该领域专利申请储备明显不足。从产业链结构来看，天津市专利申请覆盖高端数控机床的全产业链，再结合天津市、中国、全球专利构成占比的对比图 3.55 发现，天津市、中国、全球布局热度最高的领域均是机械本体，并且天津市该分支占比超过全球和中国，接近 60%。伺服系统和柔性复合加工技术全球、中国、天津市占比相差不大，布局热度基本相同。不同的是天津市和中国的数控技术领域占比明显低于全球，这与国外企业进入数控技术领域较早、应用较广、已形成深厚的专利布局相关。

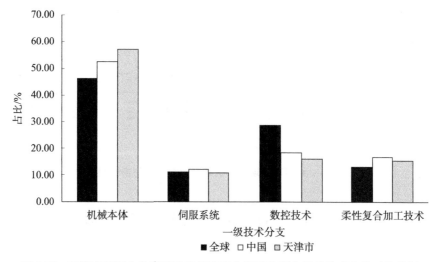

图 3.55　天津市和国内外高端数控机床产业领域专利布局的构成占比对比分析

　　鉴于机械本体是高端数控机床产业研发热度最高的领域，天津市专利布局尚可，所以建议天津市继续保持机械本体领域的研发，同时调整数控技术的产业结构比重，在数控技术领域加大创新力度，提升专利占比，完善中档数控系统的专利布局和产品线布局的广度，突破高档数控系统的攻坚，改变外资企

业占据中国市场 60% 的局面，进而产生更多自主知识产权的设备及系统。此外，在产业布局结构优化方面，要根据技术、产品和市场的变化情况动态调整产业结构比例。

3.3.4　高端数控机床产业领域创新主体竞争格局分析

3.3.4.1　全球高端数控机床产业领域创新主体分析

1. 全球高端数控机床产业领域专利申请人的专利申请量排名

图 3.56 为全球高端数控机床专利申请量排名前 20 位申请人分布情况。从图中可以看出，专利申请人以国外综合大型集团企业为主，主要来自日本、德国、美国、韩国等发达国家和地区，其中日本的企业最多，前 20 位的申请人中有 14 位来自日本，并且位列前三甲的企业有两个是日本申请人（发那科和三菱），尤其发那科专利申请量最多，申请量接近 10 000 件，遥遥领先于其他申请人，三菱位列第二名，申请量超过 4 000 件，其他进入前 20 的日本申请人有捷太格特、大隈公司、东芝、兄弟工业、西铁城、日立、森精机、丰田等。从申请人排名和申请量的差距进一步验证了日本在高端数控机床这一领域具有非常强的研发实力，处于绝对的世界领先地位。

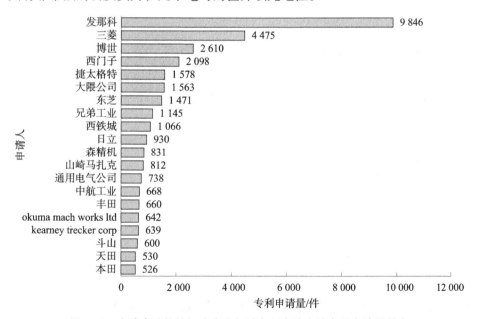

图 3.56　全球高端数控机床产业领域专利申请人的专利申请量排名

前 20 位申请人中德国申请人占据 2 位，美国申请人占据 2 位，以及韩国申请人 1 位、中国申请人 1 位。排名第 3 名的是德国的博世，排名第 4 位的是德国的西门子；美国申请人是通用电气公司和 kearney trecker corp，分别位列第 13 位和第 16 位；韩国申请人斗山位列第 18 位。中国申请人中航工业位列 14 位，申请量与国外龙头企业仍有一定差距。中航工业原名"国营 132 厂"，是隶属中国航空工业集团公司的特大型企业，主要以成都飞机工业（集团）有限责任公司进行主要行为活动。

2. 高端数控机床产业领域细分技术全球专利申请人的专利申请量排名

高端数控机床产业细分技术全球专利申请人的专利申请量排名见表 3.52～表 3.55，每个细分技术均列出了 10 个申请人。

表 3.52　机械本体全球专利申请人的专利申请量排名　　　　单位：件

床身		导轨		刀架		刀库		转台	
重庆麦斯特精密机械有限公司	65	重庆宏钢数控机床有限公司	41	Kennametal Inc	287	捷太格特	138	发那科	103
宁波海天精工股份有限公司	59	弗兰茨普	39	伊斯卡	247	兄弟工业	129	disco abrasive syst ltd	72
重庆宏钢数控机床有限公司	56	沈阳机床	33	博世	185	发那科	121	宁波海天精工股份有限公司	64
沈阳机床	50	宁夏共享机床辅机有限公司	32	弗朗茨	166	kearney trecker corp	113	重庆机电	55
无锡华联精工机械有限公司	46	舍弗勒	31	喜利得	155	chiron werke gmbh	112	华中数控	47
佛山市普拉迪数控科技有限公司	37	华东数控	28	西铁城	111	东芝	78	三一重工	41
三菱	35	潘旭华	28	nikken kosakusho works ltd	85	斗山	73	科德数控股份有限公司	36
捷太格特	35	华中数控	26	山特维克	82	山崎马扎克	70	斗山	34
深圳市创世纪机械有限公司	33	日本精工	24	chiron werke gmbh	81	大隈公司	65	捷太格特	33
常州昌隆机床制造有限公司	32	江门银特银数控机床有限公司	23	山崎马扎克	81	deckel maho pfronten gmbh	62	津田驹	33

表 3.53　伺服系统全球专利申请人的专利申请量排名　　单位：件

主轴伺服		进给伺服		伺服控制	
发那科	208	发那科	397	发那科	1074
三菱	145	三菱	211	三菱	453
索尼	112	东芝	96	安川电机	186
先锋公司	85	捷太格特	87	东芝	114
捷太格特	53	通用电气公司	57	捷太格特	95
西铁城	40	天田	55	松下	88
松下	39	cincinnati milling machine co	48	日立	87
toyoda mach works ltd	35	西安交通大学	47	富士通	71
东芝	33	丰田	43	大隈公司	64
kearney trecker corp	32	大隈公司	40	西铁城	58

表 3.54　数控技术全球专利申请人的专利申请量排名　　单位：件

智能化		插补		补偿	
三菱	251	发那科	634	发那科	628
发那科	207	三菱	241	三菱	459
西门子	79	西门子	110	东芝	415
华中科技大学	58	华中科技大学	48	西门子	341
西安扩力机电科技有限公司	55	安川电机	48	捷太格特	251
沙迪克	54	东芝	44	通用电气公司	223
南京航空航天大学	49	日本电气	43	日立	175
重庆大学	45	大连理工大学	36	大隈公司	172
大隈公司	42	日立	36	三星	141
丰田	40	大隈公司	31	博世	128

表 3.55　柔性复合加工技术全球专利申请人的专利申请量排名　　单位：件

多主轴、多塔式		加工中心	
本田	143	宁波海天精工股份有限公司	113
发那科	102	沈阳机床	102
三菱	94	佛山市普拉迪数控科技有限公司	97
index werke kg hahn tessky	87	doosan machine tools co ltd	81
中航工业	68	科德数控股份有限公司	80
西铁城	66	重庆麦斯特精密机械有限公司	75

多主轴、多塔式		加工中心	
nat acme co	65	三菱	69
gildemeister werkzeugmasch	57	山崎马扎克	65
科德数控股份有限公司	51	大隈公司	61
大连理工大学	50	斗山	56

（1）机械本体。

整体来看，机械本体的三个细分技术分支中，床身的专利申请占比最多，其次是刀架、转台。

①床身。该技术分支申请人分布非常分散且申请数量不多，作为总量最多的技术分支但最高申请人申请数量不足 100 件，由此可见该技术分支专利申请不集中，并未形成垄断性企业，适宜新进入者进行发力。专利申请量排名第 1 的重庆麦斯特精密机械有限公司专注于研发最新型立式、卧式、龙门式等系列设备，在床身方面申请的专利数量为 65 件；排名第 2 的是宁波的企业宁波海天精工股份有限公司，专利申请量为 59 件，主要产品包含各类龙门加工中心、立式加工中心、卧式加工中心、数控车床、车削中心等；在该领域前 10 位申请人中中国企业占比较多，外国企业中仅日本的三菱和捷太格特入围。

②导轨。该技术分支各申请人申请数量较少，不足 50 件，以中国企业为主，有少量日本企业。重庆宏钢数控机床有限公司以 41 件申请量排名第 1 位，该公司注重机床领域的研发，与重庆大学、重庆工商大学、重庆理工大学、重庆航天职业技术学院实现产学研校企合作，持续为产品创新赋能；沈阳机床在导轨方面申请量 33 件，在床身方面申请量 50 件，是同时入围床身和导轨的企业；入围前 10 位的还有 1 位个人申请人潘旭华，申请量为 28 件。

③刀架。该技术分支前 10 申请人均是外国申请人，没有中国申请人，并且外国申请人中分布的国家较分散，排名第 1 位的申请人 Kennametal Inc（肯纳金属公司）是一家美国企业，主要生产各种金属加工刀具，其开发的 KD1405 是一种纯金刚石刀具材料，具有良好的韧性，可显著改善刀具的耐磨性，在用于连续车削及轻负荷断续车削、精铣和半精铣刀加工时，刀具寿命与 PCD 刀具相比，可提高 100% ~ 200%。其他申请人有来自日本的喜利得、西铁城、山崎马扎克，来自德国的博世，来自以色列的伊斯卡。

④刀库。该技术分支以国外龙头占据主导地位，无中国申请人，并且外国申请人中日本企业居多，大部分是日本老牌机械制造商。

⑤转台。该技术分支前 10 申请人中国外申请人与国内申请人基本各占一半，中国主要的申请人有宁波海天精工股份有限公司、重庆机电、华中数控、三一重工和科德数控股份有限公司。

（2）伺服系统。

主轴伺服、进给伺服和伺服控制三个技术分支的专利申请人排名大致相同，前 10 位申请人大部分是国外申请人，以发那科、三菱、捷太格特、东芝为首的日本老牌企业专利申请数量较多，位列第一梯队，且发那科每个细分技术分支的专利申请量均排名第 1 位并且在伺服控制领域申请量较多，数量超过 1 000 件，远超其他申请人。在伺服系统的三个细分分支中仅进给伺服有中国申请人（西安交通大学）上榜，说明日本作为高端数控机床发展较早的国家之一在伺服系统技术方面发展相当成熟，积累了坚实的研究基础，中国想有所突破还需要一定的时间和耐心。

（3）数控技术。

整体来看，数控技术的三个细分技术分支中，补偿专利申请的占比最多，其次是智能化、插补。

①智能化。该技术分支前 10 申请人以日本企业和中国高校为主，日本的企业主要有三菱、发那科、大隈公司、丰田、沙迪克；德国的企业有西门子；中国的高校有华中科技大学、南京航空航天大学、重庆大学，没有中国企业入围。

②插补。该技术分支专利申请量相对集中，排名第 1 位的是日本的发那科，专利申请量为 634 件；排名第 2 位的是三菱，专利申请量为 241 件；排名第 3 位的是西门子，专利申请量为 110 件；各申请人申请量差距较大。前 10 申请人中日本企业占据 7 席（发那科、三菱、安川电机、东芝、日本电气、日立、大隈公司），德国 1 位（西门子），中国没有企业上榜，有 2 所高校上榜，说明数控技术的插补分支我国高校科研实力较强，企业相对较弱。

③补偿。该技术分支前 10 申请人全部是国外申请人，没有国内申请人上榜，以日本企业居多，还有德国企业（西门子、博世）和韩国企业（三星）。

（4）柔性复合加工技术。

多主轴、多塔式的前 10 申请人中的中国申请人为中航工业、科德数控股份有限公司和大连理工大学；国外申请人有本田、三菱、发那科等。加工中心的前 10 申请人中的中国申请人为宁波海天精工股份有限公司、沈阳机床、佛山市普拉迪数控科技有限公司、科德数控股份有限公司、重庆麦斯特精密机械有限公司；国外申请人有三菱、山崎马扎克等。

3.3.4.2 中国高端数控机床产业领域创新主体分析

1.中国高端数控机床产业领域专利申请人类型分布

中国高端数控机床产业领域专利申请人类型占比如图3.57所示，以企业申请人为主，占比超过80%，在一定程度上反映了企业研发能力较强，专利保护意识高，研发经费的投入强度较高，因此成为专利技术创新的主体。其次是大专院校，占比约9%，已形成一定的研发基础，说明我国大专院校研究人才较为丰富，创新较为活跃。个人的占比约9%，与大专院所相差不大，说明个人研发热情相对较高，在后续产业发展中可进一步刺激高校院所和个人研发成果的转移转化，加大企业与高校科研院所的合作力度，将各种研发成果积极地转化为生产力，促进高端数控机床产业的发展。

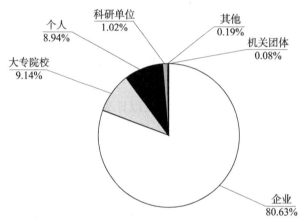

图3.57 中国高端数控机床产业领域专利申请人类型占比

2.中国高端数控机床产业领域专利申请人专利申请量排名

中国高端数控机床产业领域专利申请人的申请量排名见表3.56，表中分为企业申请人和院校/研究所申请人，其中前10名企业申请人中有3家国外企业，分别是发那科、博世、西门子，分别位列第1名、第6名、第10名，尤其发那科在中国布局超过1 000件，在一定程度上说明我国高端数控机床产业具有良好的市场应用前景，这些企业比较重视中国市场。前10企业申请人中有7家国内企业，分别是中航工业、格力、华中数控、沈阳机床、重庆机电、宁波海天精工股份有限公司、天锻压力，前6家企业布局的专利数量均超过300件，已积累了一定的技术实力。天锻压力专利申请量为266件，是天津市一家主要专注于数控重型液压机及其成套生产线装备的企业。

前10位院校/研究所申请人中，华中科技大学技术优势明显，申请量领先其他科研院所，申请量超过500件，仅次于中航工业位列申请人第3位；华中科技大学表现出科研成果产出活跃并且研究具有持续性，从 2003 年申请数控机床相关专利之后每年都有至少 10 件专利申请的产出，并且华中科技大学产出质量较高，专利有效保有率接近 70%。华中数控是华中科技大学孵化发展起来的一家高新技术企业，已在创业板上市，华中数控在五轴联动、高速高精度的多通道这一块已具备核心技术优势。

表 3.56　中国高端数控机床产业领域专利申请人的专利申请量排名　　单位：件

排名	企业申请人		院校 / 研究所申请人	
1	发那科	1 387	华中科技大学	510
2	中航工业	659	西安交通大学	420
3	格力	467	吉林大学	375
4	华中数控	426	南航大学	360
5	沈阳机床	371	大连理工大学	344
6	博世	362	广东工业大学	305
7	重庆机电	326	哈尔滨理工大学	299
8	宁波海天精工股份有限公司	316	上海交通大学	293
9	天锻压力	266	重庆大学	286
10	西门子	259	哈尔滨工业大学	274

3. 高端数控机床产业领域细分技术中国专利申请人专利申请量排名

高端数控机床产业细分技术中国专利申请人的专利申请量排名见表 3.57～表 3.60，每个细分技术均列出了 10 个申请人。

表 3.57　机械本体中国专利申请人的专利申请量排名　　单位：件

床身		导轨		刀架		刀库		转台	
重庆麦斯特精密机械有限公司	65	重庆宏钢数控机床有限公司	41	重庆机电	51	昆山北钜机械有限公司	56	宁波海天精工股份有限公司	64
宁波海天精工股份有限公司	59	沈阳机床	33	华中数控	34	冈田精机丹阳有限公司	53	重庆机电	55
重庆宏钢数控机床有限公司	56	宁夏共享机床辅机有限公司	32	无锡京华重工装备制造有限公司	28	佛山市普拉迪数控科技有限公司	48	华中数控	47

续表

床身		导轨		刀架		刀库		转台	
沈阳机床	50	华东数控	28	Kennametal Inc	26	德大机械（昆山）有限公司	43	三一重工	41
无锡华联精工机械有限公司	46	潘旭华	28	沈阳机床	25	深圳市创世纪机械有限公司	42	科德数控股份有限公司	36
佛山市普拉迪数控科技有限公司	37	华中数控	26	伊斯卡	23	圣杰国际股份有限公司	32	北京精雕科技集团有限公司	29
深圳市创世纪机械有限公司	33	江门银特银数控机床有限公司	23	常州亘源数控设备有限公司	22	宁波海天精工股份有限公司	30	发那科	29
常州昌隆机床制造有限公司	32	重庆机电	23	江苏宏达数控科技股份有限公司	21	安徽申德精密机械有限公司	28	沈阳机床	27
青岛永基重型机床有限公司	32	宁波海天精工股份有限公司	21	常州市宏达机床数控设备有限公司	20	格力	24	华东数控	26
华东数控	31	三一重工	19	齐齐哈尔齐一机工业产品有限公司	19	深圳大宇精雕科技有限公司	24	广州市昊志机电股份有限公司	26

表 3.58 伺服系统中国专利申请人的专利申请量排名   单位：件

主轴伺服		进给伺服		伺服控制	
沈阳机床	29	西安交通大学	47	发那科	125
天津第一机床总厂	25	发那科	30	苏州工业园区职业技术学院	50
杭州贝克机械有限公司	20	国机集团	26	中国航天	42
泉州鲤城区铭宏机械有限公司	18	天水星火机床有限责任公司	24	华中科技大学	42
台州市神鹰机床有限公司	17	吉林大学	19	天津第一机床总厂	40

续表

主轴伺服		进给伺服		伺服控制	
吉林大学	17	大连理工大学	19	国机集团	39
重庆机电	17	华中数控	18	南京理工	38
南京建克机械有限公司	16	新乡日升数控轴承装备股份有限公司	18	沈阳机床	37
发那科	16	浙江大学	18	亚威股份	35
新乡日升数控轴承装备股份有限公司	16	上海交通大学	16	中科院所	32

表 3.59　数控技术中国专利申请人的专利申请量排名　　　单位：件

智能化		插补		补偿	
华中科技大学	58	发那科	56	发那科	101
西安扩力机电科技有限公司	55	华中科技大学	48	海南大学	85
南航大学	46	大连理工大学	36	广东工业大学	79
重庆大学	45	中国科学院沈阳计算技术研究所有限公司	30	中航工业	75
西安交通大学	38	西安交通大学	28	华中科技大学	75
青岛理工大学	35	三菱公司	24	大连理工大学	74
大连理工大学	32	沈阳高精数控技术有限公司	23	上海交大	70
北京工业大学	31	上海交大	22	中科院所	68
上海交大	30	北航大学	21	电子科大	65
哈尔滨理工大学	30	大族激光科技产业集团股份有限公司	20	浙江大学	64

表 3.60　柔性复合加工技术中国专利申请人的专利申请量排名　　　单位：件

多主轴、多塔式		加工中心	
中航工业	68	宁波海天精工股份有限公司	113
科德数控股份有限公司	51	沈阳机床	102
大连理工大学	50	佛山市普拉迪数控科技有限公司	97

续表

多主轴、多塔式		加工中心	
沈阳机床	42	科德数控股份有限公司	80
华中科技大学	36	重庆麦斯特精密机械有限公司	75
汇专科技	34	东莞市乔锋机械有限公司	54
上海诺倬力机电科技有限公司	32	山东蒂德精密机床有限公司	54
北京博鲁斯潘精密机床有限公司	31	广西玉柴机器股份有限公司	48
广州市敏嘉制造技术有限公司	31	无锡大龙马数控机床制造有限责任公司	42
林志贺	31	南通国盛智能科技集团股份有限公司	41

（1）机械本体。

机械本体的床身、导轨、刀架、刀库和转台技术分支中国专利的申请人均以中国企业为主，有少量国外企业入围前10名，没有高校院所，说明中国企业在本国市场申请热度较高。入围前10名的国外企业是刀架领域的伊斯卡，该企业在中国设立有分公司，已成立20年之久并在大连建立了规模很大的刀具生产厂为全球和中国的服务商提供零部件。还有转台领域的发那科在中国布局转台相关的专利29件，布局的专利均是与旋转工作台相关且在多个国家均有同族专利，说明发那科的专利的地域性布局相对完善。

（2）伺服系统。

伺服系统各技术分支中国专利申请人排名前10位名单与全球专利申请人排名前10位名单具备较大的差异，全球伺服系统专利前10位申请人基本被国外企业全覆盖，但中国伺服系统专利前10位申请人基本以中国申请人为主，其中主轴伺服分支主要以企业申请人为主，进给伺服和伺服控制分支前10位申请人中企业和高校/院所各占一半。发那科是唯一一个入围前10位的国外企业，说明发那科非常重视中国市场且中国市场是其主要市场。

（3）数控技术。

数控技术的细分技术分支智能化和补偿前10申请人以科研高校为主，说明我国智能化和补偿的数控技术研发实力还较弱，还处于研究阶段。并且这两个细分分支中国专利申请量排名前10的创新主体专利申请量均低于百件，且各申请人专利申请量差距较少，说明非本领域热点专利布局方向。插补分支企业参与度相对高一些，前10申请人中有3家中国企业入围，分别是中国科学院沈阳计算技术研究所有限公司、沈阳高精数控技术有限公司、大族激光科技产业集团股份有限公司。

（4）柔性复合加工技术。

柔性复合加工技术中国专利申请人排名方面，主要以中国企业和高校为主，其中多主轴多塔式分支主要的申请人是中航工业、科德数控股份有限公司、大连理工大学；加工中心分支主要的申请人是宁波海天精工股份有限公司、沈阳机床、佛山市普拉迪数控科技有限公司。其中加工中心技术分支的专利数量高于多主轴多塔式分支。

3.3.4.3　天津市高端数控机床产业领域创新主体分析

1. 天津市高端数控机床产业领域专利申请人类型分布

天津市高端数控机床产业专利申请人类型占比如图 3.58 所示。企业申请人占比约 87%，相比国内企业申请人占比高一些；院校 / 研究所申请人占比约 9%，相比国内院校申请人基本持平；个人占比约 4%，相比国内个人申请人占比低一些。说明天津市企业在高端数控机床产业的研发基础相对较强，企业研发实力相对较强，参与度更高。天津高校院所研发热情与全国高校院所步调基本一致。

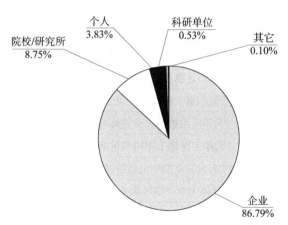

图 3.58　天津市专利申请人类型占比

2. 天津市高端数控机床产业领域专利申请人专利申请量排名

天津市高端数控机床产业领域前 20 位专利申请人（表 3.61）中有 8 位是院校 / 科研院所申请人，有 12 位是企业，其中天锻压力专利申请量 266 件，位列申请人第 1 名，也是唯一一家入围中国申请人前 10 名的企业，该企业是中央直接管理的国有重要骨干企业中国通用技术集团所属机床企业之一，主要产品为数控重型液压机及其成套生产线装备，服务于新型能源、汽车制造、船舶运输、轨道交通、石油化工等众多领域，承担了国家高档数控机床科技重大专项 7 项，国家智能制造专项 2 项。

表 3.61 天津市高端数控机床产业领域专利申请人的专利申请量排名 单位：件

排名	申请人	专利数量
1	天锻压力	266
2	天津大学	226
3	天津第一机床总厂	130
4	河北工业大学	49
5	天津职业技术师范大学	45
6	天津众达精密机械有限公司	43
7	精诚机床	39
8	天津工业大学	36
9	精益恒准（天津）数控设备股份有限公司	36
10	天津理工大学	34
11	精诚机床	32
12	天津市宝涞精密机械有限公司	31
13	天津中德应用技术大学	28
14	天津轮达鑫盛机械有限公司	28
15	天津市达鑫精密机械设备有限公司	27
16	中国船舶重工集团公司第七○七研究所	26
17	天津广渝数控设备制造有限公司	26
18	天津宝涞精工集团股份有限公司	25
19	天津市天发重型水电设备制造有限公司	24
20	天津职业技术师范大学（中国职业培训指导教师进修中心）	24

天津大学专利申请量 226 件，位列第 2，远远领先天津市的其他高校，天津大学为了发展数控机床相关技术，成立有天津大学数控与液压技术研究所，主要从事机、电、液一体化方面的教学与研究，所内拥有教授 2 人（博士生导师 1 人），副教师 5 人（硕士生导师 3 人）。并且积极与其他地区展开合作，与玉环市合作成立了天大玉环数控与智能制造技术创新中心，旨在推广和应用智能可重构数控系统技术。

天津第一机床总厂专利申请量 130 件，位列第 3，河北工业大学专利申请量 49 件，位列第 4，与第 3 名差距较大，排列其后的申请人专利数量均较少，数量范围在 20 ～ 40 件。

3.3.4.4　天津市和国内外创新主体高端数控机床产业领域专利布局差异对比分析

从专利布局的数量上看，国内龙头企业与国外龙头企业相比处于劣势，天津企业与国内龙头企业相比处于劣势，从选取的代表企业中，天津众达精密机械有限公司发明授权专利数量为 0，其他企业发明授权专利均大于零（表3.62）。从技术保护角度来讲，发明专利的保护程度更高，天津市精诚机床制造有限公司、天津众达精密机械有限公司、天津第一机床总厂专利布局以实用新型为主，发明专利占比不足四成，且布局国家仅限国内，缺少海外布局，而国外龙头企业专利布局以发明专利为主，占比超过 99%。

表 3.62　天津高端数控机床产业领域专利申请人的发明专利情况

申请人	发明申请/件	发明授权/件	实用新型/件	发明授权率/%	发明专利占比/%
精诚机床	6	3	31	33.33	22.50
天津众达精密机械有限公司	15	0	28	0.00	34.88
天津第一机床总厂	13	30	87	69.77	33.08
华中数控	109	88	255	44.67	43.58
中航工业	225	272	179	54.73	73.52
发那科	4 752	5 203	82	52.27	99.18

从发明专利授权率看，尽管天津第一机床总厂的发明专利数量不多，但其发明专利授权率较高，再结合申请活跃度看，天津第一机床总厂的活跃度较低，2018 年之后专利产出量为 0，因此天津第一机床总厂要提高创新速度，提升专利布局的频次，继续保持专利产出质量较高的特质。天津众达精密机械有限公司发明授权量为 0，需积极争取现有发明专利申请授权的可能，还要继续保持研发热情提高专利布局数量。

天津市与全球及国内高端数控机床龙头企业各一级技术分支专利申请数量占总量的比例如图 3.59 所示。全球高端数控机床龙头企业和中国高端数控机床龙头企业的产业布局结构相对完整，是全产业链布局。

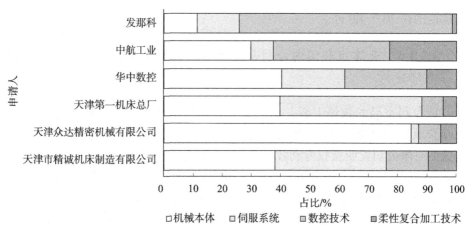

图 3.59　天津市和国内外创新主体高端数控机床产业领域专利申请量占比对比分析

3.3.4.5　河北工业大学与全国其他高校专利布局差异对比

从专利布局的数量上，河北工业大学与国内其他高校相比处于劣势，从技术保护角度来讲，发明专利的保护程度更高，选取的所有高校专利布局的专利类型均以发明专利为主，尤其西安交通大学的发明专利占比超过 91%，说明高校专利保护意识相对较强（表 3.63）。

表 3.63　河北工业大学与其他高校的发明专利情况

申请人	发明申请/件	发明授权/件	实用新型/件	发明授权率/%	发明专利占比/%
河北工业大学	14	17	18	54.84	63.27
天津大学	88	117	28	57.07	87.98
西安交通大学	122	287	36	70.17	91.91
华中科技大学	168	360	64	68.18	89.19

从发明专利授权率看，四所高校的发明专利授权率均超过 50%，河北工业大学处于对比大学中的末位，说明高校专利创新质量相对较高。

河北工业大学与中国高端数控机床产业发展强劲的华中科技大学、西安交通大学和天津大学一级技术分支专利占比对比如图 3.60 所示。河北工业大学与全国龙头高校在高端数控机床产业各技术环节均有专利布局，布局相对完整，但河北工业大学专利申请数量相对国内其他地区的高校有一定数量差距。河北工业大学柔性复合加工技术的占比相对其他高校比例较高。

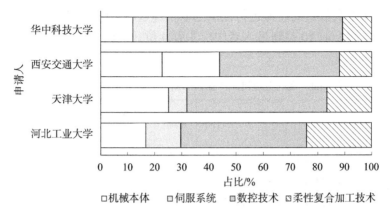

**图 3.60 河北工业大学与全国其他高校高端数控机床产业领域
一级技术分支专利申请量占比对比（一）**

进一步对河北工业大学与全国其他高校主要二级技术分支专利申请数量占比进行分析，如图 3.61 所示，河北工业大学相较其他高校在高端数控机床细分技术布局相对不是很全面，尤其是机械本体的零部件和数控技术的补偿技术布局较少。

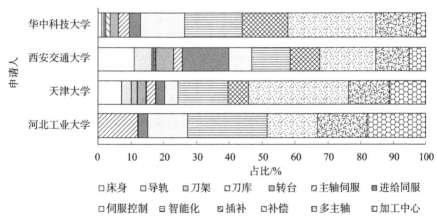

**图 3.61 河北工业大学与全国其他高校高端数控机床产业领域
二级技术分支专利申请量占比对比（二）**

3.3.5 高端数控机床产业领域新进入者专利布局分析

通过研究高端数控机床产业领域新进入者的各技术分支的专利申请数量来表征新申请主体活跃程度和新申请主体专利布局的侧重。由于数控机床产业发展历史悠久，故选取新进入者的标准是成立时间不超过 10 年，根据新进入者数控机床专利数量的高低进行依次选取，选取的 10 位新进入者的专利布局分析见表 3.64。前 10 位新进入者中广东省 4 位，安徽省 2 位，上海 2 位，山东和江苏各 1 位。

表 3.64　高端数控机床产业领域新进入者专利布局分析　　单位：件

申请人	成立时间	区域	机械本体	伺服系统	数控技术	柔性复合加工技术
珠海格力智能装备有限公司	2015 年	广东	112	1	48	19
上海诺倬力机电科技有限公司	2015 年	上海	79	1	6	35
汇专科技集团股份有限公司	2015 年	广东	47	6	10	31
意特利（滁州）智能数控科技有限公司	2017 年	安徽	52	1	6	38
广东原点智能技术有限公司	2015 年	广东	41	2	8	39
上海维宏智能技术有限公司	2016 年	上海	4	5	61	9
山东蒂德精密机床有限公司	2017 年	山东	40	0	2	55
大族激光智能装备集团有限公司	2017 年	广东	21	1	20	6
安徽新诺精工股份有限公司	2017 年	安徽	30	8	7	8
江苏贵钰航空工业有限公司	2019 年	江苏	39	2	2	11

　　珠海格力智能装备有限公司成立于 2015 年，是格力的子公司，公司主要专注于数控机床、工业机器人等多个领域，自成立以来已经在数控机床领域积累一定专利实力。目前该公司已经在数控机床领域申请专利超过 200 件，在机械本体领域布局较多。

　　上海诺倬力机电科技有限公司成立于 2015 年，是一家主要从事高端五轴数控机床及其关键功能部件研发、生产、销售与服务的国家高新技术企业。公司总部位于临港，在临港新片区和闵行马桥镇均设有生产基地。公司下设上海诺迈航空设备制造有限公司和中科航迈数控软件（深圳）有限公司两家子公司，分别从事机床自动化和数控系统及工业软件的开发。目前在高端数控机床产业已布局的专利数量为 119 件。

　　广东原点智能技术有限公司成立于 2015 年，位于广东佛山，主要从事五轴联动高端数控机床及数控系统研发，致力于打造全球领先的多轴联动精密激光加工机床创新研发平台，重点面向航空航天、精密刀具等领域，全面攻克超硬材料、硬质合金、陶瓷等高性能难加工材料，以及加工效率低、加工工艺极其复杂等"卡脖子"难题，提升国产化多轴联动精密激光加工机床的国际竞争力，高端数控机床领域的专利数量接近 100 件。

山东蒂德精密机床有限公司成立于 2017 年，位于山东省济宁市兖州区，目前是中国机床工具工业协会理事单位和山东省高端装备制造重点企业。公司致力于高档数控机床的研发制造，主要产品包括高速立式加工中心、大型龙门加工中心、高精密五轴联动加工中心及数控铣镗床等；公司与德国知名数控机床制造企业罗特勒公司达成全面战略合作，在德国建有研发中心，双方共享技术资源、联合研发、制造具有世界水平的多轴联动高档精密数控机床产品，公司研发的高精密三轴、五轴联动加工中心产品的定位精度、重复定位精度均高于精密级机床国家标准 30% 以上。在高端数控机床领域布局的专利侧重柔性复合加工技术。

大族激光智能装备集团有限公司是大族激光集团公司的全资子公司，成立于 2017 年，主要侧重高功率激光切割、切管、自动化生产线及折弯机的研发，其布局的专利以机械本体和数控技术为主。

3.3.6　高端数控机床产业领域协同创新情况分析

协同创新的技术往往涉及技术的难点、重点或者产业热点。从协同创新专利申请来看（图 3.62），数控技术协同创新专利申请数量最多，共计 10 061 件，其次是机械本体协同创新专利申请，数量为 7 458 件；协同创新占比最高的是数控技术，约为 11.71%，伺服系统协同创新的专利数量虽不及机械本体，但协同创新申请数量占该领域所有申请数量的比例却高于机械本体，为 7.09%，排名第 2。由此可见数控技术和伺服系统相较其他分支研发难度高一些，需要联合创新突破技术壁垒。

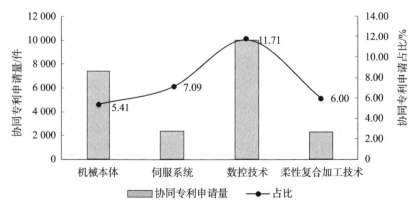

图 3.62　高端数控机床产业领域协同创新专利申请情况分析

鉴于数控技术和伺服系统领域协同创新专利申请数量占比较多，故对其细分的技术分支的协同创新情况进行分析，见表3.65。从表中可以看出，协同创新专利申请数量最多的领域是数控技术的补偿，协同创新申请的专利数量超过3 000件且占比也最高，超过10%，其次是伺服系统的伺服控制协同创新专利申请数量排第2，但占比排第5。数控技术的插补虽然协同创新专利数量不足600件，但占比较高排第2，占比约11%。

表3.65　高端数控机床产业领域协同创新细分技术专利申请情况分析

一级技术分支	二级技术分支	协同创新专利申请数量 / 件	数量排名	占比 /%	占比排名
数控技术	补偿	3 870	1	12.27	1
伺服系统	伺服控制	1 275	2	7.01	5
数控技术	智能化	1 249	3	9.35	3
伺服系统	进给伺服	683	4	7.44	4
数控技术	插补	579	5	11.87	2
伺服系统	主轴伺服	530	6	4.96	6

3.3.7　专利运用活跃度情况分析

3.3.7.1　中国高端数控机床产业领域专利运用情况分析

据统计，高端数控机床产业中国专利运用数量总计为15 971件，占总专利量的7.5%。图3.63展示了高端数控机床产业中国专利运用活跃度较高的申请人排名，沈阳机床以98件专利运用数量位列第一名，其次是三一重工，85件，其余的申请人专利运用数量均少于60件。从申请人类型看，企业专利运用活跃度较高，前15名申请人中有13个企业入围，1所高校和1位个人，说明企业将专利进行价值的应用和转化的效能更高，高校院所的专利运用程度有待提升。

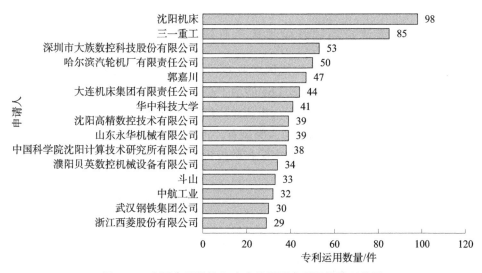

图 3.63 中国高端数控机床产业领域专利运用情况分析

对个人郭嘉川的专利运用进行分析发现，个人郭嘉川的专利运用类型全部是转让，并且受让人较多，受让 3 件以上的申请人有东莞市台协机械有限公司（5 件）、佛山市巨力数控机械科技有限公司（5 件）、深圳市创能机械有限公司（5 件）、东莞市台鼎机械设备有限公司（3 件）、广东创能精密机械有限公司（3 件）、广东高航知识产权运营有限公司（3 件）、广州和兴机电科技有限公司（3 件）。

进一步对高端数控机床细分技术的中国专利运用数据进行分析，见表 3.66。中国专利运用方式主要为代表权利转移的转让，其中机械本体环节转让的专利数量最多，超过 5 000 件。专利运营活跃度（该分支专利转让、许可、质押总和与该分支总量的比值）最高的技术分支是伺服系统，其次是数控技术。

表 3.66 中国高端数控机床产业领域专利运用情况分析

一级技术分支	转让 / 件	许可 / 件	质押 / 件	活跃度 /%
机械本体	5 079	367	1 114	7.77
伺服系统	1 349	178	277	9.11
数控技术	1 993	215	319	8.58
柔性复合加工技术	1 576	130	373	7.68

3.3.7.2　天津市高端数控机床产业领域专利运用情况分析

据统计，天津市高端数控机床产业专利运用数量总计299件，占总专利量的5%，稍低于全国水平。图3.64展示了高端数控机床产业天津专利运用活跃度较高的申请人排名，天津第一机床总厂以20件专利运用数量位列第1名，其次是天津大学，16件。从申请人类型看，入围前15的有13家企业、1所高校研究院和1位个人。河北工业大学在数控机床领域专利运用数量较少，未入围前15。

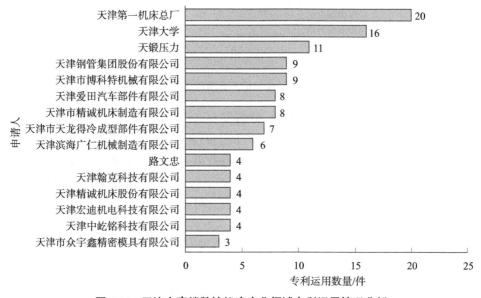

图3.64　天津市高端数控机床产业领域专利运用情况分析

对天津大学的专利运用进行分析发现，天津大学主要的专利运用方式是许可，许可数量为14件，转让数量为5件，说明有的专利同时发生了转让和许可。被许可人也较多，主要有鼎奇（天津）主轴科技有限公司（6件）、天津市天森智能设备有限公司（3件）、sew-传动设备（天津）有限公司（1件）、天津渤油船舶工程有限公司（1件）。

进一步对天津市高端数控机床细分技术的专利运用数据进行分析，见表3.67。天津市专利运用方式主要为代表权利转移的转让，与国内专利运用的主要方式一致。其中机械本体环节转让的专利数量最多，接近80件。伺服系统的专利运用活跃度最高，接近9%。

表 3.67 天津市高端数控机床产业领域专利运用情况分析

一级技术分支	转让 / 件	许可 / 件	质押 / 件	活跃度 /%
机械本体	79	6	4	3.61
伺服系统	35	2	5	8.94
数控技术	27	13	4	6.23
柔性复合加工技术	21	2	3	3.89

3.3.7.3 天津市和国内部分省（直辖市）高端数控机床产业领域专利运用的差异对比分析

选取中国高端数控机床重点省（直辖市）的江苏省和北京市与天津市进行专利运用差异化对比，见表 3.68。从专利运用的主要方式看，三地的主要运用方式均为转让。从专利运用总数量上看，江苏省的数量遥遥领先，超过2 500 件，北京市总量虽比天津市总量低（北京排名第 15 位，天津排名第 9 位），但北京市专利运用数量和活跃度均高于天津市，并且活跃度还高于数量第 1 的江苏省。天津市可以向北京市借鉴促进专利运用的相关措施以提高本地专利运用转移转化的价值。

表 3.68 天津市和国内部分省（直辖市）高端数控机床
产业领域专利运用的差异对比分析（一）

省（直辖市）	转让 / 件	许可 / 件	质押 / 件	活跃度 /%
江苏省	2 050	289	314	6.14
北京市	374	57	26	10.09
天津市	240	33	30	5.08

进一步对江苏省、北京市、天津市细分技术分支的专利运用情况进行对比分析发现（表 3.69），江苏省、北京市、天津市专利运用方式最多的领域均为机械本体，并且都是转让行为较为活跃。不同的是江苏省按专利运用总数量由高到低排列的领域是机械本体、柔性复合加工技术、数控技术、伺服系统；北京市按专利运用总数量由高到低排列的领域是数控技术、机械本体、柔性复合加工技术、伺服系统；天津市按专利运用总数量由高到低排列的领域是机械本体、伺服系统、数控技术、柔性复合加工技术。

表 3.69　天津市和国内部分省（直辖市）高端数控机床产业领域
专利运用的差异对比分析（二）　　　　　　　　单位：件

技术分支	省（直辖市）	转让	许可	质押	合计
机械本体	江苏省	762	78	138	978
	北京市	111	11	10	132
	天津市	79	6	4	89
伺服系统	江苏省	239	52	33	324
	北京市	46	9	3	58
	天津市	35	2	5	42
数控技术	江苏省	262	43	44	349
	北京市	117	22	5	144
	天津市	27	13	4	44
柔性复合加工技术	江苏省	272	34	47	353
	北京市	49	4	2	55
	天津市	21	2	3	26

3.3.8　高端数控机床产业领域创新人才储备分析

3.3.8.1　高端数控机床产业领域中国发明人分析

为了排除发明人重名引起的不必要影响，对高端数控机床产业领域中国发明人分析进行发明人和申请人的结合分析。表 3.70 为发明人专利申请数量对应申请人排名情况，表现比较突出的发明人有 85% 以上来自企业，仅 2 位发明人来自高校。位列第 1 位的是大族激光科技产业集团股份有限公司的董事长高云峰，他作为发明人申请的专利数量为 197 件；位列第 2 位和第 3 位的是深圳市创世纪机械有限公司的夏军和罗育银，夏军是深圳市创世纪机械有限公司的创始人和董事长，公司起初做传统的火花机，后转型进入数控机床领域，在该领域公司逐步发展成为 3C 行业数控机床的龙头，后期公司逐步扩宽产品种类，对标高端机床继续发力。

表 3.70　高端数控机床产业领域中国发明人情况　　　　　单位：件

排名	发明人	申请人	专利申请数量
1	高云峰	大族激光科技产业集团股份有限公司	197

排名	发明人	申请人	专利申请数量
2	夏军	深圳市创世纪机械有限公司	195
3	罗育银	深圳市创世纪机械有限公司	157
4	邵燕瑛	无锡华联精工机械有限公司	141
5	汤秀清	广州市昊志机电股份有限公司	132
6	陈虎	科德数控股份有限公司	123
7	汪传宏	重庆宏钢数控机床有限公司	119
8	颜炳姜	汇专科技集团股份有限公司	115
9	陆松茂	无锡华联精工机械有限公司	115
10	杨兆军	吉林大学	115
11	赵虎	广州市敏嘉制造技术有限公司	113
12	谭勇	上海诺倬力机电科技有限公司	113
13	李爱军	佛山市普拉迪数控科技有限公司	86
14	刘志峰	北京工业大学	76
15	张博	珠海格力电器股份有限公司	75

为了更好地发挥人才的作用，现列举国内高校在数控机床领域表现较突出的研究团队及研究方向，以方便进行人才引进和技术引进时提供数据支持（表 3.71～表 3.74）。

表 3.71　数控机床—机械本体中国发明人情况

发明人	申请人	研究领域
史耀耀	西北工业大学	特殊工件铣削。工件或刀具夹固，磨削或抛光带机床，金属加工进给机构
吴庆堂	长春设备工艺研究所	机床附件安全设备，镗或钻或镗钻，专用镗或钻床部件光学元件安装
黄云	重庆大学	磨削或抛光带机床，磨削机床部件，酶学或微生物学，磨床测量或校准装置
于爱兵	宁波大学	车床或镗床刀具，周边作用黏结砂轮，气体中分离粒子组合器械，压电效应电动机

发明人	申请人	研究领域
于大国	中北大学	光学计量设备，镗或钻或锋钻，身体清洁用具，钻床刀具，专用镗或钻床部件
程耀楠	哈尔滨理工大学	车床或镗床刀具，铣刀，数据处理特定功能，机床附件安全设备，工件或刀具夹固
张彦彬	青岛理工大学	机床附件安全设备，抛光机安全装置，水果去壳机械，外科器械，筛选固体物料
庄蔚敏	吉林大学	成型工具，预制部件接合，金属板包覆，成型复合材料，铆接，黑色金属热处理
刘献礼	哈尔滨理工大学	铣刀，机床指示测量装置，工件或刀具夹固，机床附件安全设备，车床或车床刀具
王西彬	北京理工大学	机床指示测量装置，数据处理特定功能，刀具工件进给运动，强度特性测试
刘战强	山东大学	工件或刀具夹固，铣刀，陶瓷成型制品及组合物，机床附件安全设备，机床指示测量

表 3.72　数控机床—伺服系统中国发明人情况

发明人	申请人	研究领域
赵婷婷	山东理工大学	压头压力机，压力机零部件锻压机，锻压或压制，流体致动系统，自动供或卸料称量
赵亚平	武汉科技大学	传动机构蜗杆，蜗轮制造，用切齿机制造蜗杆，物品修复或修理
陈永洪	重庆大学	用切齿机制造蜗杆，旋转运动齿轮传动装置，机床指示测量装置，切齿机附件
徐文臣	哈尔滨工业大学	冲压旋压无切削成型锻压或压制，成型工具，锻压机械零件，加热或冷却装置
马立峰	太原科技大学	金属轧制，金属轧机控制设备，刀片平行运动剪床，剪床附属装置
苑世剑	哈尔滨工业大学	流体压力无切削成型，成型工具，强度特性测试，冲压旋压无切削成型

发明人	申请人	研究领域
张士宏	中国科学院金属研究所	流体压力无切削成型，成型工具，冲压旋压无切削成型金属挤压成型工具
计时鸣	浙江工业大学	磨削机床部件，抛光机床，磨料喷射机，磨料喷射机床，磨削或抛光
谷东伟	长春工业大学	工件或刀具夹固，装配或拆卸机械，金属板包覆，气体流动清洁
赵升吨	西安交通大学	伺服压力机，数控滚齿机，柔性弯曲成形装置，进给装置

表 3.73　数控机床—数控技术中国发明人情况

发明人	申请人	研究领域
路新春	清华大学	研磨机床或装置，抛光组合物，磨削机床部件，磨床测量或校准装置
贾振元	大连理工大学	光学计量设备，图像分析，数据处理特定功能，程序控制系统，机床指示测量装置
陈吉红	华中科技大学	程序控制系统，数据处理特定功能，机床指示测量装置数据交换网络
刘志峰	北京工业大学	数据处理特定功能，机械部件测试，程序控制系统，计算机辅助设计 CAD
张卫红	西北工业大学	数据处理特定功能，计算机辅助设计 CAD，程序控制系统，机床指示测量装置
康仁科	大连理工大学	磨削或抛光，磨床测量或校准装置，磨削机床部件，研磨机床或装置，工件或刀具夹
李郝林	上海理工大学	磨床测量或校准装置，数据处理特定功能，机床指示测量装置，工件或刀具夹固
李恒	西北工业大学	强度特性测试，使用芯轴弯管，成型工具，数据处理特定功能，取样及样品制备
谈莉斌	安徽工业大学	金属型材料进给流程，制造特殊形式链条，光学计量设备，成型工具

表 3.74　数控机床—柔性复合加工技术中国发明人情况

发明人	申请人	研究领域
陈军	上海交通大学	成型工具，加工金属板管或型材，非电焊接，冲压旋压无切削成型，强度特性测试
徐丰羽	南京邮电大学	沿直线弯曲金属板，非轮驱动车辆，测量或检验设备
赵波	河南理工大学	磨削或抛光，声频产生设备声频传递设备，磨削机床部件，修整或调节研磨面
陈彦宾	哈尔滨工业大学	激光束加工，焊接或切割，电弧焊接或切割，附属设备或工艺
肖荣诗	北京工业大学	激光束加工，无机粉末镀覆电池电极，焊接或切割，纳米结构制造
赵万生	上海交通大学	放电加工，兼用放电电化加工，程序控制系统
梅雪松	西安交通大学	激光束加工

3.3.8.2　高端数控机床产业领域天津市发明人分析

表 3.75 为高端数控机床产业领域天津市发明人专利申请量排名，其中以天津大学为申请人的发明人专利申请数量排名比较靠前，天津大学主要发明人为张大卫、王太勇、房丰洲、高卫国，都是天津大学机械工程学院的教授或教师。其中张大卫教授组建了微纳制造与装备国际联合研究中心，近年来主要专注于微纳功能表面精密制造及应用、超快激光增/减材加工等领域的研究。

表 3.75　高端数控机床产业领域天津市发明人情况　　　　单位：件

申请人	发明人	专利数量
天津大学	张大卫	48
	王太勇	35
	房丰洲	20
	高卫国	26

申请人	发明人	专利数量
河北工业大学	刘丽冰	22
	杨泽青	22
	陈英姝	22
	彭凯	20
	张艳蕊	18
	范敏	17
	张炳寅	15
	李增强	15
	李莉	14
天津第一机床总厂	王威	31
	刘家兰	28
	王秀梅	25
	吴文仲	24
	柴宝连	22
精益恒准（天津）数控设备股份有限公司	王振飞	36
天津市宝涞精密机械有限公司	崔文来	31
	崔建涛	20
	崔超	20
	崔越	20
	李绍功	22
	崔雅臣	22
	李绍德	22
	崔德怀	22
	崔振永	22

　　其次河北工业大学的发明人表现也很突出，每位发明人申请的专利数量在 20 件左右，表现较突出的发明人是刘丽冰，是河北工业大学机械工程学院教授，其研究的"数控机床集成监控及企业化应用"项目，获得了 2015 年度河北省科学技术进步奖二等奖。杨泽青教授是河北省青年拔尖人才、河北省

333 人才工程第三层次人选，主要研究方向是数字化集成测控与数字孪生运维监控、数控装备在线检测与误差补偿、视觉检测与模式识别。杨泽青和刘丽冰同属河北工业大学高端装备结构技术创新团队，该团队由 23 位博士构成，研发实力较强。

企业申请人的发明人团队大多为公司的法定代表人或实际相关人。

3.3.9　小结

（1）全球数控机床产业竞争激烈，中国发展逐步领先。

从专利申请趋势看，全球数控机床产业的发展呈上升态势，德国和美国技术萌芽较早，中国数控机床产业起步稍晚，从 2003 年之后，专利年申请量进入了一个快速发展阶段，研发和技术投入异常活跃。从专利布局总量看，全球数控机床相关技术的专利申请共计 38 万余件，中国专利申请量最多，为212 923 件，占比超过 55%，其次是日本、美国、德国等发达国家，排名前 5国家的总申请量占比接近 85%，表明数控机床产业发展相对集中，中国、日本、美国为重要市场，是专利布局的重点区域。

（2）中国数控机床产业本土申请人较活跃，尤其江苏省创新活跃度最高。

从中国专利技术来源国看，中国数控机床产业申请人类别主要是国内申请人，占比约 97%，国外来华申请人中日本申请人最多，占比约 1.64%。从中国专利 34 个省（自治区、直辖市）分布看，江苏省、广东省和浙江省分别位列前三甲，排名前 5 的省份分别是江苏省（43 214 件）、广东省（27 864 件）、浙江省（24 063 件）、山东省（16 242 件）、辽宁省（10 132 件），江苏省遥遥领先其他省份。天津市专利申请量在全国排名第 9 位。

（3）中国数控机床产业专利申请类型以实用新型为主，北京市以发明为主。

从中国数控机床产业专利类型构成看，实用新型专利数量为 140 458 件，发明专利数量为 70 319 件，实用新型占比接近 70%，占据主导类型。全国排名前 15 的省（自治区、直辖市）中，除了北京市之外其他 14 个省（自治区、直辖市）公开的数控机床专利类型均是实用新型专利数量高于发明专利。北京市的发明专利占比最高，约为 58%，其他省市发明专利占比均远小于 50%，其中陕西省发明专利占比仅次于北京，接近 50%。

（4）机械本体是数控机床产业布局的热点。

中国数控机床产业链结构与全球产业链结构基本一致，均是机械本体占比最高，其次是数控技术、柔性复合加工技术、伺服系统。不同的是，中国数控技术相关专利占比较全球占比低近 10%，机械本体占比较全球占比高近 6%。结合产业结构变化趋势看，机械本体一直都是全球数控机床产业的热点技术，而 2011 年之前中国数控机床的产业结构在数控技术领域专利数量最多，2011年之后机械本体领域申请量增长迅速，成为专利申请热点，每年申请量高于其他三个分支。

（5）全球创新主体竞争激烈，日本企业独占鳌头。

全球创新主体以综合大型集团企业为主，主要来自日本、德国、美国、韩国等发达国家（地区／组织），其中日本的企业最多，前 20 位的申请人中有 14 位来自日本，并且位列前三甲的企业有两个是日本申请人（发那科和三菱），德国申请人占据 2 位（博世和西门子），美国申请人占据 2 位（通用电气公司和 Kearney Trecker Corp）以及韩国申请人 1 位（斗山）、中国申请人 1位（中航工业）。从申请人排名和申请量的差距进一步验证了日本在高端数控机床这一领域具有非常强的研发实力，处于绝对的世界领先地位。

（6）中国创新主体以企业为主，市场前景辽阔。

从中国专利申请人类型分布看，以企业申请人为主，占比超过 80%，在一定程度上反映了企业研发能力较强，专利保护意识高，企业研发经费的投入强度较高，成为专利技术创新的主体。国外企业发那科、博世、西门子在中国布局专利较多，尤其发那科在中国布局超过 1 000 件，在一定程度上说明我国高端数控机床产业具有良好的市场应用前景，这些企业比较重视中国市场。中国突出的创新主体主要有中航工业、格力、华中数控、沈阳机床、重庆机电、宁波海天精工股份有限公司，上述企业布局的专利数量均超过 300 件，已积累了一定的技术实力。

（7）天津市高端数控机床产业发展处于国内中上游水平，创新主体以企业为主，天津大学表现突出。

天津市数控机床专利申请公开总量为 5 965 件，全国排名第 9 位，发明专利申请方面，失效的专利 891 件，占比约 60%，发明专利失效率较高。津南区、北辰区和滨海新区是天津市主要申请区，其中津南区（924 件）位列第 1，占天津市申请总量的比例约为 15%。从创新主体类型看，天津市企业申请人占比约 87%，相比国内企业申请人 80% 的占比高一些，说明天津企业类申请人参与度更高，创新活跃度更强。从创新主体的专利实力看，天锻压力专利申请量 266 件，位列天津市申请人第 1 名，天津大学专利申请量 226 件，位列第2，远远领先天津市的其他高校，河北工业大学专利申请量 49 件，位列第 4，与第 3 名差距较大。

（8）天津市专利运用活跃度不高，低于全国水平。

数控机床产业天津市专利运用数量总计为299件，占总专利量的5%，稍低于全国水平。天津市专利运用方式主要为代表权利转移的转让，其中机械本体环节转让的专利数量最多，伺服系统的专利运用活跃度最高，接近9%。从专利运用活跃度申请人分布看，天津第一机床总厂以20件运用数量位列第1名，其次是天津大学，16件。河北工业大学在数控机床领域专利运用数量较少，未入围前15名。

第 4 章　重点技术领域分析

4.1　减速器技术领域

目前应用于机器人领域的减速器主要有两种，一种是 RV 减速器，另一种是谐波减速器。全球工业机器人减速器的市场高度集中，其中日本的纳博特斯克在 RV 减速器领域处于垄断地位，日本的哈默纳科则在谐波减速器领域处于垄断地位，两家合计占全球市场的 75% 左右。我国对工业机器人用减速器的研究相比国外较晚，技术不成熟，与国外先进技术存在较大差距，形成了精密减速器不能自给自足的局面，严重依赖进口。本节以减速器的专利申请作为分析对象，重点分析全球及中国范围内关于减速器的申请信息、重要申请人分析以及涉诉、被引证次数较高的重点专利分析。

4.1.1　技术路线分析

从马瑟（C.Walt Musser）于 1955 年发明波动齿轮驱动装置（US29061431）至 2000 年期间，此领域的专利申请总体申请量不大，但是一直在进行技术改进。2000—2010 年，全球工业机器人减速器进入快速发展时期，专利申请量逐步增加，表明其技术更新换代速度开始加快。其中，外国申请量仍占绝大多数，中国申请量开始逐步增加。2010 年之后国外申请增长速度放缓，但中国申请量快速增加；尤其是从 2015 年开始，中国关于减速器的专利申请量迅速增长，远超国外的专利申请量。数据表明，中国开始重视减速器的研发，并取得了一定的成果（图 4.1）。

从减速器全球专利申请人排名（图 4.2）可以看出，纳博特斯克的申请量最大，达到了 345 件，其次是日本的哈默纳科，申请量为 316 件，前者是 RV 减速器的龙头，后者是谐波减速器的龙头，远超其他申请人的申请量；格力位列第 3 位，申请量为纳博特斯克的申请量的一半；住友、浙江来福谐波传动、重庆大学、弗兰德有限公司、日商和谐驱动系统股份有限公司、绿的谐波传动、南通振康、珠海飞马传动机械等申请人位列第 4 ～ 15 位。前 15 位申请人中，中国申请人有 8 位，日本申请人有 5 位，德国申请人有 2 位。整体来看，国外申请人申请量较大，中国申请人正在加紧追赶。

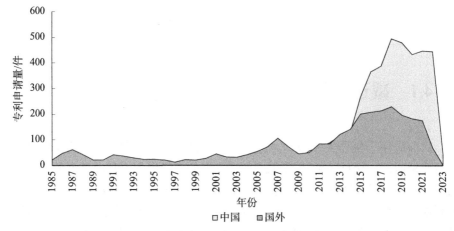

图 4.1　全球减速器技术领域专利申请趋势分析

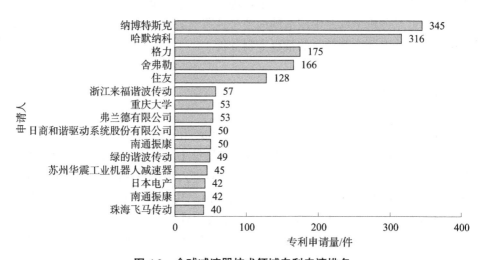

图 4.2　全球减速器技术领域专利申请排名

在谐波减速器领域，中国表现比较突出的企业是绿的谐波传动，该公司是一家专业从事精密谐波传动装置的研发、设计和生产的企业，公司从 2003 年开始从事机器人用精密谐波减速器研发，在谐波传动领域已申请 49 件专利申请，主要涉及 RH 谐波、滚动谐波、柔性外轮谐波、电磁离合谐波、三次谐波等多种谐波减速器。该公司参与国家标准《机器人用谐波齿轮减速器》的制定，谐波齿轮减速器柔轮分为杯形（C）和中空形（H）两类；柔轮长度分为标准（S）、短筒（D）两类。

在 RV 减速器领域，中国表现比较突出的企业是南通振康，该公司是一家老牌民营企业，从 2009 年正式进军机器人领域，开始研制 RV 减速器，作为全国率先实现 RV 减速器批量化生产的企业，南通振康 RV 减速器的正式投放，取得了市场占有率 30% 的成绩，彻底打破了进口产品垄断和产品受制于人的局面。截至目前该公司在 RV 减速器已申请 50 件专利申请，布局国家均是国内。

天津减速器领域申请人排名如图 4.3 所示，高校申请人中天津大学、河北工业大学、天津工业大学表现比较突出；企业申请人中国人机器人（天津）有限公司、中能（天津）智能传动设备有限公司表现比较突出。

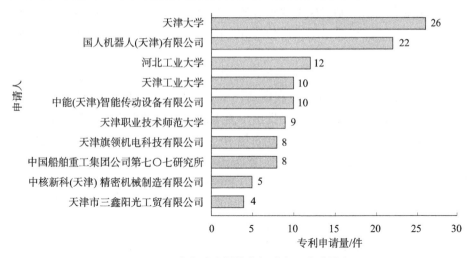

图 4.3　天津市减速器技术领域专利申请排名

4.1.2　重点专利分析

重点专利分析主要包括中国涉诉专利、中国专利无效后仍维持有效的专利、被引证次数较高的中国专利。

4.1.2.1　涉诉专利

减速器技术领域中国涉诉专利较少，数量仅 2 件，见表 4.1。

表 4.1　减速器技术领域涉诉专利

序号	公开（公告）号	申请人	专利名称	诉讼类型
1	CN105090378A	钱达	一种谐波减速方法及装置	行政诉讼
2	CN2886212Y	梁永和	两次波动筒形谐波电机减速机	其他诉讼

（1）CN105090378A。一种谐波减速方法及装置，保护的是一种谐波减速方法，其特征在于，它是通过设置与输入轴连动的平行偏心轴，在平行偏心轴上套接与刚性内齿轮啮合的刚性外齿轮，通过刚性外齿轮沿刚性内齿轮周沿啮合运动，由刚性内齿轮或刚性外齿轮连接输出轴实现谐波减速。与传统的谐波减速齿轮相比，本发明不需要柔轮，完全避免了使用柔轮带来的材料变形要求、使用寿命要求、制造成本要求等各方面的难题，开创性地提出了一种全新的谐波减速方法，极具市场推广价值和广阔的应用空间。本发明还提供一种谐波减速装置。

该申请经实质审查，国家知识产权局原审查部门于 2018 年 10 月 29 日发出驳回决定，驳回了本发明专利申请，申请人对上述驳回决定不服，于 2018 年 11 月 06 日向国家知识产权局提出了复审请求，同时修改了权利要求书，经复审后维持国家知识产权局于 2018 年 10 月 29 日对本申请作出的驳回决定。如对驳回决定不服可提出诉讼，根据 Darts-ip 诉讼数据库公布，该专利申请的诉讼类型是行政诉讼，可持续关注该专利的后续状态。

（2）CN2886212Y。两次波动筒形谐波电机减速机，保护的是一种两次波动筒形谐波电机减速机，它不需另配减速机，便可以低转速大扭矩直接驱动设备运行，该低速电机的谐波发生器 4 通过固定内齿轮 3 与高速电机转子轴 2 相连，第一柔性齿轮 5 的一端套在谐波发生器 4 上，第二柔性齿轮 6 的外齿与第一柔性齿轮 5 的内齿啮合，第二柔性齿轮 6 的内齿与低速转子 7 的外齿啮合，输出轴 8 与低速转子 7 固联。输出轴 8 的轴颈由轴承支承于机体上，输出轴 8 随低速转子 7 同时低速旋转。该低速电机体积小、重量轻、噪声低、工作平稳，使配套设备更具有现代化的效果。

该申请涉诉的当事人是淮安市浩宇机械制造有限公司和梁永和，发生诉讼是因为转让行为引起，浩宇公司是从事生产和销售 YD 系列低速电机的企业，经他人介绍认识梁永和，于 2007 年 4 月 8 日与梁永和签订了《专利转让协议书》，转让梁永和的实用新型"两次波动筒型谐波电机减速机"（专利号为：ZL200520077791.4），并于 2008 年 6 月 30 日办理了专利权证书变更手续。但转让行为生效后，浩宇公司并没有研发出该专利产品，后以专利没有实用性向梁永和提出了解除转让合同的要求，并拒绝支付未支付的转让费用，提起诉讼。经过江苏省人民法院两审判决，驳回了浩宇公司的上诉请求。该案例表明通过专利转让是快速获取技术的一种方式，但转让前需要做好充分的价值评估和可用性评估，避免造成不必要的纠纷和利益冲突。

4.1.2.2　无效后仍维持有效的专利

减速器领域中国专利被提出无效请求的专利共计 3 件，其中被无效后仍维持有效的专利数量为 2 件（表 4.2）。这两件专利均是实用新型专利，申请人是大族激光科技产业集团股份有限公司和深圳市大族精密传动科技有限公司，这两件专利授权后被提出无效请求，经过审查 CN213332271U 维持专利权有效，CN213298741U 维持专利权部分有效。数据表明大族激光这两件专利虽然是实用新型专利，但质量较高。

表 4.2　减速器技术领域无效请求后仍维持有效的专利

序号	公开（公告）号	申请人	专利名称	结论
1	CN213332271U	大族激光科技产业集团股份有限公司；深圳市大族精密传动科技有限公司	一种谐波减速器及机器人	无效后维持专利权有效
2	CN213298741U	大族激光科技产业集团股份有限公司；深圳市大族精密传动科技有限公司	一种中空轴谐波减速器	宣告专利权部分无效
3	CN204729582U	东莞市鑫拓智能机械科技有限公司	一种应用于谐波减速器的 S 形齿刚轮结构	宣告专利权全部无效

（1）CN213332271U。无效请求人是谐波传动系统有限公司，该专利维持专利权继续有效。

（2）CN213298741U。无效请求人是谐波传动系统有限公司，该专利无效宣告的内容是：宣告 202021441250.6 号实用新型专利权利要求 1～3、6～7、引用权利要求 2 或 3 的权利要求 8 以及权利要求 8 引用权利要求 2 或 3 时的权利要求 9 无效；在权利要求 4～5、引用权利要求 4 或 5 的权利要求 8 以及权利要求 8 引用权利要求 4 或 5 时的权利要求 9 的基础上继续维持该专利有效。

（3）CN204729582U。无效请求人是个人邓光平，该专利被宣告专利权全部无效。

4.1.2.3 其他重点专利

减速器技术领域其他重点专利选取的标准是专利被引证次数大于 20 次及以上的中国专利，具体见表 4.3。共计 36 件，其中失效的专利占据多半，为 23 件，授权有效的 13 件。

表 4.3 减速器技术领域其他重点专利

专利名称	申请人	公开（公告）号	当前法律状态	被引证次数/次
行星传动无级调速装置	邢万义；邢超；张素萍	CN1167221A	撤回	66
谐波减速器动态性能综合检测系统	西安交通大学	CN101587016A	撤回	59
工业机器人微回差摆线减速器	吴声震	CN101666366A	授权	57
一种机器人减速器传动性能综合测试装置	温州大学	CN103091102A	失效	51
一种精密减速器综合性能测试实验台	中南大学	CN106441883A	驳回	44
基于谐波减速器的机器人关节	哈尔滨工程大学	CN101264603A	驳回	39
具有双圆弧齿廓的谐波齿轮传动	辛洪兵	CN101135357A	失效	39
一种机器人关节用减速器综合性能测试系统	西安交通大学	CN102901625A	授权	37
一种摆线钢球减速装置及其机器人关节	安徽捷线传动科技有限公司	CN207093691U	失效	36
封闭型摆线精密减速器	重庆大学	CN103994184A	授权	33
一种伺服电机及谐波减速机综合测试平台	宁波韦尔德斯凯勒智能科技有限公司	CN104075890A	授权	32
一种新型摆线钢球减速器	陕西工业职业技术学院	CN201129416Y	失效	32
用于多关节机器人的十字滑块驱动减速机	广州启帆工业机器人有限公司	CN104964011A	授权	31

续表

专利名称	申请人	公开（公告）号	当前法律状态	被引证次数/次
一种 RV 减速器综合测试台	南京工程学院	CN106053062A	驳回	30
减速器测试设备	北京配天大富精密机械有限公司	CN103698126A	授权	29
波动齿轮装置	本田	CN101070898A	失效	28
RV 减速器传动特性测试系统	双环传动	CN104374569A	授权	27
土压平衡盾构机摆线减速器	陈伟	CN102192279B	授权	26
风力发电三片摆线偏航减速器	吴声震	CN101825155A	失效	25
一种工业机器人关节减速器综合测试平台	西安交通大学	CN105181329A	失效	25
机器人关节减速器柔性的双环检测机构	北京理工大学	CN1683123A	失效	24
一种带有杯形柔轮的谐波传动装置	北京中技克美谐波传动有限责任公司	CN2481905Y	失效	24
减速器的异常判定方法、装置和机器人及机器人系统	株式会社安川电机	CN102431043A	失效	23
一种渐开线齿廓三维修形的谐波传动装置	北京市克美谐波传动精密机械公司	CN1924397A	授权	23
一种用于谐波齿轮传动的双向共轭齿形设计方法	西安交通大学	CN108533715A	授权	23
复式精密摆线减速器	浙江恒丰泰减速机制造有限公司	CN102252062A	授权	22
工业机器人消隙摆线中空减速器	陈伟	CN108869644A	驳回	22
减速器制造工艺方法	陕西秦川机械发展股份有限公司	CN1317390A	失效	22
全密封式一体型 RV 减速机	南通振康	CN104847873A	授权	22
一种用于测试多种型号 RV 减速器动态性能的测试装置	江苏理工学院	CN106370424A	驳回	22

续表

专利名称	申请人	公开（公告）号	当前法律状态	被引证次数/次
啮合面可调行星轮减速器	吴小杰	CN101135358A	撤回	21
一种基于形变量补偿的RV减速器摆线轮齿廓修形方法	华南理工大学；韶能集团韶关宏大齿轮有限公司	CN107256282A	撤回	21
一种用于短筒柔轮谐波减速器的刚轮与柔轮及其加工工艺	哈尔滨工业大学	CN102678881A	授权	21
滤波减速器	重庆大学	CN101725673A	失效	20
新型结构的RV减速机	南通振康	CN104712709A	驳回	20
一种具有交叉滚子轴承的RV减速器	广州市昊志机电股份有限公司	CN106015468A	驳回	20

4.2 数控技术领域

数控技术是一个软硬件集合体，主要涉及智能化、插补、补偿相关的装置、软件与算法。数控技术正向着"高速、高精、复合、智能"发展。为满足数控机床加工需要，数控技术在提高精度和速度的基础上，还在融合现代信息技术，更加智能化和开源化。现在的高档数控技术已经实现智能化和网络化，可实现远程机床诊断、远程监视等功能，还能将数控系统功能进行重新组合、修改、添加或删减。本节以数控技术的专利申请作为分析对象，重点分析全球及中国范围内关于减速器的申请信息，重要申请人分析以及涉诉、被引证次数较高的重点专利分析。

4.2.1 技术路线分析

通过申请趋势可以从宏观层面把握数控技术在各时期的专利申请热度变化。从中国和国外申请趋势对比看，2012 年之前国外数控技术申请热度较高，2012 年之后中国数控技术申请热度迅速增长，超过国外，并且增长速度超过全球增长速度。随着发展逐渐成熟，近两年中国增长速度有所放缓，趋于平稳（图 4.4）。

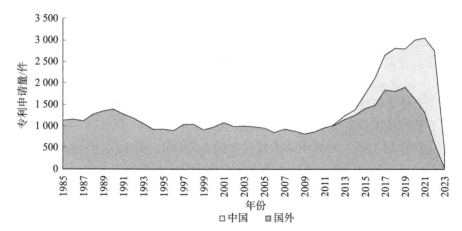

图 4.4　全球数控技术领域专利申请趋势分析

从数控技术全球专利申请人排名可以看出（图 4.5），发那科的申请量最大，达到了 7 468 件，远超其他申请人的申请量；三菱位列第 2 位，申请量少于发那科申请量的一半；西门子位列第 3 位，申请量为 1 644 件。前 15 名申请人中国外申请人居多，尤其日本申请人最多，占据 10 位，代表为发那科、三菱、大隈公司、东芝、捷太格特等；美国申请人占据 2 位，为通用电气公司、波音公司；德国申请人占据 2 位，为西门子、博世；中国申请人占据 1 位，为华中科技大学。

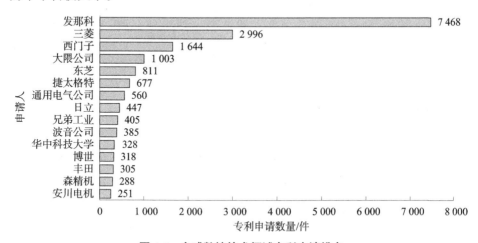

图 4.5　全球数控技术领域专利申请排名

在数控技术领域，中国表现比较突出的企业是华中数控，1994 年，华中科技大学为将数控技术研究成果产业化，成立华中数控。发展至今，公司逐步攻克了高速高精、五轴联动等一批关键技术。2016 年，公司成功研制出具有自主知识产权的华中 8 型中高档数控系统，性能对标国际先进水平。2021 年，基于人工智能技术的华中 9 型智能数控系统发布，引领国产高端数控系统迈向智能化。公司坚持"一核三军"发展战略，"一核"即以数控系统技术为核心，"三军"即为布局数控系统与机床、工业机器人及智能产线、新能源汽车配套三个主要业务板块。其中数控系统与机床和工业机器人及智能产线贡献主要营收。在数控技术领域华中数控已经布局 100 多件专利。

天津市数控技术领域申请人排名如图 4.6 所示，前 10 名申请人中高校占比较高，企业实力稍弱。高校申请人中天津大学、天津理工大学、河北工业大学、天津工业大学等表现比较突出；企业申请人中天津巴泰克机械制造有限公司、天津第一机床总厂、天津中屹铭科技有限公司表现比较突出。

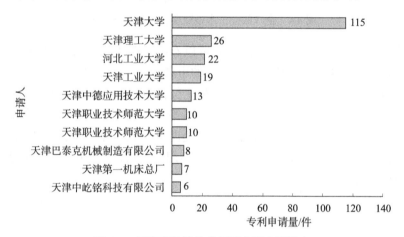

图 4.6　天津市数控技术领域专利申请排名

4.2.2　重点专利分析

重点专利分析主要包括中国涉诉专利、中国专利无效后仍维持有效的专利、被引证次数较高的中国专利。

4.2.2.1　涉诉专利

数控技术领域中国涉诉专利数量共 19 件，见表 4.4。诉讼的类型主要有权属诉讼、行政诉讼、侵权诉讼、其他诉讼、无效诉讼，其中其他诉讼最多，其次是侵权诉讼。

表 4.4　数控技术领域涉诉专利

序号	公开（公告）号	申请人	专利名称	诉讼类型
1	CN208099800U	重庆中和智能装备有限公司	一种钢格板生产系统	权属诉讼
2	CN108356541A	重庆中和智能装备有限公司	一种钢格板生产系统及方法	权属诉讼
3	CN108027608A	西门子	针对处理对象的处理步骤的开启	行政诉讼
4	CN106896781A	广东科达洁能股份有限公司	一种磨边机数控推砖装置及方法	侵权诉讼
5	CN205465427U	嘉兴川页奇精密自动化机电有限公司	智能轴类钻铣加工中心	其他诉讼
6	CN205250658U	刘明德	一种圆角齿根木梳	无效诉讼
7	CN102328251B	黑旋风锯业股份有限公司	智能化卧轴圆台平面磨床	侵权诉讼
8	CN202786658U	绍兴恒舜数控精密机械科技有限公司	针织内衣机的电脑控制系统	侵权诉讼
9	CN202622107U	姜多安	一种往复走丝数控线切割机床钼丝智能恒张力调节装置	权属诉讼
10	CN202491075U	北京春旺源科技有限公司	组合式机床基座装置	其他诉讼
11	CN202240755U	黑旋风锯业股份有限公司	智能化卧轴圆台平面磨床	侵权诉讼
12	CN201988807U	肇庆市凯龙数控科技有限公司	一种弧齿锥齿轮机床数控系统	其他诉讼
13	CN102129231A	肇庆市凯龙数控科技有限公司	一种弧齿锥齿轮机床数控系统及控制方法	其他诉讼
14	CN201800039U	张新国	冲床智能机械手	其他诉讼
15	CN2315697Y	郑学超	电流型无触点低压功率因数自动补偿装置	其他诉讼
16	CN87214800U	许贺年	WBX 型低压分散电容器自动补偿箱	侵权诉讼
17	CN85102439B	方大同	强应力定位顶尖	其他诉讼
18	CN85200959U	方大同	强应力定位万能顶尖	其他诉讼
19	CN208099800U	重庆中和智能装备有限公司	一种钢格板生产系统	权属诉讼

4.2.2.2　无效后仍维持有效的专利

数控技术领域中国专利被提出无效请求的专利共 14 件，其中无效后仍维持有效的专利数量为 7 件（表 4.5）。这 14 件专利中实用新型专利居多，有 11 件，其余 2 件为发明专利。这些被提出无效请求的专利的申请人大部分是企业，也有少部分个人申请。从结论看，维持专利权有效和宣告专利权全部无效的数量几乎各占一半，其中发明专利 CN106896781B 获得维持专利权有效的结论，该专利经住无效考验，质量较高；CN102922321B 获得宣告专利权全部无效结论，该专利被无效后，该专利保护内容将作为公知内容。

表 4.5　数控技术领域无效请求后仍维持有效的专利

专利名称	公开（公告）号	申请人	无效请求人	结论
一种磨边机数控推砖装置及方法	CN106896781A	广东科达洁能股份有限公司	广东纳德新材料有限公司	维持专利权有效
一种美工刀磨床	CN205915118U	浙江宏恩智能装备技术有限公司	严米明	维持专利权有效
自动刀具补偿的同步啮合螺旋砂轮磨削装置	CN205734193U	浙江宏恩智能装备技术有限公司	严米明	维持专利权有效
一种电气控制系统安装与调试实训装置	CN204731599U	浙江亚龙教育装备股份有限公司	浙江海控教学设备有限公司	维持专利权有效
全智能柔性数控涨形机	CN204168083U	株洲市科创电子控制系统有限公司	上海闵行机械工程技术研究所有限公司	维持专利权有效
智能化卧轴圆台平面磨床	CN202240755U	黑旋风锯业股份有限公司	广州恒微机电设备有限公司	维持专利权有效
三相交流电压自动补偿器	CN2224435Y	王振民	山西兴达电器联合公司	维持专利权有效
一种气压式浮动机构	CN208713551U	广州每通自动化设备有限公司	房琦；精彩技巧有限公司	宣告专利权全部无效
一种物联网通信设备	CN206894695U	语祯物联科技（上海）有限公司	陈佩	宣告专利权全部无效

专利名称	公开（公告）号	申请人	无效请求人	结论
可通用于发那科、三菱、西门子数控系统的集成 I/O 模块	CN204808021U	江苏赛洋机电科技有限公司	上海机床电器厂有限公司	宣告专利权全部无效
气夹张开防呆方法、系统及气夹控制装置	CN102922321B	大族激光科技产业集团股份有限公司；深圳市大族数控科技有限公司	苏州维嘉科技股份有限公司	宣告专利权全部无效
针织内衣机的电脑控制系统	CN202786658U	绍兴恒舜数控精密机械科技有限公司	泉州佰源机械科技股份有限公司	宣告专利权全部无效
直线式自动补偿交流稳压器	CN85201829U	蒋俊海	无锡市电子控制仪器厂	宣告专利权全部无效

4.2.2.3 其他重点专利

数控技术领域其他重点专利选取的标准是专利被引证次数大于 60 次及以上的中国专利，具体见表 4.6。共计 38 件，其中失效的专利占据多半，为 22 件，授权有效的 14 件，审中的 2 件。被引证次数最高的专利是强力物联网投资组合 2016 有限公司于 2018 年的申请，可密切关注该专利的后续动态。

表 4.6 数控技术领域其他重点专利

专利名称	申请人	公开（公告）号	当前法律状态	被引证次数 / 次
工业物联网中具有大数据集的数据收集环境下的检测方法和系统	强力物联网投资组合 2016 有限公司	CN110073301A	实质审查	440
用于使用工业物联网进行数据收集、学习和机器信号流传输实现分析和维护的方法和系统	强力物联网投资组合 2016 有限公司	CN112703457A	实质审查	121
智能电网	刘文祥	CN101799681A	驳回	120

续表

专利名称	申请人	公开（公告）号	当前法律状态	被引证次数／次
一种用于数控机床的加减速控制方法	中国科学院沈阳计算技术研究所有限公司；沈阳高精数控技术有限公司	CN1971457A	撤回	99
一种基于物联网技术与工业大数据的智能工厂系统	赣州科睿特软件股份有限公司	CN107272629A	撤回	90
一种基于物联网的智能远程数据采集系统	武汉华大优能信息有限公司；刘千国；刘竞；钟绍辉	CN104345717A	授权	86
基于边缘计算和数字孪生的智能生产系统和方法	北京邮电大学	CN111857065A	授权	85
一种数控机床数字孪生建模方法	山东大学	CN108107841A	授权	85
基于多传感器集成测量的仿形加工方法及系统	浙江大学	CN101000499A	撤回	85
飞机结构件智能数控加工编程系统及方法	沈阳飞机工业（集团）有限公司	CN103699055A	授权	82
飞机复杂构件快速数控加工准备系统及方法	沈阳飞机工业（集团）有限公司；北京航空航天大学	CN101763068A	失效	81
实时前瞻全程加减速控制的 NURBS 曲线自适应分段插补方法	广西大学	CN101493687A	失效	81
一种在线改变目标速度和位置的 S 形加减速控制方法	华南理工大学	CN106168790A	授权	78
非球面光学零件复合加工、检测机床	中国人民解放军国防科学技术大学	CN1490125A	失效	76
一种数控加工状态自学习的刀具磨损监控系统	华中科技大学；华中数控	CN102073300A	失效	75
一种数控车床的智能控制系统及其控制方法	山东大学	CN1740932A	失效	75

专利名称	申请人	公开（公告）号	当前法律状态	被引证次数/次
基于特征的复杂零件数控加工制造方法	南京航空航天大学	CN103235556A	授权	73
一种数控机床刀具磨损监测方法	华中科技大学；华中数控	CN102091972A	失效	73
一种新型的数控机床远程状态监测与故障诊断系统实现方法	石毅	CN101118437A	撤回	72
一种无人驾驶车辆跟踪预定轨迹的智能控制方法	中国科学院合肥物质科学研究院	CN102495631A	失效	71
一种用于数控机床高速加工的加减速控制方法	中国科学院沈阳计算技术研究所有限公司；沈阳高精数控技术有限公司	CN101853013A	授权	71
小线段路径压缩平滑的前瞻插补系统	上海交通大学	CN104007705A	授权	70
图形化交互式数控车削自动编程方法及系统	清华大学	CN101334657A	失效	70
基于影像的刀具在线检测与补偿系统及方法	北京邮电大学	CN101549468A	驳回	69
数控机床误差补偿方法及其系统	清华大学	CN1562563A	失效	68
电力需求侧监控系统及监控方法	鲁电集团有限公司	CN103268115A	授权	67
基于激光跟踪技术的大型齿轮测量方法	北京工业大学	CN101551240A	授权	66
智能力控机器人磨削加工系统和方法	沈阳远大科技园有限公司	CN104972362A	授权	65
数控铣床加工过程状态信息评价装置	华中科技大学	CN103760820A	失效	65
直纹面叶轮刀具轨迹规划加工方法	哈尔滨工业大学	CN101271326A	失效	65
一种数控机床远程监控与故障诊断系统	江苏高精机电装备有限公司	CN102566503A	授权	63

续表

专利名称	申请人	公开（公告）号	当前法律状态	被引证次数 / 次
具有纹波补偿的电源电路	NXP 股份有限公司	CN101405671A	失效	63
高速高精度数控加工的小线段实时平滑过渡插补方法	嘉兴学院	CN103699056A	失效	62
主从式相机配置的智能激光切割系统及其切割方法	东莞市大族粤铭激光科技有限公司；暨南大学	CN101733558A	授权	62
物网	刘文祥	CN101825890A	驳回	61
高动态多模式卫星导航信号源模拟方法及其装置	浙江大学	CN101261317A	撤回	61
一种智能制造 MES 系统	工业云制造（四川）创新中心有限公司	CN110580026A	驳回	60
数控机床几何与热复合位置误差的智能补偿系统	上海交通大学	CN102629121A	授权	60

4.3 3D 打印设备技术领域

3D 打印设备是高端制造装备重点方向，在 3D 打印产业链中居于核心地位。3D 打印设备包括核心元器件及智能化系统集成。面向 3D 打印设备的发展需求，应重点研究设备的系统集成和智能化。本节以 3D 打印设备的专利申请作为分析对象，重点分析全球及中国范围关于 3D 打印设备的申请信息、重要申请人分析以及涉诉、被引证次数较高的重点专利分析。

4.3.1 技术路线分析

从 3D 打印设备专利申请趋势来看，2000 年之前国外已经有零星的专利申请，中国从 2000 年以后才有相关专利申请；2000—2013 年国外专利申请缓慢增长，中国有零星专利申请；从 2014 年开始，中国和国外专利申请量都出现了快速增长的趋势，2016 年中国关于 3D 打印设备的专利申请量远超国外的专利申请量。数据表明，中国开始重视 3D 打印设备的研发，并取得了一定的成果（图 4.7）。

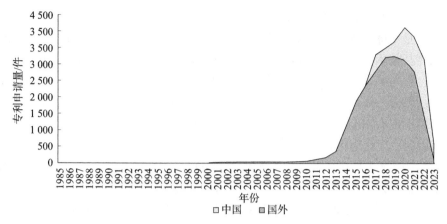

图 4.7　全球 3D 打印设备技术领域专利申请趋势分析

从 3D 打印设备全球专利申请人排名可以看出，通用电气公司的申请量最大，达到 939 件，远超其他申请人的申请量，其次是施乐公司，申请量为 358件，STRATASYS 公司位列第 3 位。前 15 名申请人中，美国申请人 7 位；中国申请人 6 位，其中 3 位是高校，3 位是企业（包括三纬国际公司、金仁宝）；德国申请人有 2 位（图 4.8）。整体来看，国外申请人申请量较大，中国申请人正在加紧追赶。

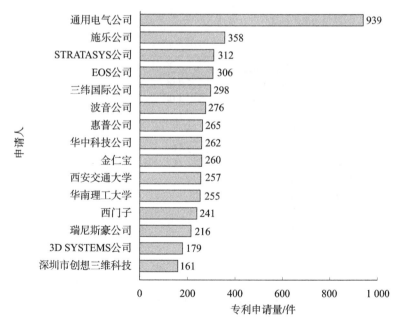

图 4.8　全球 3D 打印设备技术领域专利申请排名

在 3D 打印设备领域，中国表现比较突出的企业是深圳市创想三维科技，该公司是全球消费级 3D 打印机领导品牌，国家级专精特新"小巨人"企业，国家高新技术企业。深圳市创想三维科技的产品全面覆盖 3D 打印机、3D 扫描仪、激光雕刻机、配件、耗材等，同时，该公司还构建完善的 3D 打印生态圈和创想云一体化 3D 打印平台，目前已拥有 Creality 和 Ender 两大国际品牌，同时旗下拥有 HALOT、Sermoon 等创新品牌，在个人、家庭、教育、制造等领域得到了广泛应用，并受到全球用户和合作伙伴的高度认可。公司产品远销 100 多个国家（地区／组织），稳居全球 3D 打印机销售榜前列。公司研产销体系完备，并与多所高校合作建立产学研基地，拥有 500 多项核心授权专利，产品获得德国红点设计大奖、国际信息显示学会 DIA 大奖等国际类奖项，多次入选 CNET、Space、Tom's Hardware、All3DP、Tom's Guide、TechRadar 和 PCMag 等权威媒体榜单。

天津市 3D 打印设备技术领域申请人排名如图 4.9 所示，高校申请人中天津大学、河北工业大学、天津工业大学表现比较突出；企业申请人中天津镭明激光科技有限公司、天津清研智束科技有限公司科大天工智能装备技术（天津）有限公司、天津大格科技有限公司表现比较突出。

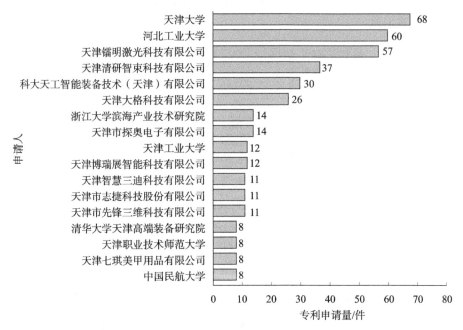

图 4.9　天津市 3D 打印设备技术领域专利申请排名

4.3.2　重点专利分析

重点专利分析主要包括中国涉诉专利、中国专利无效后仍维持有效的专利、被引证次数较高的中国专利。

4.3.2.1　涉诉专利

3D 打印设备技术领域无中国涉诉专利。

4.3.2.2　无效后仍维持有效的专利

3D 打印设备领域中国专利被提出无效请求的专利共计 7 件，其中被无效后仍维持有效的专利数量为 1 件，部分有效 1 件，见表 4.7。CN110327703B 被无效申请后维持专利权有效，CN206264354U 维持专利权部分有效。

表 4.7　3D 打印设备技术领域无效请求后仍维持有效的专利

序号	公开（公告）号	申请人	专利名称	结论
1	CN110327703B	湖北超卓航空科技股份有限公司	原位增材用除尘系统及粉尘散逸控制方法	无效后维持专利权有效
2	CN207823957U	广东汉邦激光科技有限公司	3D 打印装置	宣告专利权全部无效
3	CN207823959U	广东汉邦激光科技有限公司	3D 打印装置	宣告专利权全部无效
4	CN207823960U	广东汉邦激光科技有限公司	口腔器件的 3D 打印装置	宣告专利权全部无效
5	CN206825940U	STRATASYS 公司	在增材制造系统中使用以打印三维部件的液化器组件	宣告专利权全部无效
6	CN206264354U	上海普利生机电科技有限公司	能够自动连续打印的光固化型三维打印设备及系统	宣告专利权部分无效
7	CN104260341B	英华达（上海）科技有限公司；英华达（上海）电子有限公司；英华达股份有限公司	一种结合材料喷头和颜料喷头的 3D 打印方法及系统	宣告专利权全部无效

（1）CN110327703B。无效请求人是刘卫东，该专利维持专利权继续有效。

（2）CN207823957U、CN207823959U、CN207823960U。申请人都是广东汉邦激光科技有限公司，无效请求人也都是同一个人，即马小飞，专利被宣告专利权全部无效。

（3）CN206825940U。无效请求人是刘宝善，该专利被宣告专利权全部无效。

（4）CN206264354U。无效请求人是深圳锐沣科技有限公司，该专利无效宣告的内容是：本专利授权公告的权利要求书共计10项权利要求，在权利要求第1-7项的基础上，继续维持该专利有效。

（5）CN104260341B。无效请求人是梁守芳，该专利被宣告专利权全部无效。

4.3.2.3 其他重点专利

3D打印设备技术领域其他重点专利选取的标准是专利被引证次数为40次及以上的中国专利，具体见表4.8。共计65件，其中授权有效的专利占据多半，授权有效的24件。

表 4.8 3D 打印设备技术领域其他重点专利

专利名称	申请人	公开（公告）号	当前法律状态	被引证次数 / 次
一种可更换喷头的三维打印机	浙江大学	CN103878980A	授权	70
一种单喷头多材料多尺度 3D 打印装置及其工作方法	兰红波	CN105196550A	授权	69
一种高能束增材制造大尺寸金属零部件的设备及其控制方法	华中科技大学	CN104001915A	授权	69
非接触控制增材制造金属零件凝固组织的方法及磁控金属 3D 打印装置	上海大学	CN105798299A	授权	67
增材制造设备及方法	瑞尼斯豪公司	CN105451970A	授权	65
一种采用选区激光熔化技术制备钛合金工艺品的方法	飞而康快速制造科技有限责任公司	CN104259459A	授权	65

续表

专利名称	申请人	公开（公告）号	当前法律状态	被引证次数 / 次
一种激光增减材复合制造的方法与装置	中国科学院重庆绿色智能技术研究院	CN105538728A	驳回	63
基于磁流变材料的 3D 打印快速成型装置及方法	重庆绿色智能技术研究院	CN103213281A	失效	63
一种数字化 3D 种植导板制作方法及其系统	深圳市康泰健牙科器材有限公司	CN104382661A	驳回	62
用于对象的增材制造的系统和方法	STRATASYS 公司	CN103747943A	授权	61
一种金属零件的激光增材制造方法和装备	武汉新瑞达激光工程有限责任公司；华中科技大学	CN103726049A	授权	60
一种电场驱动喷射沉积 3D 打印装置及其工作方法	青岛理工大学	CN107214945A	授权	59
用于创造定制产品的方法和系统	贝斯普客公司	CN105637512A	授权	59
一种零部件损伤的激光立体仿形修复方法	陕西天元智能再制造股份有限公司	CN105598450A	授权	59
一种多工作箱砂型 3D 打印设备	宁夏共享模具有限公司	CN105710294A	授权	58
一种激光选区熔化过程的数值模拟方法	西安铂力特增材技术股份有限公司	CN108062432A	驳回	57
应用于熔融沉积成型高速 3D 打印机的挤出装置	磐纹科技（上海）有限公司	CN103112166A	失效	57
一种利用超临界二氧化碳作为溶剂的 3D 打印装置及方法	北京化工大学	CN104816478A	授权	56
一种三维人像摄影系统及其实现方法	高宏；北京华天创新信息科技有限责任公司	CN101082765A	失效	54
一种微束等离子 3D 打印设备与方法	华南理工大学	CN104815985A	授权	53
一种激光熔融辅助纳米墨水实现高熔点材料 3D 打印的方法	南京鼎科纳米技术研究所有限公司	CN103407296A	撤回	53

专利名称	申请人	公开（公告）号	当前法律状态	被引证次数／次
一种桌面型 3D 打印成型装置	宁波合创快速制造技术有限公司；陕西恒通智能机器有限公司	CN103331912A	失效	53
用于增材制造装置的料盒和方法	麦特法布公司	CN105188993A	撤回	52
一种消除 Renè104 镍基高温合金激光增材制造裂纹的方法	中南大学	CN108941560A	授权	50
一种高精度的生物复合 3D 打印装置及打印方法	西安交通大学	CN106222085A	授权	50
一种超声深部脑刺激方法及系统	中国科学院深圳先进技术研究院	CN104548390A	授权	49
一种低功率激光烧结法金属 3D 打印产品生产方法	王利民	CN103769586A	撤回	49
一种适用于多材质工件的 3D 打印设备	华中科技大学	CN105058789A	授权	48
一种高速光固化 3D 打印装置和打印方法	浙江大学	CN105014974A	授权	48
多材料铺粉及成型的 3D 打印方法和打印装置	吉林大学	CN105383059A	授权	47
基于云计算和三维打印的云制造系统及方法	河海大学常州校区	CN104780214A	授权	47
一种多喷嘴 3D 打印机及其速度和精度控制方法	东莞中国科学院云计算产业技术创新与育成中心	CN104085111A	授权	47
一种基于云的 3D 打印系统及其方法	上海骧远信息科技有限公司	CN103747101A	驳回	47
利用第二道激光束提高 3D 打印金属件的致密性的方法	张翀昊	CN103173760A	撤回	47
一种异质多材料增材制造系统	华中科技大学	CN107263858A	授权	46
不同粉末复合使用的选区激光熔融送粉铺粉装置	南京理工大学	CN105562687A	授权	46

专利名称	申请人	公开（公告）号	当前法律状态	被引证次数/次
一种 3D 打印系统结构	中国科学技术大学	CN103831975A	失效	46
一种自适应砂型 3D 打印成形方法及装置	机械科学研究总院先进制造技术研究中心	CN105665632A	授权	45
一种 TC4 钛合金激光选区熔化增材制造及热处理方法	上海航天精密机械研究所	CN105014073A	驳回	45
一种激光 3D 打印陶瓷功能梯度结构件的方法	大连理工大学	CN103317590A	授权	45
一种基于医疗图像的分割与三维重建方法、3D 打印系统	北京三体高创科技有限公司；吴怀宇	CN106373168A	驳回	44
用于 3D 打印设备成形气氛的气体循环净化装置	成都雍熙聚材科技有限公司	CN105921747A	授权	44
用于激光 3D 打印的球形 TC4 钛合金粉末及其制备方法	鞍山东大激光科技有限公司	CN105642879A	授权	44
一种可实现在线合金化的 3D 打印配料挤出装置	机械科学研究总院先进制造技术研究中心	CN104552944A	授权	44
一种 3D 快速成型打印系统及方法	林岚；田全	CN103350508A	失效	44
一种血管介入手术机器人导管导丝协同控制系统及方法	天津理工大学	CN109730779A	实质审查	43
粉末材料激光烧结成形装置	中北大学	CN106041080A	授权	43
一种金属激光熔化增材制造方法	中南大学	CN104404509A	授权	43
一种激光 3D 打印设备及打印方法	广东奥基德信机电有限公司	CN104289711A	撤回	43
一种用于精确控温的高分子材料紫外激光 3D 打印方法及装置	中国科学院化学研究所；中国科学院半导体研究所	CN103978307A	授权	42
一种高精度激光光固 3D 打印机	瑞安市麦田网络科技有限公司	CN103522546A	驳回	42

专利名称	申请人	公开（公告）号	当前法律状态	被引证次数/次
基于多段温度控制的熔丝沉积成型 3D 打印喷头及温控方法	浙江大学	CN103240883A	授权	42
一种微铸锻铣磨原位复合的金属零件制造系统及方法	华中科技大学	CN110076566A	撤回	41
热塑性树脂基连续纤维预浸料的双喷头 3D 打印系统和方法	上海大学；上海宇航系统工程研究所	CN106863772A	驳回	41
一种 3D 打印设备及方法	东晓；东青	CN106112254A	授权	41
一种激光增材制造镍基高温合金过程中控制脆性 Laves 相的方法	湖南大学	CN106077647A	失效	41
基于 3D 打印的三维微流控芯片的加工方法及打印装置	浙江大学	CN103895226A	授权	41
一种三维生物打印系统及基于三维生物打印系统制备神经再生植入体的方法	南通大学	CN103057123A	授权	41
选区激光熔化技术用 Al-Mg-Sc-Zr 系铝合金组合物及成型件制备方法	江苏科技大学	CN108486433A	授权	40
增材制造装置及方法	武汉大学	CN107671288A	授权	40
选择性激光熔化成形熔池实时监测装置及监测方法	中北大学	CN106363171A	授权	40
一种基于冷喷涂的 3D 打印方法及系统	同济大学	CN104985813A	失效	40
一种可调挤出流量的三维打印机喷头	邓小荣	CN204622625U	失效	40
一种多喷嘴 3D 打印机喷头	广东工业大学	CN204526175U	失效	40
一种基于选区激光熔化的高熵合金涡轮发动机热端部件的制造方法	西安交通大学	CN104308153A	授权	40

4.4　小结

1. 技术起步较晚，但是后期超越

从申请趋势来看，中国减速器技术、数控技术和 3D 打印设备技术领域的相关专利申请都是从 2015 年左右申请量迅速增长，远超国外的专利申请量，并且增长速度超过全球增长速度。而且，从申请人来看，排名前 3 的都是国外申请人，申请量远超于其他申请人。天津市申请人中天津大学和河北工业大学的申请量在这 3 个领域也是遥遥领先的。

2. 重点专利参考价值高

重点专利分析主要包括中国涉诉专利、中国专利无效后仍维持有效的专利、被引证次数较高的中国专利。其中：

（1）减速器技术领域涉诉专利数量 2 件；被提出无效请求的专利共计 3 件，其中被无效后仍维持有效的专利数量为 2 件。专利被引证次数大于 20 次及以上的中国专利共计 36 件，其中失效的专利占据多半，为 23 件，授权有效的为 13 件。

（2）数控技术领域涉诉专利数量共 18 件，其中其他诉讼最多，其次是侵权诉讼。减速器技术领域专利被提出无效请求的专利共计 14 件，其中无效后仍维持有效的专利数量为 7 件，专利被引证次数大于 60 次及以上的中国专利共计 38 件，其中失效的专利占据多半为 22 件，授权有效的为 14 件。

（3）3D 打印设备技术领域无中国涉诉专利；被提出无效请求的专利共计 7 件，其中被无效后仍维持有效的专利数量为 1 件，部分有效 1 件，专利被引证次数大于 40 次及以上的中国专利共计 65 件，其中授权有效的专利占据多半，为 40 件，授权有效的为 24 件。

第 5 章　重点关注创新主体分析

5.1　西门子

西门子是全球电子电气工程领域的领先企业，进入中国百余年来已经在中国确立了市场的领先地位，成为中国社会和经济不可分割的一部分，在智能制造的发展中也是如此。西门子智能制造成都创新中心于 2019 年 5 月 21 日在成都高新区正式启动，将融合智能制造的创新与研发，汇聚离散与流程制造软硬件技术的创新，成为集创新中心与数字化工厂于同一城市的示范基地。

通过检索发现，西门子智能制造产业专利申请量共 4 995 件，以发明专利类型为主，其中发明申请 2 841 件，发明授权 1 961 件。

5.1.1　申请趋势及全球专利布局情况

图 5.1 显示了西门子近 20 年全球和中国智能制造产业申请量变化趋势，可以看出，全球和中国智能制造产业技术的专利申请量总体呈上升趋势，中国和全球的专利申请量趋势大体是一致的。2014 年之前，专利申请量相对比较平稳，2014 年之后，进入快速增长时期，不同的是，全球增长速率更快。结合西门子智能制造产业专利技术专利布局目标国家（地区 / 组织）的专利申请数量情况（表 5.1），可以看出，西门子主要专利布局市场在德国、美国，并且在中国的专利申请也表现突出，申请量超过 600 件，也是重要的专利布局目标区域。

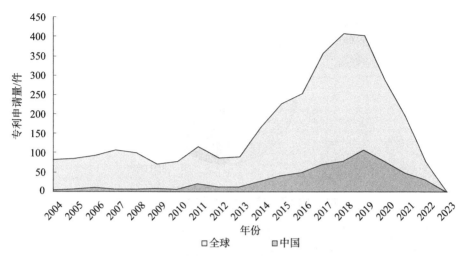

图 5.1　西门子智能制造产业专利申请趋势分析

表 5.1　西门子智能制造产业国家（地区 / 组织）专利申请情况

专利布局目标国家（地区 / 组织）	专利申请量 / 件	全球占比 /%
德国	1 087	23.00
美国	948	20.06
欧洲专利局（EPO）	931	19.70
世界知识产权组织	700	14.81
中国	665	14.07
日本	207	4.38
韩国	62	1.31
奥地利	47	0.99
英国	44	0.93
印度	35	0.74

5.1.2　技术分布情况分析

从技术分布情况来看（图 5.2），西门子在数控机床布局专利数量占比最高，接近 50%；其次是工业机器人，占比 32.39%；3D 打印占比最少。说明西门子比较重视数控机床和工业机器人领域的专利布局，是其布局的重点和热点。

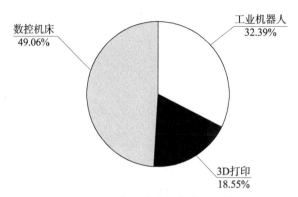

图 5.2　西门子智能制造产业技术分布情况分析

图 5.3 为西门子智能制造产业各技术分支全球专利申请趋势。从申请趋势来看，各技术分支申请量呈现增长趋势。2016 年之前，工业机器人和数控机床专利申请数量相对比较稳定，3D 打印领域起步相对较晚，但是增长速率快。

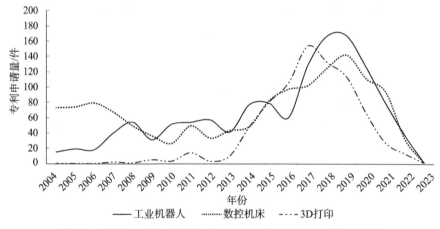

图 5.3　西门子智能制造产业各技术分支专利全球申请趋势分析

5.1.3　协同创新情况分析

协同创新的技术往往涉及技术的难点、重点或者产业热点。从协同创新专利技术来看（图 5.4），数控机床协同创新专利申请数量最多，共计 303 件，其次是工业机器人协同创新专利，申请数量为 242 件；协同创新占比最高的是工业机器人，比例约为 13.37%，3D 打印的协同专利申请数量和占比都是最低的。说明工业机器人和数控机床是西门子的产业研究热点、重点。

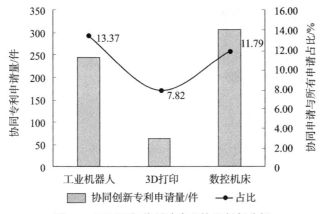

图 5.4　西门子智能制造产业协同创新分析

5.1.4　发明人情况分析

通过分析申请人的主要发明人，梳理其技术或申请人的核心技术人才，为人才的挖掘和评价提供帮助。

西门子智能制造产业领域中国专利发明人排行榜见表 5.2。排名第一的是范顺杰博士，其于 2005 年加入西门子，从事工业自动化和运动控制系统的研发工作。近年来参与了"未来自动化"和"自主机器人"项目。

表 5.2　西门子智能制造产业中国专利发明人情况　　　　单位：件

排名	发明人	专利申请量
1	范顺杰	26
2	约亨·布雷特施奈德	17
3	卓越	12
4	摩西·豪赞	11
5	李长鹏	11
6	介鸣	10
7	卡斯滕·哈姆	10
8	拉尔夫·施皮尔曼	10
9	胡安·L·阿帕里西奥·奥赫亚	10
10	孙兆君	9

5.1.5 重点专利列表

重点专利分析主要包括中国涉诉专利、中国专利无效后仍维持有效的专利、被引证次数较高的中国专利。

5.1.5.1 涉诉专利

西门子智能制造领域中国涉诉专利数量为1件，见表5.3。诉讼的类型是行政诉讼。

表 5.3　西门子智能制造产业涉诉专利

公开（公告）号	专利名称	诉讼类型
CN108027608A	针对处理对象的处理步骤的开启	行政案件

5.1.5.2 无效后仍维持有效的专利

西门子智能制造领域中国专利无被提出无效请求的专利。

5.1.5.3 其他重点专利

西门子智能制造领域其他重点专利选取的标准是专利被引证次数大于10次及以上的中国专利，具体见表5.4。共计8件，目前都处于失效状态，可以作为研发参考。

表 5.4　西门子智能制造产业其他重点专利

专利名称	公开（公告）号	当前法律状态	被引证次数／次
通过选择性激光熔化来制造构件的方法和为此适用的操作室	CN102076456A	驳回	47
数控系统的参数配置装置及参数配置方法	CN101334654A	撤回	17
用于通过网络为自动化系统提供服务的系统结构和方法	CN100362442C	期限届满	16
模拟机床或专用机床的控制特性和／或机器特性的方法	CN101278243A	驳回	13
用于三相电源系统的动态电压补偿器	CN101521385A	撤回	12

专利名称	公开（公告）号	当前法律状态	被引证次数／次
包括优选可旋转地安置在机器人臂上的 C 臂的 X 射线设备	CN101483966A	撤回	12
具有线性直接驱动装置的木工机床	CN101120500A	驳回	11
数字控制方法	CN1165332A	撤回	11

5.2　格力

　　格力自 2012 年进军多元化领域以来，始终坚持自主创新的发展道路。在智能装备领域充分展现了其强大的创新能力，这一创新实力不仅为中国企业的高质量发展注入了新动力，还在国际舞台上赢得了瞩目。格力数控机床正引领着智能铝加工的趋势。作为中国国际铝工业展的重要参与者，格力数控机床主动融入智能制造，向世界展示了其在工业装备领域的优秀成果。其产品涵盖立式数控机床、五轴数控机床、龙门数控机床等，不仅在传统制造领域有广泛应用，还在新能源汽车、电子、家电等高新技术领域展现出强大的实力。作为中国家电行业的领军企业，格力在智能制造领域的不懈努力和积极探索，为中国制造业的发展树立了典范。

　　通过检索发现，格力智能制造产业专利申请量 1 843 件，以发明专利类型为主，发明申请 835 件，发明授权 348 件。

5.2.1　申请趋势及全球专利布局情况

　　图 5.5 显示了格力近 20 年全球和中国智能制造产业申请量变化趋势，可以看出，专利申请量总体呈上升趋势，中国和全球的专利申请量趋势大体是一致的，同时可以看出，格力专利大多数都是中国专利。2011 年之前，只有零星专利申请，2012—2015 年缓慢增长，2015 年之后，进入快速增长时期，这与格力的整体战略是一致的。表 5.5 为格力智能制造产业专利技术专利布局目标国家（地区／组织）的专利申请数量情况，可以看出，格力的智能制造产业国外专利布局相对较弱，主要专利布局市场在中国，全球占比 97.07%，是其重要的专利布局目标区域。

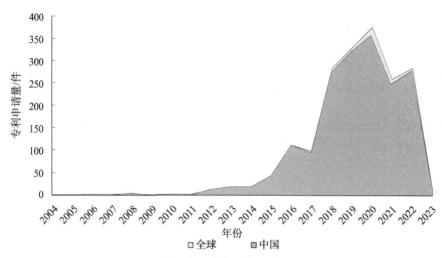

图 5.5 格力智能制造产业专利申请趋势分析

表 5.5 格力智能制造产业专利布局目标国家（地区 / 组织）专利申请情况

专利布局目标国家（地区 / 组织）	专利申请量 / 件	全球占比 /%
中国	1 789	97.07
世界知识产权组织	44	2.39
日本	6	0.33
欧洲专利局（EPO）	3	0.16
美国	1	0.05

5.2.2 技术分布情况分析

从技术分布情况来看（图 5.6），格力在工业机器人布局专利数量占比最高，超过 70%；其次是数控机床，占比 26.98%；3D 打印占比最少，约 1.4%。说明格力比较重视数控机床和工业机器人领域的专利布局，是其布局的重点和热点。

图 5.7 为格力智能制造产业各分支全球专利申请趋势。从申请趋势来看，工业机器人、数控机床申请量呈现增长趋势，2014 年之前，工业机器人只有零星专利申请，2014 年之后出现快速增长，增长速率最快；数控机床从 2016 年开始出现一定速度的增长；3D 打印领域不是其重点布局领域，只有零星专利申请。从申请趋势也进一步验证了，格力重点研发的领域是工业机器人。

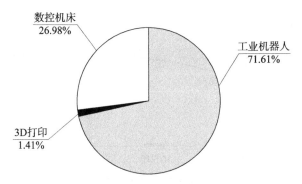

图 5.6　格力智能制造产业技术分布情况分析

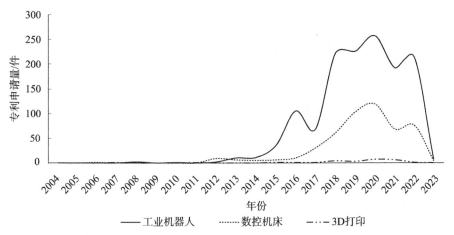

图 5.7　格力智能制造产业各技术分支全球专利申请趋势分析

5.2.3　协同创新情况分析

协同创新的技术往往涉及技术的难点、重点或者产业热点。从协同创新专利技术来看（图 5.8），工业机器人协同创新专利申请数量最多，共计 629 件，其次是数控机床协同创新，专利申请数量为 498 件；3D 打印协同创新专利申请数量最少，但是协同创新占比是最高的，比例约为 57.69%。整体协同创新占比都比较高，说明格力比较重视合作开发、研究，尤其在其专利布局量最少的 3D 打印领域。

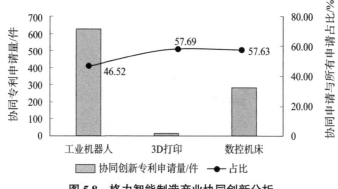

图 5.8　格力智能制造产业协同创新分析

5.2.4　发明人情况分析

通过分析申请人的主要发明人，梳理其技术或申请人的核心技术人才，为人才的挖掘和评价提供帮助。

格力智能制造产业领域中国专利发明人排行榜见表 5.6。排名第 1 的是张志波，通过进一步检索分析得知，张志波的主要研发热点是工业机器人。

表 5.6　格力智能制造产业中国专利发明人情况　　　　　单位：件

排名	发明人	专利申请量
1	张志波	146
2	杨裕才	138
3	钟文涛	124
4	钟成堡	119
5	张天翼	108
6	崔中	105
7	高小云	94
8	程中甫	91
9	柳明正	87
10	阎栓	84

5.2.5　重点专利列表

重点专利分析主要包括中国涉诉专利、中国专利无效后仍维持有效的专利、被引证次数较高的中国专利。

5.2.5.1　涉诉专利

格力智能制造产业领域无中国涉诉专利。

5.2.5.2　无效后仍维持有效的专利

格力智能制造产业领域目前没有被提出无效请求的中国专利。

5.2.5.3　其他重点专利

格力智能制造产业领域其他重点专利选取的标准是专利被引证次数大于10 次及以上的中国专利，具体见表 5.7。共计 16 件，目前处于失效状态的有11 件，可以作为研发参考。

表 5.7　格力智能制造产业其他重点专利

专利名称	公开（公告）号	当前法律状态	被引证次数 / 次
工业机器人视觉识别定位抓取方法、计算机装置以及计算机可读存储介质	CN110660104A	驳回	49
机器人及其机器人关节	CN105459149A	驳回	24
一种智能床具睡眠调节方法、系统及智能床具	CN109814398A	授权	23
路径规划方法及装置	CN109540146A	驳回	18
确定手眼标定的方法及装置	CN108942934A	驳回	18
夹具	CN108406828A	实质审查	18
数据采集系统	CN108052086A	实质审查	18
机器人运动控制系统和方法	CN106003023A	驳回	17
机器人及其控制方法、智能家居控制系统	CN110244572A	驳回	14
一种奇异点区域减速保护方法、系统和工业机器人	CN105437235A	驳回	14
主轴的监测方法及装置、机床	CN109079165A	驳回	12
多关节机器人	CN105522563A	驳回	12
机器人的碰撞检测方法和装置	CN109079856A	实质审查	11
机器人及其示教器通信系统	CN205620710U	授权	11

专利名称	公开（公告）号	当前法律状态	被引证次数 / 次
机器人关节组件及具有其的机器人	CN105479484A	驳回	11
一种平移机构及具有其的移栽机械手	CN202763576U	避重放弃	11

5.3　华中科技大学

华中科技大学是教育部直属重点综合性大学，由原华中理工大学、同济医科大学、武汉城市建设学院于 2000 年 5 月 26 日合并成立，是国家"211 工程"重点建设和"985 工程"建设高校之一，是首批"双一流"建设高校。华中科技大学的先进智能制造实验室（AMI）依托华中科技大学机械学院机电系、中国科学院杨叔子院士科研团队组建，围绕机械电子设备和智能制造领域与信息化智能化相关主题，以提高企业数字化、信息化与智能化水平为目标开展相关研究，主要从事机电信息与智能化技术、智能制造技术和设备状态监测、故障诊断与寿命周期维护 PLM 技术研究。研究方向包括：复杂系统及重大装备寿命周期管理（PLM）、非标机电系统（装备）和智能仪器研制、虚拟制造与数字化车间、三维参数化设计与虚拟样机。

通过检索发现，华中科技大学智能制造产业专利共 1 770 件，以发明专利类型为主，发明申请 625 件，发明授权 944 件。

5.3.1　申请趋势及全球专利布局情况

图 5.9 显示了华中科技大学近 20 年全球和中国智能制造产业申请量变化趋势，可以看出，全球和中国智能制造产业技术的专利申请量总体呈上升趋势，中国和全球的专利申请量趋势大体是一致的，全球专利中中国专利占比比较大。2014 年之前，专利申请量增长速度相对比较缓慢，2014 年之后，进入快速增长时期。结合华中科技大学智能制造产业专利技术专利布局目标国家（地区 / 组织）的专利申请数量情况（表 5.8），可以看出，华中科技大学主要专利布局市场在中国，专利申请量 1 670 件，同时，华中科技大学在美国、日本等国家也有少量专利布局。

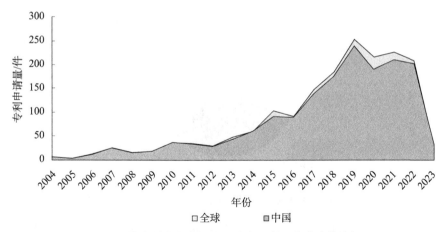

图 5.9　华中科技大学智能制造产业专利申请趋势分析

表 5.8　华中科技大学智能制造产业专利布局目标国家（地区 / 组织）专利申请情况

专利布局目标国家（地区 / 组织）	专利申请量 / 件	全球占比 /%
中国	1 670	94.35
世界知识产权组织	36	2.03
美国	33	1.86
日本	12	0.68
欧洲专利局（EPO）	10	0.56
澳大利亚	3	0.17
加拿大	3	0.17
俄罗斯	2	0.11
韩国	1	0.06

5.3.2　技术分布情况分析

从技术分布情况来看（图 5.10），华中科技大学在数控机床、工业机器人、3D 打印 3 个技术领域的专利占比相差比较小，专利布局相对比较均匀。说明数控机床、工业机器人、3D 打印技术领域都是华中科技大学的研发热点方向。

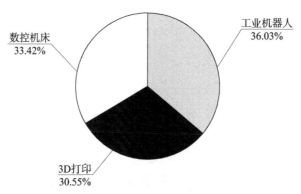

图 5.10 华中科技大学智能制造产业技术分布情况分析

图 5.11 为华中科技大学各技术分支全球专利申请趋势。从申请趋势来看，工业机器人、数控机床、3D 打印领域申请量呈现增长趋势，三者的增长趋势是一致的，2014 年之前，各分支专利申请数量相对比较稳定，2015 年之后出现快速增长。再次验证了，数控机床、工业机器人、3D 打印技术领域都是华中科技大学的研发热点方向。

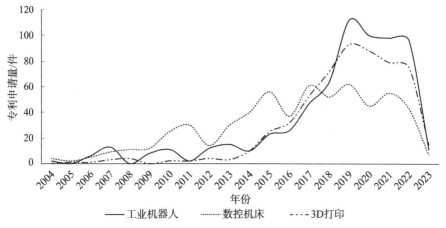

图 5.11 华中科技大学智能制造产业各技术分支全球专利申请趋势分析

5.3.3 协同创新情况分析

协同创新的技术往往涉及技术的难点、重点或者产业热点。从协同创新专利技术来看（图 5.12），数控机床协同创新专利申请数量最多，共计 157 件；其次是工业机器人协同创新专利，申请数量为 124 件；协同创新占比最高的也是数控机床，比例约为 25.49%，3D 打印的协同申请专利数量和占比都是最低的。

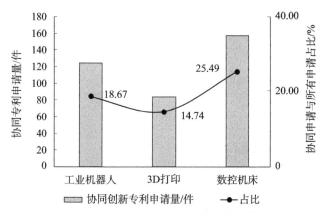

图 5.12　华中科技大学智能制造产业协同创新分析

5.3.4　发明人情况分析

通过分析申请人的主要发明人，梳理其技术或申请人的核心技术人才，为人才的挖掘和评价提供帮助。

华中科技大学智能制造产业领域发明人排行榜见表 5.9。排名第一的是史玉升教授。长期从事增材制造材料合成与加工技术研究，在增材制造专用材料及其宏微观结构一体化制备工艺与装备等方面作出重要贡献。起草国标 6 项，授权发明专利 219 件，出版学术著作 8 部，发表论文 530 篇。发明聚合物、陶瓷、金属等系列增材制造专用材料，为突破国产增材制造专用材料种类少、性能低等瓶颈问题作出了贡献；研发系列宏微观结构一体化增材制造工艺与装备，为原位、梯度与功能结构制备提供了新手段。

表 5.9　华中科技大学智能制造产业中国专利发明人情况　　单位：件

排名	发明人	专利申请量
1	史玉升	182
2	丁汉	129
3	陈吉红	116
4	曾晓雁	101
5	唐小琦	84
6	彭芳瑜	84

排名	发明人	专利申请量
7	杨建中	79
8	李斌	78
9	周会成	73
10	闫春泽	70

5.3.5　重点专利列表

重点专利分析主要包括中国涉诉专利、中国专利无效后仍维持有效的专利、被引证次数较高的中国专利。

5.3.5.1　涉诉专利

华中科技大学智能制造产业领域中国涉诉专利数量共 1 件，见表 5.10。诉讼的类型是行政诉讼，该案件目前处于失效状态，但其引证次数高达 26，具有较高参考价值。

表 5.10　华中科技大学智能制造产业涉诉专利

公开（公告）号	专利名称	诉讼类型
CN106694872A	一种适用于零件与模具的复合增材制造方法	行政案件

5.3.5.2　无效后仍维持有效的专利

华中科技大学智能制造产业领域中国专利没有被提出无效请求。

5.3.5.3　其他重点专利

华中科技大学智能制造产业领域其他重点专利选取的标准是专利被引证次数为 10 次及以上的中国专利，具体见表 5.11。共计 107 件，目前有 86 件处于失效状态，可以作为研发参考。

表 5.11　华中科技大学智能制造产业其他重点专利

专利名称	公开（公告）号	当前法律状态	被引证次数 / 次
一种金属零件选区激光熔化快速成型设备	CN201300207Y	期限届满	111

专利名称	公开（公告）号	当前法律状态	被引证次数 / 次
一种高能束增材制造大尺寸金属零部件的设备及其控制方法	CN104001915A	授权	70
一种熔融沉积三维打印喷头及打印机	CN104626556A	驳回	57
渐开线直齿圆锥齿轮的修形方法	CN1614526A	撤回	52
一种大型复杂曲面动态聚焦激光加工方法及系统	CN108555464A	实质审查	50
一种航空薄壁叶片补偿加工方法	CN105242637A	撤回	44
五轴侧铣加工工艺参数设计方法	CN102129232A	驳回	43
一种微铸锻铣磨原位复合的金属零件制造系统及方法	CN110076566A	撤回	41
一种重型机床切削参数的优化方法	CN102609591A	撤回	39
一种基于红外信息的金属增材制造过程控制装置与方法	CN106404795A	实质审查	35
一种生产现场数据在线采集分析及故障预测系统	CN108873830A	驳回	34
一种选择性激光烧结快速直接制造注塑模具的方法	CN1970202A	驳回	34
直接制造大型零部件的选区激光熔化快速成型设备	CN202291409U	避重放弃	32
适用于亚毫米级微小物体操作的微装配机器人	CN2510248Y	失效	31
一种大型数控机床工艺可靠性的评估方法	CN101804580A	撤回	30
一种大型复杂曲面动态聚焦激光加工系统	CN208391288U	授权	28
多轴联动数控激光加工系统	CN101690993A	撤回	28
能提高烟尘净化效果的多振镜大幅面激光选区熔化装备	CN106799494A	授权	27
一种适用于零件与模具的复合增材制造方法	CN106694872A	驳回	26
一种基于模型特征的激光功率调节方法	CN107599382A	驳回	25
一种激光选区熔化耦合冲击波设备	CN104923789A	驳回	25
一种叶片的螺旋磨削刀具轨迹生成方法	CN102436216A	驳回	25
3D 打印制备碳纤维增强 SiC 陶瓷基复合材料的方法	CN111018537A	驳回	24
一种基于信息融合及支持向量机的刀具状态在线监测方法	CN109015111A	驳回	24

专利名称	公开（公告）号	当前法律状态	被引证次数／次
一种石墨烯／金属复合材料及三维石墨烯的制备方法	CN108034930A	驳回	24
一种可穿戴式上肢康复训练机器人装置	CN201135581Y	避重放弃	24
一种激光选区熔化成形铺粉质量视觉在线检测方法及系统	CN107402220A	授权	23
一种双机器人实时动态避障装置及其避障方法	CN105479490A	撤回	23
一种数控成品电路板在环境综合作用下的可靠性快速测评方法	CN103176077A	授权	23
一种快速制造方法及其装置	CN1476956A	驳回	23
压电式三维打印成型系统	CN202448496U	失效	22
一种工业数据采集和反馈系统	CN102681504A	撤回	21
一种3D打印用光敏树脂及其制备与应用方法	CN105785714A	驳回	20
一种注塑模具的3D打印制备方法	CN105562691A	驳回	20
一种基于数控系统日志的故障数据可视化解析方法	CN105116842A	授权	20
数控机床动态特性测试分析系统	CN101794138A	撤回	20
一种元器件点胶轨迹提取方法及自动控制机器人系统	CN110152938A	撤回	19
一种增材制造过程中并行控制零件变形和精度的方法	CN109746443A	撤回	19
一种三段式选择性激光熔化组合预热系统	CN108480638A	实质审查	19
一种基于三维模型的机器人可视化虚拟示教系统及方法	CN107220099A	撤回	19
一种数控机床热机阶段的热变形预测方法	CN106372337A	撤回	19
一种数控机床系统的功率建模方法	CN104281090A	撤回	19
压电式三维打印成型系统及其成型方法	CN102602146A	失效	19
一种数控激光加工装置	CN101690994A	撤回	19
一种高掺杂辐射制冷复合纤维及其织物的制备方法	CN111455484A	实质审查	17
一种微纳米复合金属焊膏制备方法、产品及应用	CN110238562A	驳回	17
一种四自由度铣削夹具	CN205394043U	授权	17
一种数控装备性能可靠性评估方法	CN102411339A	撤回	17

专利名称	公开（公告）号	当前法律状态	被引证次数 / 次
一种多轴数控加工的进给速度平滑方法	CN102091967A	撤回	17
一种水下作业系统集成驱动关节	CN101716768A	撤回	17
一种激光探针微区成分分析仪	CN201434840Y	避重放弃	17
一种挠性印刷电路板的紫外激光切割的定位与变形校正方法	CN101502917A	撤回	17
一种外转子直驱式永磁同步力矩伺服电机	CN101459367A	撤回	17
一种用于增材制造的铝合金粉末材料、制备方法及应用	CN110791686A	驳回	16
一种用于数控机床加工车间的自动化计件方法及系统	CN105334798A	驳回	16
一种面向多性能参数的数控装备性能可靠性评估方法	CN102520669A	撤回	16
一种基于智能扫描路径规划的 SLM 成形方法及产品	CN111299577A	驳回	15
连续纤维增强复合材料及零件的选区熔化成形方法及设备	CN108372658A	驳回	15
一种金属零件的激光增材制造设备	CN203807559U	避重放弃	15
基于数控系统的敏感数据分级保护方法及分级保护系统	CN111726353A	驳回	14
一种多功能在轨维护机器人系统	CN109454633A	驳回	14
一种模具智能随形冷却流道及其制造方法	CN108097953A	驳回	14
一种用于激光选区熔化送粉的粉末预热装置及其应用	CN106799493A	授权	14
一种多喷头三维打印机	CN205460048U	失效	14
多轴运动控制系统	CN102402201A	撤回	14
零件与模具的熔积成形复合制造方法及其辅助装置	CN101817121B	授权	14
一种基于指令序列优化的加工负荷控制系统	CN102081376A	撤回	14
一种机器人用柔性手腕	CN201824359U	失效	14
一种利用巨电流变液实现分段弯曲的软体手指	CN112045694A	实质审查	13
一种增材制造过程中并行控制零件变形和精度的方法	CN110788324A	实质审查	13
一种基于操控一体的工业机器人控制装置及系统	CN110524543A	驳回	13

续表

专利名称	公开（公告）号	当前法律状态	被引证次数/次
一种基于3D打印模芯的模具快速加工方法	CN109128165A	驳回	13
空间自定位机械臂的肩部锁紧与腕部捕获设备及其应用	CN109129451A	撤回	13
一种聚合物多材料增减材复合成形系统及方法	CN109130170A	驳回	13
一种数控机床的非周期性预防维修方法	CN109102085A	驳回	13
一种基于示教学习的机器人逆运动学求解方法	CN108427282A	驳回	13
一种非晶合金箔材的激光3D打印成形系统及成形方法	CN108080638A	授权	13
一种金属增材制造质量在线检测系统	CN107764798A	驳回	13
一种数控机床的维修决策系统及其方法	CN106529684A	撤回	13
自动化组合锁压缩机螺母装置	CN205684998U	失效	13
一种适用于复杂曲面的激光加工方法及装置	CN102151984B	授权	13
一种基于模态质量分布矩阵的数控机床敏感环节辨识方法	CN103823406A	撤回	13
一种多轴数控激光加工装置	CN102000913A	撤回	13
机器人自主定位系统	CN201138451Y	期限届满	13
一种单自由度高带宽力控磨抛装置及其应用	CN110977760A	驳回	12
一种轻质多孔莫来石陶瓷及其直写3D打印制备方法	CN110981457A	驳回	12
一种基于光纤弯曲传感器的软体致动器	CN110193825A	撤回	12
基于增材制造的SiC基陶瓷零件的制备方法及产品	CN110171976A	驳回	12
一种高自由度复杂结构零件的增材制造装置及方法	CN109848410A	授权	12
一种激光加工头及其构成的激光精密制造装备	CN206764133U	授权	12
一种基于数控系统内部数据的断刀检测方法	CN106647629A	撤回	12
一种用于固体火箭发动机药柱整形的数控装备	CN205414594U	失效	12
一种模具加工生产线物联网系统及生产控制方法	CN105425754A	驳回	12
一种数控机床刀具磨损监测方法	CN102091972B	失效	12

续表

专利名称	公开（公告）号	当前法律状态	被引证次数 / 次
一种粘土增强尼龙选择性激光烧结成形件的方法	CN101148540B	授权	12
板材动圈电磁渐进成形方法及其装置	CN100447690C	失效	12
高功率激光辊类表面多头毛化加工方法及其装置	CN100413631C	失效	12
一种模块化嵌入式多足机器人运动控制器	CN201020717Y	避重放弃	12
一种用于微小样品的六轴力学性能测量装置	CN2639875Y	避重放弃	12
一种金属零件增材制造过程中变形控制系统及方法	CN110586941A	驳回	11
一种具有目标跟踪和自动避障的载物爬楼机器人	CN109434795A	实质审查	11
一种激光增材制造装备及方法	CN107570706A	实质审查	11
一种用于生成无干涉的五轴加工轨迹的投影算法	CN106774145A	撤回	11
一种基于红外信息的金属增材制造过程控制装置	CN206177838U	授权	11
一种基于指令域分析的进给轴装配故障的诊断方法	CN106323633A	撤回	11
一种基于以太网通信的工业机器人示教盒	CN203197922U	失效	11
轮式永磁吸附管道爬行机器人	CN201090892Y	避重放弃	11

5.4　天津大学

天津大学（Tianjin University），其前身为北洋大学，始建于1895年10月2日，是中国第一所现代大学，开中国近代高等教育之先河。现有教职工4 849人，其中院士13人，国家"杰出青年科学基金"获得者66人，国家"优秀青年科学基金"获得者91人，国家"万人计划"领军人才51人、青年拔尖人才31人，教授974人。学校坚持面向全球开放办学，全方位深化国际交流合作。与国际上50个国家（地区／组织）的260所高校、研究所和公司建立了合作关系。

通过检索发现，天津大学智能制造产业专利共938件，以发明专利类型为主，发明申请398件，发明授权430件。

5.4.1 申请趋势及全球专利布局情况

图 5.13 显示了天津大学近 20 年全球和中国智能制造产业申请量变化趋势，可以看出，全球和中国智能制造产业技术的专利申请量总体呈上升趋势，中国和全球的专利申请量趋势大体是一致的，国外专利相对较少。2014 年之前，专利申请量增长相对比较缓慢，2015 年之后，进入快速增长时期。结合天津大学智能制造产业专利技术专利布局目标国家（地区 / 组织）的专利申请数量情况（表 5.12），可以看出，天津大学主要专利布局市场在中国，申请量达 911 件，中国是重要的专利布局目标区域。

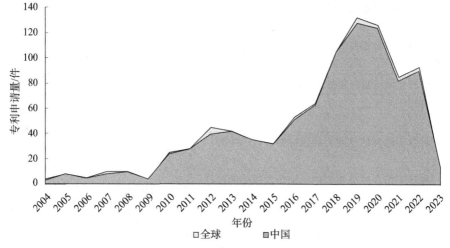

图 5.13　天津大学智能制造产业专利申请趋势分析

表 5.12　天津大学智能制造产业专利布局目标国家（地区 / 组织）专利申请情况

专利布局目标国家（地区 / 组织）	专利申请量 / 件	全球占比 /%
中国	911	97.12
世界知识产权组织	16	1.71
美国	6	0.64
欧洲专利局（EPO）	2	0.21
澳大利亚	1	0.11
日本	1	0.11
韩国	1	0.11

5.4.2　技术分布情况分析

从技术分布情况来看（图 5.14），天津大学在工业机器人分支布局专利数量占比最高，超过 60%；其次是数控机床，占比 24.45%；3D 打印占比最少，占比不到 15%。说明天津大学的研发热点是工业机器人。

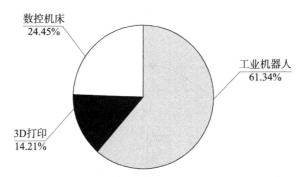

图 5.14　天津大学智能制造产业技术分布情况分析

图 5.15 为天津大学智能制造产业各分支全球专利申请趋势。从申请趋势来看，工业机器人、数控机床、3D 打印领域申请量呈现增长趋势，工业机器人领域 2016 年之前，专利申请数量相对比较稳定，2016 年之后增长比较快速；数控机床和 3D 打印每年专利申请数量相对工业机器人较少，数控机床专利数量相对比较稳定，3D 打印领域起步相对比较晚，与工业机器人一致的是 2016 年之后都呈现快速增长的趋势。

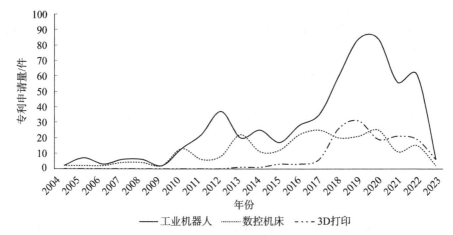

图 5.15　天津大学智能制造产业各技术分支全球专利申请趋势分析

5.4.3 协同创新情况分析

协同创新的技术往往涉及技术的难点、重点或者产业热点。从协同创新专利技术来看（图5.16），天津大学整体协同占比都不高，低于4%。工业机器人协同创新专利申请数量最多，共计13件，其次是数控机床协同创新专利申请数量，为7件；3D打印的协同申请专利数量最少，为5件，但是其协同创新占比最高，比例约为3.68%。

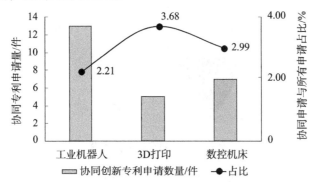

图5.16 天津大学智能制造产业协同创新分析

5.4.4 发明人情况分析

通过分析申请人的主要发明人，梳理其技术或申请人的核心技术人才，为人才的挖掘和评价提供帮助。

天津大学智能制造产业领域发明人排行榜见表5.13。排名第一的是黄田教授，从事机械动力学、机器人学、数控机床的教学研究工作，带领团队在并/混联机器人和精密工作母机设计理论、关键技术和工程应用方面取得突出成绩，与企业合作先后研制出高速并联机器人、高性能混联机器人和精密卧式加工中心等高端装备，在国家重点领域和行业中得到规模应用。相关成果获国家技术发明二等奖1项，省部级科技奖励特等奖和一等奖7项，以及中国优秀专利奖，天津市专利金奖，中国好设计金奖，上银优秀博士论文银、铜奖等多项奖项；团队荣获"天津市十大劳模工作室"称号，及获得天津大学首届荣智健科技创新奖奖金。

表5.13 天津大学智能制造产业中国专利发明人情况　　　　　单位：件

排名	发明人	专利申请量
1	黄田	97

排名	发明人	专利申请量
2	王攀峰	74
3	宋轶民	70
4	张大卫	69
5	孙涛	68
6	赵学满	68
7	刘海涛	62
8	肖聚亮	61
9	梅江平	48
10	王太勇	43

5.4.5　重点专利列表

重点专利分析主要包括中国涉诉专利、中国专利无效后仍维持有效的专利、被引证次数较高的中国专利。

5.4.5.1　涉诉专利

天津大学智能制造产业领域中国无涉诉专利。

5.4.5.2　无效后仍维持有效的专利

天津大学智能制造产业领域中国专利无被提出无效请求的专利。

5.4.5.3　其他重点专利

天津大学智能制造产业领域其他重点专利选取的标准是专利被引证次数为 10 次及以上的中国专利，见表 5.14。共计 64 件，目前 54 件处于失效状态，可以作为研发参考。

表 5.14　天津大学智能制造产业其他重点专利

专利名称	公开（公告）号	当前法律状态	被引证次数／次
二自由度平面并联机器人机构	CN1589191A	撤回	66
单关节臂在线原位测量方法及装置	CN102768028A	撤回	47

续表

专利名称	公开（公告）号	当前法律状态	被引证次数／次
一种具有两转动和一平动自由度的并联机构	CN100377847C	失效	47
可变自由度的并联机构	CN102179807A	撤回	46
一种基于YOLOv3的机器人自主分类抓取方法	CN111080693A	实质审查	43
一种生产线上运动目标追踪方法	CN101872423A	撤回	40
二自由度平动并联机器人机构	CN2511447Y	失效	38
喉部手术机器人从操作手	CN1730245A	放弃	37
基于机器人的快速自动化三维形貌在线测量方法和系统	CN101261118A	撤回	36
一种机床整机静刚度的优化设计方法	CN104156501A	撤回	33
基于加工机床的自由曲面原位测量方法	CN102001024A	撤回	33
一种带触觉力和形状感知功能的气动软体手指	CN108908379A	驳回	29
一种提高离轴非球面镜形状精度和加工效率的方法	CN101670442A	驳回	29
四自由度混联机器人	CN1212221C	失效	29
一种无传感器式协作机器人碰撞检测方法	CN108000521A	驳回	28
空间三转动自由度并联机构	CN101244558A	驳回	28
机器人柔性视觉测量系统中工具坐标系快速修复方法	CN103115629A	撤回	24
一种对称型三转动并联机构	CN104308834A	驳回	23
可实现两转动和一平动自由度的并联机构	CN100446944C	授权	23
一种超声空化辅助射流抛光系统及抛光方法	CN110026908A	实质审查	22
机械臂无模型自适应积分终端滑模控制方法	CN110154028A	放弃	21
一种微创外科丝传动、四自由度手术工具	CN101637402B	授权	20
一种基于移动机器人的路径规划方法	CN110865642A	实质审查	19
一种含多轴转动支架的五自由度混联机器人	CN204913901U	失效	19
一种可实现四自由度运动的并联机构	CN102229141B	授权	19
基于柔性机构的位移传感器式压电陶瓷驱动器	CN103143732A	撤回	18
线性驱动四自由度混联机械手	CN102069496A	撤回	18

专利名称	公开（公告）号	当前法律状态	被引证次数 / 次
具有远架三杆的空间三平动自由度并联机构	CN101244557A	撤回	18
三自由度纳米级微定位工作台	CN1597249A	撤回	18
一种 CMT- 超声冲击复合增材制造的方法	CN108067705A	驳回	17
微细管道管内缺陷及形貌测量装置及方法	CN102608124A	撤回	17
一种基于数字孪生的五轴数控机床控制方法	CN110865607A	驳回	16
三割炬机器人 H 型钢自动切割系统	CN102489824A	撤回	16
可实现整周回转的四自由度混联抓放式机器人机构	CN100410029C	授权	16
含冗余自由度的多坐标混联机器人	CN100348386C	失效	16
立式三平动自由度的并联机床	CN2476392Y	失效	16
一种具有三维平动的并联机构	CN105818137A	撤回	15
一种五自由度混联数控机床	CN103252683A	撤回	15
用于焊接机器人的人机交互方法和实施装置	CN102166752A	撤回	15
一种具有加工自适应功能与在机质量检测的监控方法	CN101571712A	撤回	15
线性驱动高速平面并联机械手	CN102152300A	撤回	14
用于行星齿轮传动的配齿方法	CN101216090A	撤回	14
一种多类型组合孔群数控加工方法	CN105867309A	撤回	13
新型空间全对称四自由度并联机构	CN102601793B	授权	13
一种高速五自由度并联机械手	CN102975203A	撤回	13
履带式管道机器人	CN2487515Y	失效	13
一种基于柔顺放大机构的内嵌驱动式恒力微夹持器	CN109483515A	驳回	12
一种复杂面型曲面制造的补偿加工方法	CN104808581A	撤回	12
一种五轴数控机床	CN103273329B	失效	12
一种面对称型三转动并联机构	CN104308835A	驳回	12
一种具有三转动和一平动自由度的并联机构	CN102490179A	撤回	12
杆轮组合式三平一转并联机构	CN102152306B	授权	12
一种具有三维平动一维转动的并联机构	CN201907121U	失效	12

续表

专利名称	公开（公告）号	当前法律状态	被引证次数 / 次
非对称空间 5 自由度混联机器人	CN100446940C	期限届满	12
喉部手术用微机械手	CN1730246A	撤回	12
仅含转动副的二自由度平动并联机器人机构	CN1155458C	期限届满	12
一种精密减速器综合性能立式多自由度高精度检测仪	CN106679968B	授权	11
一种基于 3D 打印技术的纤维增强陶瓷薄壁件的成型方法	CN108069706A	驳回	11
基于凝胶注模 3D 打印的纤维增强陶瓷异型件成型方法	CN108033802A	驳回	11
一种机床工作空间热误差辨识模型建立方法	CN107081638A	驳回	11
一种基于开放式焊接机器人的示教系统	CN103419199A	撤回	11
平行错动式三平一转并联机构	CN102161200B	失效	11
基于线结构光视觉传感器实现空间圆孔几何参数测量方法	CN100494879C	失效	11
三自由度纳米级微定位工作台	CN2707426Y	失效	11

5.5　河北工业大学

通过检索发现，河北工业大学智能制造产业专利数量为 570 件，以发明专利类型为主，发明申请 185 件，发明授权 188 件。

5.5.1　申请趋势及全球专利布局情况

图 5.17 显示了河北工业大学近 20 年全球和中国智能制造产业申请量变化趋势，可以看出，全球和中国智能制造产业技术的专利申请量总体呈上升趋势，中国和全球的专利申请量是一致的，这也与河北工业大学只有很少国外专利申请有关。2014 年之前，专利申请量相对比较平稳，2014 年之后，进入快速增长时期。结合河北工业大学智能制造产业专利技术专利布局目标国家（地区 / 组织）的专利申请数量情况（表 5.15），可以看出，河北工业大学中国专

利共 567 件，接近 100%。

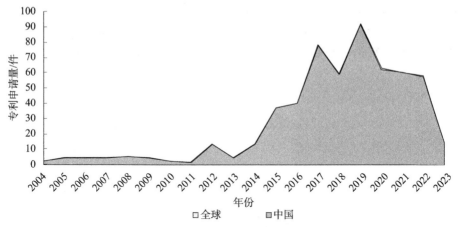

图 5.17 河北工业大学智能制造产业专利申请趋势分析

表 5.15 河北工业大学智能制造产业专利布局目标国家（地区 / 组织）专利申请情况

专利布局目标国家（地区 / 组织）	专利申请量 / 件	全球占比 /%
中国	567	99.47
美国	2	0.35
世界知识产权组织	1	0.18

5.5.2 技术分布情况分析

从技术分布情况来看（图 5.18），河北工业大学在工业机器人分支布局专利数量占比最高，接近 75%；其次是 3D 打印，占比 16.70%；数控机床占比最少。说明河北工业大学的重点研发领域是工业机器人。

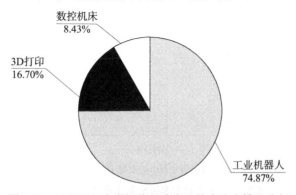

图 5.18 河北工业大学智能制造产业技术分布情况分析

图 5.19 为河北工业大学智能制造产业各技术分支全球专利申请趋势。从申请趋势来看，工业机器人 2014 年之前专利申请相对稳定，2014 之后出现快速增长；数控机床专利申请量较少，每年专利申请变化浮动较小；3D 打印领域起步相对比较晚，但是 2017 年快速增长，超过数控机床。

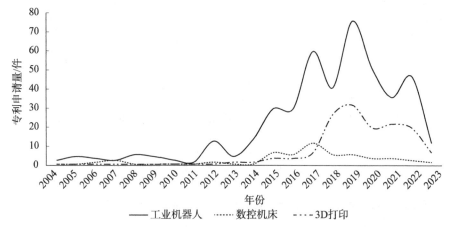

图 5.19 河北工业大学智能制造产业各技术分支全球专利申请趋势分析

5.5.3 协同创新情况分析

协同创新的技术往往涉及技术的难点、重点或者产业热点。从协同创新专利技术来看（图 5.20），工业机器人协同创新专利申请数量最多，共计 39 件，其次是 3D 打印协同创新专利，申请数量为 16 件；协同创新占比最高的是 3D 打印，比例为 16.49%。说明工业机器人一直是河北工业大学研发热点，3D 打印领域有研发变热趋势。

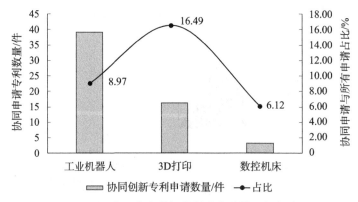

图 5.20 河北工业大学智能制造产业协同创新分析

5.5.4　发明人情况分析

通过分析申请人的主要发明人，梳理其技术或申请人的核心技术人才，为人才的挖掘和评价提供帮助。

河北工业大学智能制造产业领域发明人排行榜见表 5.16。排名第一的是张明路教授，深耕于智能特种机器人领域。2009 年入选河北省"三三三人才工程"二层次人选，2012 年教育部创新团队带头人，天津市五一劳动奖章；主要研究方向为特种机器人技术，近年来主持完成国家级科研项目 10 余项，省部级项目 20 余项，发表论文 80 余篇，其中 SCI、EI 检索 60 余篇。针对各类典型非结构化环境，研制了一系列集智能化、立体化的机器人作业系统；其研究成果分别获得教育部自然科学二等奖、天津市科技进步二等奖、河北省科技进步二等奖、河北省科技进步一等奖等奖项。

表 5.16　河北工业大学智能制造产业中国专利发明人情况　　　单位：件

排名	发明人	专利申请数量
1	张明路	64
2	张小俊	57
3	马国伟	53
4	郭士杰	40
5	王里	39
6	李铁军	34
7	张建军	33
8	刘今越	31
9	韩旭	31
10	张建华	29

5.5.5　重点专利列表

重点专利分析主要包括中国涉诉专利、中国专利无效后仍维持有效的专利、被引证次数较高的中国专利。

5.5.5.1　涉诉专利

河北工业大学智能制造产业领域中国无涉诉专利。

5.5.5.2 无效后仍维持有效的专利

河北工业大学智能制造产业领域中国专利无被提出无效请求的专利。

5.5.5.3 其他重点专利

智能制造产业领域其他重点专利选取的标准是专利被引证次数为 10 次及以上的中国专利，具体见表 5.17。共计 28 件，目前 20 件处于失效状态，可以作为研发参考。

表 5.17 河北工业大学智能制造产业其他重点专利

专利名称	公开（公告）号	当前法律状态	被引证次数 / 次
一种踝关节康复机器人	CN101292935A	撤回	64
一种基于立体视觉的机器人智能避障系统及方法	CN109048926A	驳回	46
一种踝关节康复机器人	CN201168163Y	失效	42
一种凹凸形变角焊缝自适应跟踪控制装置及其控制方法	CN105728972A	撤回	36
结构解耦三自由度并联机器人机构	CN1287955C	失效	33
一种管道环形焊接机器人	CN2726836Y	失效	31
基于主动旋转的声源定向装置及其应用方法	CN104035065A	驳回	29
一种手机电池自动化装配系统及其控制方法	CN106853639A	实质审查	28
一种紧凑型变刚度旋转柔性关节	CN106914917A	授权	24
三自由度三轴结构解耦并联微动机器人	CN1092097C	失效	23
五自由度五轴结构解耦并联微动机器人	CN1095729C	失效	21
三自由度解耦并联机器人机构	CN1715008A	撤回	20
四自由度四轴结构解耦并联微动机器人	CN1095730C	失效	20
一种柔性外骨骼助力机器人	CN110328657A	实质审查	18
一种三支链六自由度并联机器人机构	CN105729462A	撤回	17
一种机床主轴轴承预紧力的动态调整装置和动态调整方法	CN107262745A	实质审查	15
一种具有力觉临场感的 2-DOF 机器人遥操作装置	CN103386687A	撤回	15
一种抓取和移动产品的机械手	CN102922505A	驳回	15

续表

专利名称	公开（公告）号	当前法律状态	被引证次数 / 次
一种多自由度球形电机及其减速机构	CN108494203A	实质审查	14
一种六自由度三支链并联机器人机构	CN102699904B	授权	14
一种柔性主 - 被动变刚度关节	CN110744584A	实质审查	13
室外环境下机器人有毒有害气体多源嗅觉定位系统	CN104807771A	驳回	13
3D 打印赵州桥用植物纤维增强地聚物及其制备方法	CN109400031A	撤回	12
一种基于交通拥堵控制的物流中心搬运机器人路径规划方法	CN108897330A	撤回	12
一种基于初始温度保持策略的电主轴热误差主动控制方法	CN108594761A	驳回	12
一种汽车轮毂自动打磨抛光系统	CN110421423A	驳回	11
一种大型建筑幕墙安装机器人	CN109208920A	实质审查	11
一种紧凑型变刚度旋转柔性关节	CN206643958U	避重放弃	11

5.6　小结

通过对重点关注创新主体进行研究，发现：

（1）西门子作为国际大型企业，智能制造产业专利申请量处于增长趋势，比较重视美国、德国、中国市场的专利布局；从技术分布来看，数控机床和工业机器人领域的专利布局是其研发热点和重点，虽然 3D 打印比较晚，但是近几年每年专利申请量与数控机床、工业机器人相当，可见其越来越重视 3D 打印领域的研发；协同创新方面，工业机器人占比最高，为 13.37%。

（2）格力作为中国大型企业，智能制造产业专利申请处于快速增长态势，但是其国外专利布局相对较少；从技术分布来看，其重点研发的领域是工业机器人；协同创新方面，格力占比较高，三个细分技术领域的协同占比都超过了45%，通过进一步分析，格力专利申请量比较多的共同申请人是其分公司，整个集团协同创新力度比较大。

（3）华中科技大学在中国高校中智能制造产业专利申请量属于龙头高校，专利申请呈上升趋势，除中国外，在美国、日本等国家也有少量专利布局。从技术分布来看，数控机床、工业机器人、3D 打印技术领域都是华中科技大学的研发热点方向；协同创新方面，三个细分技术领域的协同占比在 14% ～ 26%。

（4）天津大学作为中国第一所现代大学，智能制造产业专利申请量呈上升趋势，中国专利占比较大。从技术分布来看，天津大学研发热点是工业机器人。协同创新方面，三个细分技术领域的协同占比都低于 5%。

（5）河北工业大学智能制造产业总体呈上升趋势，中国专利占比达到 99.47%；从技术分布来看，河北工业大学研发热点是工业机器人，3D 打印领域有研发变热趋势。协同创新占比最高的是 3D 打印，比例为 16.49%。

第6章 专利布局建议

在智能制造已成为全球制造业竞争的战略制高点的今天，智能化与数字化已成为支柱产业变革和经济高质量发展的必由之路。中国作为制造业大国，制造业与数字经济融合发展空间广阔、潜力巨大。碳达峰、碳中和已成为国家战略，实现"双碳"目标不仅解决环境问题，更倒逼经济与产业转型。

6.1 产业结构优化路径

面对智能制造产业巨大的市场前景，结合天津市智能制造产业的现状，建议天津市加快完善智能制造产业发展规划，做好产业顶层设计工程，建设形成智能制造产业集群。在政策引导和市场规划方面，建议制定出台工业机器人、3D 打印、数控机床等重点领域产业发展政策文件，并出台相关配套政策措施。整合优化各项政策资源，加大对重点领域的扶持力度，对引进标志性重大项目按"一事一议"方式进行支持。发挥财政资金杠杆作用，引导社会资金和金融资本支持产业集群创新发展，以促进天津市智能制造产业的战略升级。

天津市在智能制造产业专利布局国内外的差异对比见表 6.1。相关技术分支专利申请量全球占比小于 1% 或者中国占比小于 2% 的技术领域专利储备不足。综合分析，天津市智能制造产业链中工业机器人—机器本体、驱动机构、系统集成，数控机床—机械本体、伺服系统、柔性复合加工技术方面已经拥有一定技术成果积累，然而天津市在工业机器人—控制系统领域、3D 打印整体领域、数控机床—数控技术方面专利申请储备明显不足，需要天津市有针对性地补足产业技术短板，在相关技术上加大技术引进力度，在供给侧结构性改革中主动对接市场。根据细分技术中国专利申请人专利申请量排名情况，天津市可与重点申请人寻求合作/技术专利转让，或与重点企业/高校的发明人团队进行合作，补充产业链中不足的技术。

表 6.1　天津市智能制造产业专利各技术分支占全球、中国专利比重情况

		机器本体	控制系统	驱动机构	系统集成
工业机器人	全球专利申请量 / 件	168 481	71 420	40 062	35 400
	中国专利申请量 / 件	93 302	25 669	26 802	24 980
	天津专利申请量 / 件	2 720	578	834	783
	天津在全球占比 /%	1.61	0.81	2.08	2.18
	天津在中国占比 /%	2.92	2.25	3.11	3.13
		3D 打印材料	3D 打印设备	3D 打印技术	3D 打印应用及服务
3D 打印	全球专利申请量 / 件	26 423	50 912	12 738	14 442
	中国专利申请量 / 件	14 507	50 668	12 013	14 356
	天津专利申请量 / 件	227	664	114	143
	天津在全球占比 /%	0.86	1.30	0.89	0.99
	天津在中国占比 /%	1.56	1.31	0.95	1.00
		机械本体	伺服系统	数控技术	柔性复合加工技术
数控机床	全球专利申请量 / 件	137 863	33 865	85 893	38 999
	中国专利申请量 / 件	84 468	19 792	29 466	27 053
	天津专利申请量 / 件	2 467	470	706	668
	天津在全球占比 /%	1.79	1.39	0.82	1.71
	天津在中国占比 /%	2.92	2.37	2.40	2.47

6.2　企业培育及引进路径

对于产业链中专利储备不足的技术领域，不仅具有企业引进需求，同时应重点关注内部企业整合，培育一批创新型、价值链高端的产业集群。

6.2.1　整合培育重点企业

综合考虑天津各技术分支专利申请情况，将天津排名前 15 名的专利申请

人分为三个梯队，第一梯队是排名前 5 的科研院所或企业，包括天津大学、河北工业大学、天锻压力等，第二梯队是排名在第 6 到第 10 之间的科研院所或企业，包括天津博诺智创机器人技术有限公司、天津镭明激光科技有限公司等，第三梯队专利申请量较少，排名在第 10 名之后，包括清研同创机器人（天津）有限公司、天津科技大学、博纳云智（天津）科技有限公司、天津中德应用技术大学等。

对于这三种类型的企业，应当分别采用针对性策略来鼓励其提升或加以扶持，在组建特定技术领域的产业联盟或专利联盟时，可针对性地组织特定领域专利实力比较强的企业。

第一梯队的科研院所或企业，应当重点支持高科技企业发展，鼓励其制定专利发展战略而不是盲目提升数量。对于这一梯队的科研院所或企业，可以鼓励其运用专利导航助力企业发展，发挥技术优势，找准创新方向，在专利上"提质增量"，培育一批高质量专利，帮助企业做大规模、增强实力，将这一梯队科研院所或企业培育壮大成为具有全国甚至国际竞争力的科技领军科研院所或企业。

对于具备一定创新基础和专利意识的第二梯队科研院所或企业，可支持其加大研发投入，进一步提升技术创新能力，同时还应引导这些企业在进行专利布局时就要考虑专利布局策略，并注重专利质量。

对于专利意识和创新能力比较薄弱的第三梯队科研院所或企业，更重要的任务应当是引导和支持这些企业利用专利信息分析指引研发方向，提高研发起点和研发效率，同时可以进行培训引导其技术挖掘提前专利布局。

6.2.2　积极引进创新主体

招商引资是天津市发展的重要内容，通过前面分析可知，目前天津市在工业机器人—控制系统领域、3D 打印整体领域、数控机床—数控技术方面专利申请储备明显不足，结合各细分技术中国专利申请人专利申请量排名情况，应合理引进创新主体，避免由于盲目招商、盲目引进而形成相同、相近企业物理空间上的"大杂烩"。

工业机器人—控制系统领域可选择格力、国家电网有限公司、华南理工大学、浙江工业大学、南京理工大学、华中科技大学等，进行技术与人才的交流合作（表 6.2）。

表 6.2 工业机器人—控制系统领域可引进创新主体

申请人	申请人	申请人	申请人
发那科	哈尔滨工业大学	苏州工业园区职业技术学院	南京理工大学
爱普生	国家电网有限公司	华南理工大学	华中科技大学
欧姆龙	浙江工业大学	安川电机	广东工业大学
格力	浙江大学	川崎重工	西北工业大学

3D打印领域可选择深圳市创想三维科技、西安铂力特增材技术股份有限公司、湖南华曙高科技有限责任公司、西安交通大学、华中科技大学、华南理工大学、南京航空航天大学、浙江大学等，进行技术与人才的交流合作（表 6.3）。

表 6.3 3D打印领域可引进创新主体

	申请人	申请人	申请人	申请人
3D打印材料	中南大学	西北工业大学	中国科学院化学研究所	吉林大学
	上海交通大学	中国科学院上海硅酸盐研究所	中国石油化工股份有限公司	中国科学院金属研究所
	华中科技大学	武汉理工大学	四川大学	北京梦之墨科技有限公司
	西安交通大学	东莞理工学院	浙江大学	南京航空航天大学
	北京科技大学	哈尔滨工业大学	华南农业大学	
	华南理工大学	大连理工大学	广东工业大学	
	申请人	申请人	申请人	申请人
3D打印设备	通用电气公司	江苏大学	湖南华曙高科技有限责任公司	成都思维智造科技有限公司
	华中科技大学	南京航空航天大学	波音公司	深圳市创想三维科技
	西安交通大学	南京中科煜宸激光技术有限公司	西门子	苏州大学
	施乐公司	中北大学	上海交通大学	上海联泰科技股份有限公司
	山东大学	大连理工大学	华南理工大学	

续表

申请人	申请人	申请人	申请人
深圳市智能派科技有限公司	深圳市创想三维科技	上海幻嘉信息科技有限公司	浙江意动科技股份有限公司
西安交通大学	北京金达雷科技有限公司	东莞理工学院	华中科技大学
广东工业大学	深圳市诺瓦机器人技术有限公司	湖南华曙高科技有限责任公司	西安铂力特增材技术股份有限公司
深圳市纵维立方科技有限公司	深圳市金石三维打印科技有限公司	华南理工大学	南京中科煜宸激光技术有限公司

（3D打印技术 标于行首左侧）

申请人	申请人	申请人	申请人
北京航空航天大学	福特	中国建筑第八工程局有限公司	上海建工集团股份有限公司
中国航发商用航空发动机有限责任公司	邓州市康硕智能制造有限公司	上海言诺建筑材料有限公司	卓达新材料科技集团威海股份有限公司
南京航空航天大学	芜湖启泽信息技术有限公司	通用电气公司	

（3D打印应用及服务技术 标于行首左侧）

数控机床—数控技术领域可选择华中科技大学、华中科技大学等，进行技术与人才的交流合作（表 6.4）。

表 6.4　数控机床—数控技术领域可引进创新主体

申请人	申请人	申请人	申请人
华中科技大学	上海交通大学	中国科学院沈阳计算技术研究所有限公司	西安交通大学
西安扩力机电科技有限公司	中科院所	海南大学	发那科
南京航空航天大学	电子科技大学	广东工业大学	大连理工大学
重庆大学	浙江大学	中航工业	

6.3　创新人才培养及引进路径

在创新人才的引进和培养上，天津市应通过促进产学研合作机制，依托科研院所积极培养创新型高端人才。同时还应利用良好创新创业政策和环境等方式吸引集聚外部创新技术人才的加入，尤其是个体专利权人。具体来讲，可以通过以下方式进行创新人才培养与引进。

6.3.1 培养本土领军人才

根据前面的发明人分析可知，从天津本地人才培养角度来看，天津市智能制造产业链中工业机器人—机器本体、驱动机构、系统集成，数控机床—机械本体、伺服系统、柔性复合加工技术方面已经拥有一定规模的经验丰富的一线技术人员，涌现出一些具有一定创新实力的技术人才，尤其高校比较明显，但是企业方面有所欠缺，大多数企业的技术研发人员主要是企业高管。因此，在创新人才的引进和培养上，天津市应当通过促进产学研合作机制，依托科研院所积极培养创新型高端人才。

天津市本地人才培养中已拥有一定规模的经验丰富且具有一定创新实力的一线技术人员，例如，工业机器人方面，河北工业大学的马国伟、王里，天津大学的徐连勇、赵雷、韩永典，天津镭明激光科技有限公司的关凯、李广生，科大天工智能装备技术（天津）有限公司的程锦泽、张超、吕胜雨等；3D打印方面，天津大学的张大卫、王太勇、房丰洲、高卫国；数控机床方面，天津大学的张大卫、王太勇，天津第一机床总厂王威、刘家兰，精益恒准（天津）数控设备股份有限公司的王振飞等。以上创新人才所擅长的领域均属天津市智能制造产业领域的优势产业技术，应当作为天津市智能制造产业的重点培养对象，并加大对这些重要人才培养对象的激励力度，使他们充分发挥各自的专业优势以实现相关技术的深入研究，还应当提供多方面的知识和技能培训来提升天津市智能制造产业的整体研发素质和能力，整合技术优势，带动整个智能制造装备产业创新水平的提升。

6.3.2 引进高端创新人才

天津市还应当利用良好创新创业政策和环境等吸引集聚外部创新技术人才的加入，充分挖掘国内高校、科研院所及企业的核心发明人资源，通过人才引进、研发合作、投资创业等多样化方式丰富充实天津市智能制造产业领域的技术创新人才梯队，培养天津市智能制造产业的核心研发人员和研发团队，为天津市智能制造产业的长远发展提供人力资源支撑。

　　基于天津市在工业机器人—控制系统领域、3D 打印整体领域、数控机床—数控技术方面专利申请储备明显不足，表 6.5～表 6.10 列出了这些领域的发明团队，这些发明人是了解智能制造产业前沿技术且具有较强专利意识的重点创新人才，可供参考。

表 6.5　工业机器人—控制系统领域可引进创新人才

序号	发明人	所在公司 / 团队
1	张好明	苏州工业园区职业技术学院
2	王应海	苏州工业园区职业技术学院
3	刘主福	深圳市越疆科技
4	刘主福	深圳市越疆科技
5	刘培超	深圳市越疆科技
6	刘培超	深圳市越疆科技
7	熊友军	优必选
8	徐方	新松
9	姚建勇	南京理工大学
10	邹风山	新松
11	王长恺	格力
12	陈强	浙江工业大学
13	邱志成	华南理工大学
14	欧林林	浙江工业大学
15	郎需林	深圳市越疆科技
16	郭健	南京理工大学
17	李贻斌	山东大学
18	殷伟豪	格力
19	胡飞鹏	格力
20	禹鑫燚	浙江工业大学
21	丁汉	华中科技大学
22	张铁	华南理工大学

表6.6　3D 打印—3D 打印材料领域可引进创新人才

序号	发明人	所在公司 / 团队
1	李涤尘	西安交通大学
2	史玉升	华中科技大学
3	马永梅	中国科学院化学研究所
4	伍尚华	广东工业大学
5	田小永	西安交通大学
6	林学春	中国科学院化学研究所
7	孙文华	中国科学院化学研究所
8	李春成	中国科学院化学研究所
9	董金勇	中国科学院化学研究所
10	闫春泽	华中科技大学
11	符文鑫	中国科学院化学研究所
12	白培康	中北大学
13	陈庆	成都新柯力化工科技有限公司
14	杨永强	华南理工大学
15	赵占勇	中北大学
16	徐坚	中国科学院化学研究所
17	周武艺	华南农业大学
18	董先明	华南农业大学
19	吕晨	安徽省春谷 3D 打印智能装备产业技术研究院有限公司

表6.7　3D 打印—3D 打印技术领域可引进创新人才

序号	发明人	所在公司 / 团队
1	李涤尘	西安交通大学
2	杨永强	华南理工大学
3	白培康	中北大学
4	韩品连	浙江意动科技股份有限公司
5	史玉升	华中科技大学

表 6.8　3D 打印—3D 打印设备领域可引进创新人才

序号	发明人	所在公司 / 团队
1	杨永强	华南理工大学
2	李涤尘	西安交通大学
3	唐京科	深圳市创想三维科技
4	史玉升	华中科技大学
5	卢秉恒	西安增材制造国家研究院有限公司
6	陈春	深圳市创想三维科技
7	刘辉林	深圳市创想三维科技
8	敖丹军	深圳市创想三维科技
9	白培康	中北大学
10	宋长辉	华南理工大学
11	王迪	华南理工大学
12	王建宏	中北大学
13	赵占勇	中北大学
14	刘斌	中北大学
15	高云峰	大族激光科技产业集团股份有限公司
16	吴文征	吉林大学
17	邢飞	南京中科煜宸激光技术有限公司
18	陈春	深圳市创想三维科技
19	敖丹军	深圳市创想三维科技
20	刘辉林	深圳市创想三维科技
21	唱丽丽	南京中科煜宸激光技术
22	李玉新	中北大学
23	唐京科	深圳市创想三维科技
24	卢秉恒	西安交通大学
25	杨东辉	西安铂力特增材技术股份有限公司

表 6.9　3D 打印—3D 打印应用及服务领域可引进创新人才

序号	发明人	所在公司 / 团队
1	苗冬梅	中国建筑第八工程局有限公司
2	马荣全	中国建筑第八工程局有限公司
3	葛杰	中国建筑第八工程局有限公司
4	白洁	中国建筑第八工程局有限公司

表 6.10　数控机床—数控技术领域可引进创新人才

序号	发明人	所在公司 / 团队
1	路新春	清华大学
2	贾振元	大连理工大学
3	陈吉红	华中科技大学
4	刘志峰	北京工业大学
5	张卫红	西北工业大学
6	康仁科	大连理工大学
7	李郝林	上海理工大学
8	李恒	西北工业大学
9	谈莉斌	安徽工业大学

天津市可根据上述列举的各重点技术领域发明团队，考虑建立智能制造产业各技术方向的专家人才库，吸引并整合人才资源，为天津市企业寻找合作或引进的对象提供路径，集中打造具有较强竞争力和影响力的产业高地、专利运用与人才高地。

6.4　技术创新及引进路径

科技创新是提升产业层次和素质的战略支撑。必须把科技创新摆在优化产业结构的核心位置，完善以企业为主体、市场为导向、产学研相结合的技术创新体系，发挥创新在优化产业结构中的关键作用，加强关键核心技术和共性技术攻关。

天津市智能制造产业链中工业机器人—机器本体、驱动机构、系统集成，数控机床—机械本体、伺服系统、柔性复合加工技术方面已经拥有一定技术成果积累，因此，在这些领域在天津市应继续关注，争取做强做大，发挥带头作用。

同时，天津市在工业机器人—控制系统领域、3D 打印整体领域、数控机床—数控技术方面专利申请储备明显不足，可以考虑技术引进或者技术合作。

因此，天津市需针对性地调整研发方向，或做好专利规避，积极引导企业开展高价值专利挖掘和培育，充分发挥专利在技术创新中的促进作用，以技术创新带动企业和产业整体能力提升，充分发挥专利在市场竞争中的资源配置作用，以专利带动企业和产业的国际化水平，增强市场竞争力，最终实现可持续发展。

6.5　专利布局及专利运营路径

6.5.1　采用多种专利运营手段

关于智能制造产业领域重点专利，天津市科研院所或企业可针对有效专利采取多种运营形式加强专利引进和技术储备，同时关注审中专利形势，强化专利运营，有效提升技术竞争力、实现战略跨越。重点专利指发生过转让、许可、质押等专利运营，无效、涉诉等法律事件以及被引证次数较高综合考虑的中国专利。详细情况见表 6.11 ～表 6.13。

表 6.11　工业机器人领域重点专利（有效专利、引证次数 >10 次，降序）

序号	申请号	技术主题	申请人
1	CN201811083718.6	一种智能清洁机器人及其路径规划方法	长安大学
2	CN201910797566.4	外骨骼机器人及其控制系统	成都锦江电子系统工程有限公司
3	CN201911244060.7	一种移动机器人定位方法	合肥科大智能机器人技术有限公司；科大智能科技股份有限公司；科大智能电气技术有限公司
4	CN201810616196.5	一种变刚度柔顺抓取装置	中国科学院宁波材料技术与工程研究所

序号	申请号	技术主题	申请人
5	CN201621029083.8	机器人上的避障系统	路琨；单建强
6	CN202010103128.6	一种机器人路径规划方法、机器人、电子设备及存储介质	深圳前海达闼云端智能科技有限公司
7	CN201810359873.X	一种基于视觉的机器人自动充电对准系统及方法	杭州蓝芯科技有限公司
8	CN201721162024.2	数据中心巡检机器人	北京中油瑞飞信息技术有限责任公司
9	CN201621053318.7	可更换作业末端的便携式带电作业机器人	广东科凯达智能机器人有限公司
10	CN201711361103.0	对齿轮端面进行倒角打磨机械手及其打磨方法	华北理工大学
11	CN201721125059.9	一种智能机器人	广东飞翔云计算有限公司
12	CN201720654209.9	具有称重功能的柔性抓持装置	北京软体机器人科技有限公司
13	CN201720054662.6	一种智能化激光选区熔化成型设备	张远明
14	CN201721111685.2	软体驱动器、软体手臂和软体平台	南京邮电大学
15	CN201720916995.5	机械手及机器人	青岛智拓智能科技有限公司
16	CN201720912321.8	一种工业机械抓手	陈少梅
17	CN201621491869.1	一种码垛夹具	北京配天技术有限公司
18	CN201910099879.2	引导清洁机器人回归充电座方法、存储介质、电子设备	莱克电气股份有限公司
19	CN201820503737.9	自主移动搬运机器人	AIrobot 株式会社
20	CN201710416180.5	一种一体化旋转驱动执行器	银弗（北京）科技有限公司
21	CN201621174011.2	一种管道清淤检测机器人	裴嘉阳
22	CN201980003966.1	人工增强基于云的机器人智能框架及相关方法	深圳前海达闼云端智能科技有限公司
23	CN201820070470.9	一种货箱搬运机器人	浙江国自机器人技术有限公司
24	CN201721277083.4	一种气缸驱动的自适应机械手	武汉库柏特科技有限公司
25	CN201621060112.7	机器人焊接工作装置	长沙长泰机器人

序号	申请号	技术主题	申请人
26	CN201810643753.2	机器人回充路径规划方法、机器人及充电系统	科沃斯机器人股份有限公司
27	CN201820896754.3	一种基于背驮式物流机器人的多功能立体货架	北京中电普华信息技术有限公司
28	CN201610515673.X	一种双通道软体手指及软体机器人	北京软体机器人科技有限公司
29	CN201610391100.0	一种变电站室内巡检机器人	国网宁夏电力公司检修公司；山东鲁能智能技术有限公司
30	CN201720436611.X	机器人、机器人关节及其谐波减速器	大族激光科技产业集团股份有限公司；深圳市大族精密传动科技有限公司
31	CN202010115966.5	3D 机械视觉的机械手引导方法和装置	深圳群宾精密工业有限公司
32	CN201820503768.4	自主移动搬运机器人	AI 机器人株式会社
33	CN201820747264.7	一种用于激光切割零件自动分拣的吸盘装置	清华大学天津高端装备研究院洛阳先进制造产业研发基地
34	CN201820146655.3	一种用于抓取的四自由度机械臂装置	杭州蓝芯科技有限公司
35	CN201721181889.3	轨道巡检机器人行走机构	深圳市朗驰欣创科技股份有限公司
36	CN201710686975.8	一种辅助人体下肢爬楼的便携式助力装置	哈工大机器人（合肥）国际创新研究院
37	CN201621357716.8	一种码垛机	吉林久盛生态环境科技股份有限公司；吉林久盛机械加工有限公司
38	CN201621449481.5	双臂上下料机械手	嘉兴高维智控有限公司
39	CN201621260352.1	双排上料双机械手卸料的自动上下料装置	杭州和良机电设备有限公司
40	CN201710051093.4	一种具有自动调整货物放置位置功能的码垛机	晋江万智进出口贸易有限公司

表 6.12　3D 打印领域重点专利（有效专利、引证次数 >10 次，降序）

序号	申请号	技术主题	申请人
1	CN201410218654.1	一种高能束增材制造大尺寸金属零部件的设备及其控制方法	华中科技大学
2	CN201610001768.X	多材料建筑三维打印成型方法	江苏敦超电子科技有限公司
3	CN201510810522.2	一种用于 3D 打印的金属粉料及其制备方法以及 3D 打印方法	东莞劲胜精密组件股份有限公司；东莞华晶粉末冶金有限公司
4	CN201420436874.7	一种低熔点金属 3D 打印装置	北京依米康科技发展有限公司
5	CN201210014327.5	基于光束平差原理的条纹投影三维测量系统及其标定方法	深圳大学
6	CN201910189267.2	一种高精度大幅面立体投影 3D 打印系统及其打印方法	无锡摩方精密科技有限公司
7	CN201510313735.4	打印头、三维打印机及三维打印方法	珠海天威飞马打印耗材有限公司
8	CN201610284077.5	一种激光选区熔化电磁感应立体加热系统	西安交通大学；陕西恒通智能机器有限公司
9	CN201410146001.7	激光烧结 3D 制造技术用石塑复合粉末及其制备方法	东北林业大学；郭艳玲；姜凯译
10	CN201520937672.5	一种适用于熔融堆积 3D 打印机的挤出装置	余金文
11	CN201520251988.9	一种用于 3D 血管打印的制造平台系统	周惠兴
12	CN201310215123.2	基于 RGB-Depth 摄像头的三维可视监控系统	程志全
13	CN201520725282.1	3D 打印基板智能调平系统及 3D 打印机	广东汉邦激光科技有限公司；刘建业
14	CN200980146267.9	个人卫生装置、系统和方法	吉列公司
15	CN201410789725.3	一种双缸式桌面型激光选区熔化成型设备及方法	华南理工大学
16	CN201510995201.4	建筑轮廓成型机的混凝土处理设备及处理方法	杭州博彭科技有限公司
17	CN201310288137.7	一种金属零件的 3D 打印制造装置及方法	湖南航天工业总公司

序号	申请号	技术主题	申请人
18	CN201720054662.6	一种智能化激光选区熔化成型设备	张远明
19	CN201520725281.7	激光3D打印机及其振镜扫描校准系统	广东汉邦激光科技有限公司；刘建业
20	CN201420579879.5	一种义齿快速成型加工系统	王运武
21	CN201620587265.0	建筑3D打印装置	杭州博彭科技有限公司
22	CN201520725152.8	3D打印智能送粉系统及3D打印机	广东汉邦激光科技有限公司；刘建业
23	CN201520026169.4	光斑可变的光固化快速成型装置	上海联泰三维科技有限公司
24	CN201621390706.4	一种多色光固化3D打印机	深圳晗竣雅科技有限公司
25	CN201621103506.6	一种熔融沉积成型的金属三维打印机	珠海天威飞马打印耗材有限公司
26	CN201620030753.1	一种3D打印设备	中国科学院福建物质结构研究所
27	CN201620024672.0	一种单喷头多通道彩色3D打印机构	深圳市创想三维科技有限公司
28	CN201520953986.4	一种双向铺粉的粉末基增材制造设备	阳江市五金刀剪产业技术研究院；兰州理工大学
29	CN201510302568.3	一种有色金属3D砂型打印用无机粘结剂及其制备方法	宁夏共享化工有限公司
30	CN201520139339.X	基于投影式的光固化三维打印装置	上海联泰三维科技有限公司
31	CN201420472035.0	用于光固化快速成型的涂覆刮刀及涂覆装置	上海联泰三维科技有限公司
32	CN201410423205.0	一种基于交变磁场的金属丝材增材设备及增材方法	李帅
33	CN201320868943.7	建筑工程3D扫描监测系统	中建钢构有限公司
34	CN201280029644.2	基于基材的加成法制造工艺和装置	帝斯曼知识产权资产管理有限公司
35	CN201620847634.5	带感应加热功能的FDM式3D打印机喷头结构	南京增材制造研究院发展有限公司
36	CN201520971371.4	一种铺粉装置以及增材制造装置	天津清研智束科技有限公司

续表

序号	申请号	技术主题	申请人
37	CN201510763042.5	分层块体金属增材制造方法	西安铂力特激光成形技术有限公司
38	CN201520244260.3	热熔式3D打印机喷头	邓以翔
39	CN201410531687.1	一种具有编织肌理的陶瓷砖及其生产方法	杭州诺贝尔陶瓷有限公司
40	CN201810669516.3	一种具有预热和缓冷功能的激光增材制造的装置	西安增材制造国家研究院有限公司
41	CN201720452063.X	一种SLM型3D打印机	广西慧思通科技有限公司
42	CN201621382521.9	带有激光加热的3D打印机	北京隆源自动成型系统有限公司
43	CN201520172489.0	用于三维打印机的喷头	中山市迪迈打印科技有限公司
44	CN201420758354.8	一种增材制造设备用保护气体供应装置	广州瑞通激光科技有限公司
45	CN201410295659.4	用于在旋转表面上打印三维物体的数字制造系统	施乐公司
46	CN201320788005.6	光固化型3D打印设备及其成像系统	上海普利生机电科技有限公司
47	CN201920287957.7	一种新型血管介入手术机器人导管导丝协同操作实现装置	天津理工大学
48	CN201720078227.7	一种四柱式多喷头3D打印机	惠州市广工大物联网协同创新研究院有限公司
49	CN201621091294.4	一种选择性激光熔化成形熔池实时监测装置	中北大学
50	CN201410462135.X	一种可旋转切换打印头的双头3D打印机	苏州江南嘉捷机电技术研究院有限公司
51	CN201610158778.4	一种链轮的3D打印修复方法	山东能源重装集团大族再制造有限公司
52	CN201520726396.8	激光3D打印机及其调焦系统	广东汉邦激光科技有限公司；刘建业
53	CN201520428768.9	一体化3D打印建筑墙体	马义和
54	CN201420714233.3	一种数字化3D种植导板制作系统	深圳市康泰健牙科器材有限公司

表 6.13 数控机床领域重点专利（有效专利、引证次数 >35 次，降序）

序号	申请号	技术主题	申请人
1	CN201410553732.3	一种基于物联网的智能远程数据采集系统	武汉华大优能信息有限公司；刘千国；刘竟；钟绍辉
2	CN200710052457.7	自动送粉激光感应复合熔覆方法及装置	华中科技大学
3	CN201410148371.4	智能力控机器人磨削加工系统和方法	沈阳远大科技园有限公司
4	CN201010044463.X	主从式相机配置的智能激光切割系统及其切割方法	东莞市大族粤铭激光科技有限公司；暨南大学
5	CN201510785505.8	一种无人机机动目标定位跟踪中的视觉伺服控制方法	中国航天时代电子公司
6	CN201010551460.5	基于惯量辨识的交流伺服系统速度环控制参数自整定方法	东南大学；埃斯顿
7	CN201010223311.6	电机伺服驱动器控制器参数自动调整装置及其方法	新时达；上海辛格林纳新时达电机有限公司
8	CN200710045183.9	五轴数控加工光滑无干涉刀具路径的规划方法	上海交通大学
9	CN201710097192.6	一种可控误差的工业机器人光顺运动轨迹生成方法	武汉工程大学
10	CN201410108373.0	一种金属陶瓷复合结合剂以及复合结合剂金刚石砂轮	苏州赛力精密工具有限公司
11	CN201210050434.3	一种自由曲面喷涂机器人的喷枪轨迹规划方法	清华大学
12	CN200910049941.3	龙门立式五轴联动数控磨铣加工中心	上海电机学院
13	CN201210477959.5	基于特征的数控加工过程控制和优化系统及方法	南京航空航天大学
14	CN201010621471.6	一种混频驱动的三维椭圆车削方法	吉林大学
15	CN201611146489.9	数控车床热误差测量补偿系统及补偿方法	西安交通大学
16	CN201210571959.1	一种基于 NURBS 曲线插补的速度平滑控制方法	广东省自动化研究所
17	CN201310754033.0	涡轮发动机叶片自动化修复设备及其修复方法	上海彩石激光科技有限公司

序号	申请号	技术主题	申请人
18	CN200810051133.6	一种用于光学元件数控抛光机床	长春理工大学
19	CN201310033516.1	玻璃模具内腔及合缝面加工用的夹具结构	苏州东方模具科技股份有限公司
20	CN200810173182.7	火花识别对刀方法及磨削加工自动化系统	齐齐哈尔华工机床制造有限公司；哈尔滨工业大学
21	CN200910143954.7	智能电脑数控弹簧机	陈仁杰
22	CN201710143450.X	一种通用型频率匹配式纵扭复合超声振动铣、钻削装置	河南理工大学
23	CN200910188341.5	正余弦编码器在线实际误差补偿系统	大连光洋科技工程有限公司
24	CN200710138673.3	钻铣床	德克尔马豪斯马赫公司
25	CN200710010057.X	由交流永磁同步外转子式力矩电机驱动的双摆铣头	大连光洋科技工程有限公司
26	CN201010546987.9	基于机床动力学和曲线特性的 NURBS 插补方法	西南交通大学；成都顶为科技有限公司
27	CN200910055052.8	低压差线性稳压器中的自适应零点频率补偿电路	上海沙丘微电子有限公司
28	CN200810060733.9	一种钢制轮辐制造工艺	嘉兴市四通车轮制造有限公司
29	CN201520061822.0	一种多工位自动化旋转台	北京航天华宇科技有限公司
30	CN201410265679.7	一种随动控制方法、随动装置及随动系统	深圳市宇恒互动科技开发有限公司
31	CN201210198093.4	多拖板双主轴对称式磨削加工中心	湘潭三峰数控机床有限公司
32	CN201210185127.6	一种自主移动式双面双弧焊接机器人系统	中国东方电气集团有限公司
33	CN201711375225.5	一种双摆头结构五轴数控机床 RTCP 标定及补偿方法	成都飞机工业（集团）有限责任公司
34	CN201310033439.X	一种多轴双向加工数控钻孔机床	李耀稳
35	CN201110350813.X	一种难加工材料的微精加工方法及加工系统	扬州大学

序号	申请号	技术主题	申请人
36	CN201010209001.9	核电站常规岛主厂房的防甩击钢结构的制作工艺方法	鞍山东方钢结构有限公司
37	CN200610155810.X	一种基于滤波技术的数控系统加减速控制方法	中国科学院沈阳计算技术研究所有限公司；沈阳高精数控技术有限公司
38	CN200510084657.1	齿轮磨床	三菱
39	CN201310462205.7	多轴曲面数控加工复杂曲面零件的方法	成都泛华航空仪表电器有限公司
40	CN201310232928.8	直线大倒角玻璃磨边机	河南理工大学
41	CN201210556668.5	一种镁合金汽车轮毂铸造旋压复合成形方法	河北立中有色金属集团有限公司；中国科学院金属研究所
42	CN201110138633.5	基于主控的兆瓦级风力机统一和独立变桨混合控制方法	连云港杰瑞电子有限公司

以下列举几种可以采用的专利运营方式。

（1）专利许可或转让。

当企业遇到无法规避或者规避成本比较高的情况时，其产品运营战略可以考虑通过获得专利许可的方式，消除被控侵权的隐患，同时也能节省研发时间和投入，尽快实现自身技术更新换代。考虑到企业战略、企业诉讼需要、避免重要专利落入竞争对手手中等问题，企业可以通过专利转让的方式购买专利。

（2）专利联盟。

通过建立企业专利联盟，为企业增强自主研发能力，提升核心竞争力，降低专利费用，为应对国外大公司专利封锁提供有力支持。联盟内部的企业也可以实现专利的交叉许可，或者相互优惠使用彼此的专利技术，对联盟外部共同发布联合许可声明，从以单个专利为特征的战术竞争转向以专利组合为特征的战略竞争。如此可以在短期内改变产业的竞争态势，为企业带来多重价值。

（3）外围专利。

如果竞争公司想就其核心专利进行布局，只能对原核心专利技术进行改进，再进行申请。天津市企业也可以抢先一步，有针对性地研究竞争公司的核心专利技术，对其进行针对性的改进后，提出专利申请，即外围专利包围核心专利。通过围绕竞争企业的核心专利进行布局，重点构建关键核心技术专利组合，优化企业专利攻防组合优选方案，提升企业风险防范和竞争能力。

通过上述分析，初步筛选出天津市智能制造细分领域工业机器人、3D打印、数控机床等重点专利，可优先考虑引入智能制造专利池。此外，加强联盟与专业服务机构的合作，以帮助联盟内企业获得专业的知识产权获取、保护、运营以及分析评议等知识产权相关的服务，能够在更高层次的范围内实现信息、资源的共享和交流，从而推动天津市智能制造产业的整体发展。

6.5.2　重视海外专利布局

由于技术高度局限，天津市多数科研院所或企业仅进行国内专利布局，海外专利布局意识薄弱。天津市企业如果想要真正和发那科、通用电气公司等国际巨头进行竞争，美、日、欧等地的专利布局应提早进行，即使产品还没有在当地进行生产销售，也应提前申请专利，根据专利的授权情况合理考虑产品市场，做到"产品未动，专利先行"。

附录 申请人或专利权人名称缩略表

申请人或专利权人名称	缩略名称
株式会社安川电机	安川电机
三菱电机株式会社	三菱
三洋电机株式会社	三洋
欧姆龙株式会社	欧姆龙
松下电器产业株式会社	松下
西门子股份公司	西门子
博世力士乐股份有限公司	博世力士乐
施耐德电气工业公司	施耐德
深圳市汇川技术股份有限公司	汇川
台达电子工业股份有限公司	台达
南京埃斯顿自动化股份有限公司	埃斯顿
纳博特斯克株式会社	纳博特斯克
谐波传动系统有限公司	哈默纳科
ABB（瑞士）股份有限公司	ABB
库卡德国有限公司	库卡
发那科株式会社	发那科
沈阳新松机器人自动化股份有限公司	新松
青岛新松机器人自动化有限公司	
杭州新松机器人自动化有限公司	
天津新松机器人自动化有限公司	
上海新松机器人有限公司	
宁波新松机器人科技有限公司	
无锡新松机器人自动化有限公司	
潍坊新松机器人自动化有限公司	
上海新时达电器股份有限公司	新时达
埃夫特智能装备股份有限公司	埃夫特

申请人或专利权人名称	缩略名称
广州数控设备有限公司	广州数控
武汉华中数控股份有限公司	华中数控
上海沃迪智能装备股份有限公司	沃迪
固高科技股份有限公司	固高科技
浙江双环传动机械股份有限公司	双环传动
广东拓斯达科技股份有限公司	拓斯达
苏州绿的谐波传动科技股份有限公司	绿的谐波传动
国际商业机器公司	IBM 公司
株式会社日立制作所	日立
日产自动车株式会社	日产
精工爱普生株式会社	爱普生
川崎重工业株式会社	川崎重工
乐金电子公司	LG
本田技研工业株式会社	本田
佳能株式会社	佳能
株式会社东芝	东芝
丰田自动车株式会社	丰田
索尼集团公司	索尼
日本电产株式会社	日本电产
住友电气工业株式会社	住友
X 开发有限责任公司	x development
珠海格力电器股份有限公司	格力
深圳市越疆科技有限公司	深圳市越疆科技
天津金顺伟业机械有限公司	天津金顺伟业机械
舍弗勒智能装备公司	舍弗勒
南通振康焊接机电有限公司	南通振康
浙江来福谐波传动股份有限公司	浙江来福谐波传动
芋头科技（杭州）有限公司	芋头科技
采埃孚股份公司	采埃孚股份
卧安科技（深圳）有限公司	卧安科技

申请人或专利权人名称	缩略名称
SMC 株式会社	SMC
费斯托股份有限两合公司	FESTO
卡特彼勒公司	卡特比勒
深圳市萨博机器人工具技术有限公司	萨博
谷歌公司	谷歌
罗伯特．博世有限公司	博世
苏州博众精工科技有限公司	苏州博众精工
株式会社神户制钢所	神户制钢
广东博智林机器人有限公司	广东博智林机器人
深圳市海柔创新科技有限公司	深圳市海柔创新科技
株式会社大亨	Daihen Corp
杜尔 Ecoclean 公司	杜尔 Ecoclean
北京史河科技有限公司	北京史河科技
北京曲线智能装备有限公司	北京曲线智能装备
北京极智嘉科技股份有限公司	北京极智嘉科技
三星电子株式会社	三星
应用材料公司	Applied Materials
大宇造船海洋株式会社	大宇造船
北京博清科技有限公司	北京博清科技
哈尔滨科能熔敷科技股份有限公司	哈尔滨科能熔敷科技
现代重工业株式会社	现代重工
上海电气集团股份有限公司	上海电气
深圳市行知行机器人技术有限公司	深圳市行知行机器人
细美事有限公司	Sems
大日本屏幕制造股份有限公司	Dainippon
江苏小白兔智造科技有限公司	江苏小白兔智造科技
德国海伦集团公司	海伦
宜兴市宜安电力工具制造有限公司	宜兴市宜安电力工具制造
上海傅利叶智能科技有限公司	上海傅利叶智能科技
中国广核集团有限公司	中国广核

续表

申请人或专利权人名称	缩略名称
深圳普思英察科技有限公司	深圳普思英察科技
广东电网有限责任公司	广东电网
浙江神汽电子商务有限公司	浙江神汽电子商务
深圳华鹊景医疗科技有限公司	深圳华鹊景医疗科技
合肥中科蓝睿科技有限公司	合肥中科蓝睿科技
哈尔滨天愈康复医疗机器人有限公司	哈尔滨天愈康复医疗机器人
扬州成德工业设备制造有限公司	扬州成德工业设备制造
苏州赛亚智能技术有限公司	苏州赛亚智能技术
珠海飞马传动机械有限公司	珠海飞马传动机械
湖北导航工贸股份有限公司	湖北导航工贸股份
江苏泰隆减速机股份有限公司	江苏泰隆减速机
昆山光腾智能机械有限公司	昆山光腾智能机械
中信重工开诚智能装备有限公司	中信
苏州驱指自动化科技有限公司	苏州驱指自动化科技
北京曲线智能装备有限公司	北京曲线智能装备
中国国际海运集装箱(集团)股份有限公司	中集集团
浙江迈睿机器人有限公司	浙江迈睿机器人
中国船舶集团有限公司	中船集团
上海电气集团股份有限公司	上海电气
阿里巴巴(中国)有限公司	阿里巴巴
北京旷视机器人有限公司	北京旷视机器人
骏马石油装备制造有限公司	骏马石油装备制造
安徽海思达机器人有限公司	安徽海思达机器人
中铭谷智能机器人(广东)有限公司	中铭谷智能机器人
长沙长泰机器人有限公司	长沙长泰机器人
苏州睿牛机器人技术有限公司	苏州睿牛机器人
中国科学院院属研究单位	中科院所
浙江神汽电子商务有限公司	浙江神汽电子商务
国家电网国网安徽省电力有限公司	安徽省电力
江苏爱索新材料科技有限公司	江苏爱索新材料科技

申请人或专利权人名称	缩略名称
东莞市皓奇企业管理服务有限公司	东莞市皓奇企业管理服务
鸿海精密工业股份有限公司	鸿海科技
深圳市优必选科技股份有限公司	优必选
福特全球技术公司	福特
大隈株式会社	大隈公司
爱惜康有限责任公司	爱惜康
艾斯丘莱普股份公司	艾斯丘莱普
SIKA 技术股份公司	西卡科技
爱克斯公司	XTREEE
秦川机床工具集团股份公司	秦川机床
宇环数控机床股份有限公司	宇环数控
天津市天锻压力机有限公司	天锻压力
天津市第二锻压机床厂	天二锻压
康茂股份公司	COMAU
德国易欧司光电技术有限公司	EOS 公司
斯特拉塔西斯公司	STRATASYS 公司
三纬国际立体打印科技股份有限公司	三纬国际公司
DWS 有限公司	DWS 公司
赛峰飞机发动机公司	赛峰公司
沈阳机床股份有限公司	沈阳机床
重庆机电控股（集团）公司	重庆机电
株式会社捷太格特	捷太格特
株式会社斗山	斗山
兄弟工业株式会社	兄弟工业
西铁城时计株式会社	西铁城
中航工业成都飞机工业(集团)有限责任公司	中航工业
株式会社森精机制作所	森精机
山崎马扎克公司	山崎马扎克
株式会社天田	天田

续表

申请人或专利权人名称	缩略名称
三一重工股份有限公司	三一重工
喜利得股份公司	喜利得
沙迪克株式会社	沙迪克
津田驹工业株式会社	津田驹
富士通株式会社	富士通
伊斯卡有限公司	伊斯卡
弗兰茨普拉塞铁路机械工业股份有限公司	弗兰茨普
弗朗茨·海默机械制造两合公司	弗朗茨海
威海华东数控股份有限公司	华东数控
中国机械工业集团有限公司	国机集团
江苏亚威机床股份有限公司	亚威股份
淮安市浩宇机械制造有限公司	浩宇公司